# 财务分析

## 挖掘数字背后的商业价值

吴坚 ◎著

FINANCIAL
ANALYSIS
CREATE BUSINESS VALUE

机械工业出版社
China Machine Press

## 图书在版编目（CIP）数据

财务分析：挖掘数字背后的商业价值 / 吴坚著 . —北京：机械工业出版社，2019.3（2022.11 重印）

ISBN 978-7-111-62193-5

I. 财⋯  II. 吴⋯  III. 企业管理 – 会计分析  IV. F275.2

中国版本图书馆 CIP 数据核字（2019）第 042900 号

    本书作者曾经在四大会计师事务所和外企工作二十多年，本书源自其工作日志和思考笔记。全书用生动的语言，介绍了财务分析的原则和理念、财务分析的基本方法、财务报表分析实务、成本管理、预算管理，并提供了财务管理、分析决策的一些工具。书的最后有一个大型财务分析综合案例。

    本书将帮助你解决以下问题：企业的日常财务分析应该从何入手；如何结合业务和非财务性数据做好财务分析；如何帮助企业的高层管理人员分析报表数据，为管理层决策提供支持，从而真正为企业创造价值。

    本书非常适合财务工作者和企业管理者阅读和使用。

## 财务分析：挖掘数字背后的商业价值

| | |
|---|---|
| 出版发行：机械工业出版社（北京市西城区百万庄大街 22 号  邮政编码：100037） | |
| 责任编辑：宋　燕 | 责任校对：殷　虹 |
| 印　　刷：北京联兴盛业印刷股份有限公司 | 版　　次：2022 年 11 月第 1 版第 7 次印刷 |
| 开　　本：170mm×242mm　1/16 | 印　　张：15.75 |
| 书　　号：ISBN 978-7-111-62193-5 | 定　　价：59.00 元 |

客服电话：（010）88361066　68326294

版权所有 • 侵权必究
封底无防伪标均为盗版

| 前言 |

20世纪90年代初,我在四大会计师事务所之一的普华永道开始了我的职业生涯。1997年年底,我离开会计师事务所之后,一直在企业里做财务分析和财务计划方面的工作,到今年正好是22年了。2002年4月,我通过几年的自学和考试,拿到了英国特许公认会计师公会(ACCA)的会员证书。大概从2004年起,我开始利用工作之余去当培训讲师。我主要是做ACCA课程的讲师,有时也做企业财务管理方面的培训。授课的时候,总有刚刚开始工作不久的年轻人或者对财务工作不太了解的人问我,会计和财务人员在企业里到底是做什么的?会计不就是记记账、输入一下数据,之后电脑会自动出报表,那岂不是只要认字会算数的小学生也可以做吗?这些问题的一再出现,让我开始去认真思考财务工作的意义。

很多人认为,财务人员是为企业"管钱"的,同时也是企业的"看门人"。既然财务部门的领导是"财务总监",那么重点当然就在这个"监"字上,即要监督和管控。所以,财务部门主要的工作是既不让其他部门随便浪费企业钱财,还要保全企业资产,避免企业资产损失。这并没有错,但这只是会计在企业中最基本的作用。

通过这些年的实践,我逐渐明白,财务人员工作的意义应该是:创造有价值并且不断增值的财务分析和报表,以支持管理层的决策(value-added decision making support)。近些年,财务圈有一个很流行的说法,即高级的财务管理人员应该是企业最高管理层的"商业伙伴"（business partners）。要成为最好的商业伙伴，这些高级财务管理人员除了要对企业的财务数据了如指掌，充分了解企业的业务状况和本行业的大环境之外，还要对各种影响企业经营结果的因素非常敏感以及能够根据所掌握的信息，做出适当的判断和分析，给最高管理层提供恰当的决策支持和建议。

比起以前记账、出报表、报销费用等简单的工作，现在越来越多的财务人员把工作的重点放到决策支持上。记得大约 10 年前我看过一本书，即 KPMG 的 *Being the Best*⊖。这本书讲的是在当今新的时代 CFO 的角色转换。CFO 以前的工作可能是以成本费用控制、财务报告和合规性申报为主，而现在的 CFO 越来越把工作的重点放在战略分析、长期规划、投资人关系、公司理财、兼并收购以及应付公司全球化带来的挑战等方面。这也许是许多财务人员的最终梦想。但是，很多人也在问自己："我们成天在系统里输入数据、运算报表等，毫无价值可言，我们工作的意义在哪里？"

因此，我很想跟广大企业的财务人员，尤其是有志于将财务工作做得更出色的人分享一些我本人在这方面的经验和想法，包括：财务分析的原则和理念、财务分析的基本方法、财务报表分析实务、预算管理，以及财务管理、分析决策的一些工具。在本书的最后，我会跟大家分享一个我自己编写的财务分析综合案例，涉及如何结合实际状况做财务报表的分析、财务管理决策、预算及再预测，以及财务管理工具的实际运用等。

本书中有大量的案例和故事，我希望通过生动有趣的方式，告诉大家财务分析其实并不是那么高深难懂，它可以是我们工作、学习、生活中的一部分。本书中有很多故事，甚至是我在 20 多年的工作实践中亲身经历

---

⊖ https://home.kpmg.com/content/dam/kpmg/pdf/2016/07/being-the-best.pdf。

过或者听到过的，它们都是一些非常鲜活的东西。相信大家读了本书之后，将会知道企业的日常财务分析应该从何入手，如何结合业务和一些非财务的数据做好财务分析，如何帮助企业的高层管理人员分析报表数据，从而成为真正为企业创造价值的财务人员。

除了在职的财务人员以外，有意愿从事财务工作的学生、年轻人通过阅读本书，可以学习很多财务管理和财务分析的知识，了解财务分析的思路，为今后从事财务工作打下坚实的基础。

企业的高层管理人员可以通过阅读本书，学习并掌握分析财务报表的基本方法和原理、财务预算的基本模式、短期决策的方法以及财务分析在工作中的应用，为企业做出更好的管理决策，从而创造更高的价值。

希望通过本书，能给读者一些启发，让大家一起来思考：财务人员怎样才能成为为企业创造价值的"商业伙伴"。

在购书且微信朋友圈晒书后，加本书工作人员微信，微信号 huh88huh，可参加答疑或者加入专业微信群。

| 目录 |

前言

## 第1章 财务报表的重新审视 / 1

1.1 每个人都有自己的财务报表：财务的基本概念回顾 / 2

1.2 会计的基本假设及原则 / 5

    1.2.1 会计的四大假设 / 5

    1.2.2 会计的主要原则 / 7

1.3 如何读懂三大报表：财务分析的基本原理 / 13

    1.3.1 三大报表反映的是什么 / 13

    1.3.2 三大报表的钩稽关系 / 16

## 第2章 财务报表分析实务 / 19

2.1 财务分析的基本思路 / 20

    2.1.1 数据分析 / 20

    2.1.2 财务分析的基本方法和工具 / 21

    2.1.3 报表分析工作对财务人员的基本要求 / 22

    2.1.4 财务分析的企业环境 / 29

2.2 财务分析报告实务：资产负债表 / 34

    2.2.1 分析性复核 / 34

    2.2.2 资产负债表分析 / 37

2.3 财务分析报告实务：利润表 / 44
   2.3.1 利润表的分析性复核 / 44
   2.3.2 利润表整体结构的分析 / 46
   2.3.3 对销售收入的分析 / 46
   2.3.4 对成本的分析 / 49
   2.3.5 对费用的分析 / 54
2.4 财务分析报告实务：现金流量表 / 59
   2.4.1 现金流量表结构及各部分分析 / 59
   2.4.2 现金流量表与另外两大报表关系的分析 / 65

# 第3章 成本管理 / 67

3.1 传统成本法 / 70
   3.1.1 分步计算成本法 / 70
   3.1.2 约当产量 / 74
   3.1.3 标准成本法 / 75
   3.1.4 传统的成本分析方法 / 77
3.2 作业成本法 / 85
   3.2.1 作业成本法原理 / 85
   3.2.2 利用作业成本法做其他分析 / 88
3.3 其他成本法 / 91
   3.3.1 目标成本法 / 91
   3.3.2 有效产出会计 / 94

# 第4章 财务分析对企业的决策支持 / 102

4.1 短期决策分析 / 103
   4.1.1 限制因素分析模型 / 103
   4.1.2 如何克服限制因素 / 108
   4.1.3 外购还是自制 / 109
   4.1.4 "外购还是自制"的变种：外购还是租赁？
         租赁还是补贴 / 111

4.1.5 影响"外购或自制"和"外购或租赁"
决策的其他因素 / 115
4.2 企业决策支持实务：分析工具 / 117
4.2.1 成本效益分析模型 / 117
4.2.2 产品本量利分析模型 / 121
4.2.3 盈亏平衡分析模型 / 125
4.2.4 敏感性分析模型 / 132

## 第 5 章 企业预算管理 / 140

5.1 做有意义的计划 / 141
5.2 预算的种类 / 143
5.3 企业财务预算实务：新企业 / 145
5.3.1 规划新企业的未来 / 145
5.3.2 资本性支出预算 / 156
5.3.3 新创企业的现金流量表预测 / 159
5.3.4 资金需求计划 / 163
5.3.5 新创企业的资产负债表预算 / 167
5.4 企业财务预算实务：成熟企业 / 168
5.4.1 利润表预算：成熟企业 / 170
5.4.2 现金流预测：成熟企业 / 177
5.5 资产负债表预算 / 180
5.6 零基预算、增量预算和全面预算 / 183
5.6.1 零基预算 / 183
5.6.2 增量预算 / 184
5.6.3 全面预算 / 186
5.7 把不确定变成利润 / 187
5.8 预算的修正和再预测 / 191

## 第 6 章 财务分析与预算管理综合案例 / 195

6.1 背景介绍 / 196

6.2　门店报表分析　/ 197
6.3　销售及毛利数据分析　/ 203
  6.3.1　销售指标分析　/ 203
  6.3.2　产品销售组合与毛利率分析　/ 205
  6.3.3　相关性分析　/ 208
6.4　门店实地考察　/ 212
  6.4.1　实地考察发现的问题　/ 212
  6.4.2　初步设想　/ 215
6.5　分析测算及决策方案　/ 219
  6.5.1　广告促销活动　/ 220
  6.5.2　优化运输成本　/ 223
  6.5.3　提高两大类产品的销售份额　/ 225
  6.5.4　安装摄像头　/ 228
  6.5.5　防伪识别设备和退货问题　/ 230
6.6　下一年的全年预算和再预测　/ 231
  6.6.1　下一年度预算　/ 231
  6.6.2　全年预算的再预测　/ 235

| 第 1 章 |

# 财务报表的重新审视

## 1.1 每个人都有自己的财务报表：财务的基本概念回顾

每次做培训，都会有人说：老师，财务报表真的很难懂，怎样才能理解资产、负债、利润等，平衡记账法究竟是什么？我总会回答："不像你们想象的这么难懂。听完我讲的第一节课，你们基本上就能明白了。"实际上，每个人都有自己的财务报表。不信，我们一起来看看。

**【故事中学财务】**

李娜的资产负债表

李娜，37岁，大学毕业到现在工作了15年。现在银行账户上的存款有50万元，股票投资市值15万元，汽车一辆价值20万元。几年前买车的时候，她向银行和父母都借过钱，现在，向父母借的钱早已还清，但银行汽车贷款尚有8万元本金未还完，将在一年内还清。所以，李娜的自有资金就是50+15+20-8=77（万元）。那么，李娜的资产负债表应该是这样的（见表1-1）。

表1-1　李娜的资产负债表（201X年4月30日）（单位：万元）

| 资产 | 金额 | 负债和所有者权益 | 金额 |
| --- | --- | --- | --- |
| 银行存款 | 50 | 短期借款——银行贷款 | 8 |
| 长期投资 | 15 | 其他应付款——父母 | 0 |
| 固定资产——汽车 | 20 | 所有者权益——自有资金 | 77 |
| 资产合计 | 85 | 负债和所有者权益合计 | 85 |

最近几天李娜看中了一处房子，户型是110平方米的两室两厅，价格3万元/平方米。她手中没有那么多现金，现在要买房的话，就必须借钱。父亲决定借给她100万元，加上她自己的银行存款用作"首付款"，其他部分需要向银行贷款。假设李娜没有动用她的股市投资和汽车，仅仅使用银行存款中的40万元用于"首付"。那么购房之后，她的资产负债表就变成了如表1-2所示的情况。

表 1-2　李娜购房后的资产负债表（201X 年 5 月 31 日）（单位：万元）

| 资　　产 | 金　　额 | 负债和所有者权益 | 金　　额 |
|---|---|---|---|
| 银行存款 | 10 | 短期借款——银行贷款 | 8 |
| 长期投资 | 15 | 长期借款——银行贷款 | 190 |
| 固定资产——汽车 | 20 | 其他应付款——父母 | 100 |
| 固定资产——房产 | 330 | 所有者权益——自有资金 | 77 |
| **资产合计** | 375 | **负债和所有者权益合计** | 375 |

每个人都可以根据这个原理和大致格式，做出自己的资产负债表。

很多老会计师可能都知道，在我们早期学习会计基础知识的时候，这张表格原来叫作资金平衡表[⊖]。表格左边的项目是资金占用，右边的项目是资金来源。通过这张表格，我们可以知道企业的资金来源于哪里，又运用到哪里去了，或者说是资金都分布在哪些项目里了。

资金的来源通常只有两种，要么是自有资金或者股东投资（相当于资产负债表里的"所有者权益"），要么是向其他个人或单位借来的钱（相当于"负债"）。而资金占用的各个项目就相当于资产负债表里的各种"资产"，也就是说，资金以何种具体形式存在。

20 世纪 90 年代，中国企业会计制度改革，资金平衡表被国际上更为通用的资产负债表替代了。资产负债表的左边是各种资产，包括：流动资产（现金、银行存款、存货等）、非流动资产（长期投资、固定资产等）以及无形资产等项目。报表右边显示的是企业的资金从哪里来，通俗地讲，负债是企业从外部借来的钱，所有者权益则可以看作是企业向投资人、股东借来的钱。所以，右边这些项目一般包括：流动负债（短期借款、应付账款）、非流动负债（长期借款等）以及所有者权益（实收资本、资本公积、留存收益等）。

对照资金平衡表的基本概念，我们认为资产中的每一分钱都是有来源的，钱不可能自己凭空生出来。而企业不管有多少"钱"，无论是投资人自己的还是借来的，最终都将以一种资产的形式体现出来。因此，在这张表

---

⊖ https://baike.baidu.com/item/%E8%B5%84%E9%87%91%E5%B9%B3%E8%A1%A1%E8%A1%A8。

上，资金来源总和等于资产的合计，也就是我们通常说的资产负债表等式：

$$资产 = 负债 + 所有者权益$$

## 【故事中学财务】

### 李娜的利润表

我们再来看看李娜每月的收入支出。假设，201X年6月，她的月薪25 000元，缴纳个人所得税和三险一金约6 600元，税后可支配收入为18 400元。每个月房贷还款约10 000元。个人支出（汽车费用、每日三餐、手机费用等）约3 000元。住房的公用事业（水电煤等）和物业管理支出约800元。其他零星支出（朋友聚会、旅游、娱乐等）大约2 000元。这个月李娜个人的利润表如表1-3所示。

表1-3 李娜的利润表 （单位：元）

| 项　目 | 201X年6月<br>金　额 |
| --- | --- |
| 月薪收入 | 25 000 |
| 减：税金和三险一金 | 6 600 |
| 税后收入 | 18 400 |
| 减：支出 | |
| 房贷 | 10 000 |
| 个人支出 | 3 000 |
| 公用事业和物业管理 | 800 |
| 其他零星支出 | 2 000 |
| 当月盈余（利润） | 2 600 |

以上这份李娜的收入支出表，也就是她个人的利润表。它与企业的利润表基本结构差不多，也是包括了收入和各种支出，以及当月的盈余（收入大于支出的部分）。区别在于，个人的利润表是基于现金收付制的，而企业的报表是基于权责发生制的，其中包括了很多"非现金收付"的项目，对此我们将在后面的章节中进一步说明。利润表显示了财务报表的另一个平衡等式：

$$收入 - 费用（成本）= 利润（或亏损）$$

以上所提到的,就是我们通常讲的所谓"财务会计的语言",即会计的六大要素⊖和两个基本等式。

财务会计还有一个很重要的"语言"就是会计平衡式,在上面的李娜的故事中,我们也已经提到过了,它涵盖了会计各要素之间的关系:

$$资产 = 负债 + 所有者权益$$
$$收入 - 费用(成本) = 利润(或亏损)$$

## 1.2 会计的基本假设及原则

作为会计核算的基本原则和理论基础,会计有四大假设(accounting postulates)和若干主要原则(accounting principles)

### 1.2.1 会计的四大假设⊖

#### 1. 会计主体假设(business entity)

一个单位或组织要成为会计主体必须具备3个条件:①具有一定数量的资金;②进行独立的生产经营活动或其他活动;③实行独立决算。

在会计上,会计主体不一定是一个法律主体(legal entity),它可以是一家独立的企业,也可以是企业内部一个独立核算的分支机构或部门,或者是企业的一个业务单元(business unit),还可能是由多家企业组成的,甚至是由若干个企业和非企业组织一起混合组成的。它是一个独立的经济

---

⊖ **资产**:企业所拥有的或控制的、预期会为企业带来经济利益的资源。
**负债**:企业对债权人应承担的债务或责任,预期会导致企业经济利益流出,即企业将在未来以某项资产或某种服务去偿还。
**所有者权益**:投资者对企业净资产(企业资产减去负债后的余额)的所有权,又称股东权益。
**收入**:由对外销售商品或提供服务而得到的,与所有者投入资本无关的经济利益的总流入。
**费用**:企业在日常活动中发生的、会导致所有者权益减少的、与向所有者分配利润无关的经济利益的总流出。
**收益(利润)或亏损**:利润是指企业在一定会计期间的经营成果,是一种收获。从数值上看,利润就是收入(包括利得)减去费用(包括损失)之后的净额。

⊖ 本节关于假设和原则的定义,以及一些相关解释参考了 https://baike.baidu.com/view/33825.htm。

实体，其经营活动严格区分于其他实体。换言之，就是一个企业或业务主体自己一本账，其他企业或主体的账不能记到该企业或主体身上。

**【故事中学财务】**

1元钱去哪儿了[一]

有3个人去旅馆投宿，该旅馆只剩一个房间，有3张床，一晚30元。3个人每人掏了10元凑够30元交给了老板。在3人入住之后，老板想了想，今天最后一个房间应该有优惠，只要25元就够了，拿出5元叫服务生退还给那3个人。服务生想反正5元3个人也分不了，偷偷藏起了2元。然后，把剩下的3元钱分给了那3个人，每人分到1元。这样，一开始每人掏了10元，现在又退回1元，也就是每人只花了9元钱，那么，$3 \times 9 = 27$元 + 服务生藏起的2元 = 29元。还有1元钱去了哪里？

提示：从会计主体的角度出发，用会计平衡等式的原理去思考和计算，这个问题就迎刃而解了。

2. 持续经营假设（going concern）

持续经营是指会计主体的生产、经营活动将按既定目标持续进行下去，在可预见的将来，企业不会面临破产、清算，企业将按原定的用途使用其现有的资产，同时也将按照原先承诺的条件清偿它的债务。

如果已经预见到该企业可能无法持续经营，那么很多会计的处理，包括各种资产和负债的处置等都有一些特殊的处理方式。而且，该企业报表的表述方式也与持续经营企业的不一样。

3. 会计期间假设（accounting periods）

会计期间假设是指在编制企业会计报表和提供会计财务信息时，将连续不断的经营活动分割为若干相等的期间（月、季、年）来反映。按年划分的称为会计年度，年度以内，还可以分为季度、月度。企业要分别计

---

[一] https://zhidao.baidu.com/question/140914604.html。

算、报告各期的经营成果和财务状况，以便考核，进行对比，改善经营。

这就是为什么每个企业都会有月结账、季度报表和年报。在三大报表中，利润表和现金流量表反映的是一个会计期间的会计信息，资产负债表反映的是该会计期间期末的资产负债状态。如果没有这个阶段性的划分，财务的信息是一直延续的，在我们不断编制报表的同时，企业的财务数据又在不断地变化，永远都无法"截止"。

4. 货币计量假设（money measurement）

货币计量假设是指企业的生产经营活动及其成果可以运用货币单位进行计量与反映，并且假设其币值不变。这样，计量结果可以进行加减乘除，从而得到会计报告数据和相关比率，并能够对其做进一步的分析。

这个假设也有一些缺陷，在发生通货膨胀的情况下，货币计量的假设无法真实地反映资产的实际价值。另外，所有一切放在报表上的东西都必须可以用货币来衡量，无法用货币计算价值的是不可以放到报表上的。比如，企业的管理能力、社会关系、销售网络、客户群等无形的东西，虽然它们可以转化为销售收入或成本的节约，并给企业带来收益，但由于无法用货币计量，就无法在报表上反映了。

但也有例外，比如说：商誉。从理论上讲，企业商誉是无形的，而且是无法计量的，这就好像人的名誉一样。但商誉在特定情况下，可以通过一定的方式形成一个"估值"，就能当作用货币计量的资产体现在报表上了。具体内容大家可以参考《国际财务报告准则第3号——企业合并》（IFRS3）。

## 1.2.2　会计的主要原则

1. 权责发生制原则（accrual basis）

权责发生制的基本原理是：凡本期已实现的收入或已发生的费用，无论款项是否已在本期收到或支付，均作为本期的收入或费用处理。

这个原则与现金收付制不同，现金收付制是收到现金算收入或支出的减项，付出现金才算支出。我们一般人日常的收支都是这样计算的。但企业的会计不是这样，要根据其收支应该发生的时间入账。比如：销售收入，当货物的所有权已经转移，无论货款是否收到，我们都应该确认销售收入。又如：如果有一项费用，我们虽然暂时还未支付，但只要它是属于当期发生的费用，就应该预提计入当期的利润表。最直接的例子就是企业的工资成本及相关福利费用。一般来说，本月的工资通常要在月底之后进行统计和结算，然后在下个月的月初支付。但这部分费用显然是本月的成本或费用，应该在本月的利润表中列示。因此根据权责发生制原则，我们一般要在当月月底之前先预提，然后在下个月实际支付的时候再冲减预提。

正因为利润表上的收入和支出的列示是基于权责发生制的，我们需要用现金流量表来补充说明企业的实际现金状况。对于具体的内容，我们将在后面的现金流量表分析部分再进一步说明。

2. 配比原则（principle of matching）

配比原则是指企业在进行会计核算时，收入与其成本、费用应当相互配比，同一会计期间内的各项收入和与其相关的成本、费用，应当在该会计期间内确认。

收入与成本、费用的配比方式主要有以下两种：

（1）**根据收入与费用之间的因果联系进行直接配比**。例如，主营业务收入与主营业务成本相配比，其他业务收入与其他业务成本相配比。在我们分析某个产品或某个项目的收入和成本时，更需要遵循配比原则，不可以把其他产品或项目的收入和成本计入该产品或项目的收入或成本。

（2）**根据收入与费用项目存在的时间上的一致关系进行配比**。这通常运用于整个企业的利润表。比如办公费用和管理人员工资等，不一定与特定的产品或项目相联系，这些费用就与发生在同一期间的收入相配比。

3. 历史成本原则（historical cost）

历史成本原则，又称实际成本原则，是指企业的各项财产物资都以其取得时或发生时的实际成本入账。除法律法规或《企业会计制度》另有规定外，企业不得自行调整其账面价值。但可能有的朋友会问："如果我们企业 20 年前生产的产品，至今还在仓库里，虽然也没有损坏，但样式已经过时了。我们还可以用原来的账面价值记录它吗？"这就要看企业的存货作为一项资产有没有发生价值变化，有些东西可能是越放越值钱的那种。但如果有明显的证据表明，其账面价值超过其未来可收回的可变现净值，企业就应当按照规定计提相应的减值准备，即"存货跌价准备"。

我们平时在财务管理中提到的"八大准备"，如存货跌价准备、固定资产减值准备、坏账准备等，就是对历史成本原则的修正。同时，这也体现了会计的另一个原则：稳健性原则。

4. 稳健性原则（principle of prudence）

稳健性原则，又称谨慎性原则，是指某些会计事项有不同的会计处理方法可供选择时，应尽可能选择一种不致虚增账面利润、夸大所有者权益的方法为准的原则。也就是说，企业在处理不确定经济业务时，应持保守、谨慎的态度，充分估计风险和损失，不高估资产或收益，也不低估负债或费用。

作为一名会计人员，时常会遇到企业在经济活动中有很多不确定因素，需要做出职业判断并处理会计事项，以反映在财务报告上。所以，我们应当保持必要的谨慎，对于预计会发生的损失应计算入账，对于可能产生的收益则不予计入。

谨慎性原则在会计实务中有多种表现，如在会计原则和税务制度允许的范围内，对固定资产计提折旧采用加速折旧法；在物价上涨的情况下，存货计价采用后进先出法；对可能发生的各项资产损失计提减值准备等。

另外一种谨慎性原则的表现就是对或有事项（contingency）的处理。根据《国际会计准则第 37 号——准备、或有负债和或有资产》（IAS 37）[⊖]，对于或有负债，只要多半有可能会发生（probable-more likely than not），也就是说，其发生的可能性大于不发生的可能性，就要预提相关费用或成

---

⊖ https://www.iasplus.com/en/standards/ias/ias37。

本。以后如果真的发生，就可以冲减费用预提，从而不会影响到发生当期的利润表。而对于或有资产，就是将来可能会转化成为收益的项目，应不予确认。只有在收入的实现几乎确定时（income is virtually certain），才可以作为收益计入报表。这里，或有事项发生的可能性之高低，是需要会计师的专业判断（professional judgement）来决定的。

5. 实质重于形式原则（substance over form）

企业应当按照交易或事项的经济实质进行会计核算，而不应当仅仅按照它们的法律形式作为会计核算的依据。这项原则主要是为了让企业在遵守会计核算的相关法律规定和会计准则（即所谓"合规性"，compliance）的同时，还应该如实反映实际的商业情况，不应该教条地运用相关规定和准则，而不顾企业业务的真实情况。同时，这项原则也是尽可能地减少企业为了账面数字好看进行法律文件和合同造假操作，从而造假报表。有些企业为了虚增资产或者利润，特意"编制"某些法律文件来佐证自己的会计处理。从表面上看，所有的会计处理都符合法律和准则的要求，但实际上隐藏、掩盖或粉饰了实际情况。

关于这个原则，我以前刚刚开始学习会计的时候，老师说过一个有趣的小故事：有一家酿酒公司201X年10月将价值300万元的酒以250万元卖给银行，双方签订了销售合同。销售合同中还约定：酒存放在专门酒类仓储的机构，企业将在3年后以300万元的价格一次性将酒赎回。

大家想想看，这个交易应该在201X年年底的报表上怎样体现？是在利润表上确认销售收入和销售成本吗？那么3年之后呢？这赎回的交易又应该怎样在报表上体现？

## 【故事中学财务】

### 亿万富翁为何会找银行借5 000元钱[⊖]

有位亿万富翁开着自己的劳斯莱斯到华尔街银行借钱，只借5 000

---

⊖ https://zhidao.baidu.com/question/1174400881526097899.html。

元，为期两周，直接用他的劳斯莱斯做抵押。两周后，亿万富翁如数归还贷款，并支付利息15元。银行职员发现该亿万富翁账上有好几百万元的可用资金，很奇怪他为什么要借钱。富翁回答说："我正好要出国两周，而两周才15元的停车费，在华尔街是永远找不到的。"

你是不是也称赞亿万富翁精明能干？我们暂且不说这个故事的可靠性和可行性，比如：为什么富翁不把车停在自己家里，不用花钱，不是更好？或者说：银行愿意做这种小额短期贷款吗？才15元的利息收入，银行的员工要做贷款评估、资料核实、写申请文件、做合同，请求银行经理审核、签字等，还要把车停到车库，并安排人看管等，15元都不够承担他所花费这些时间相应的人工成本了。更何况一般对于这样的优质客户银行都会有事先约定的短期授信额度，客户有短期融资需求时，只要直接用额度就可以了。

但作为会计师，我更关心的是，以事实重于形式的原则，这15元如果亿万富翁要去自己的企业报账的话，该费用上应该计入"银行利息"还是"停车费"？你的答案是什么？

6. 重要性原则（principle of materiality）

重要性原则是指企业在全面核算的前提下，对于在会计核算过程中的交易或事项应当区别其重要程度，采用不同的核算方式。对资产、负债、损益等有较大影响，并进而影响财务会计报告使用者据以做出合理判断的重要会计事项，必须按照规定的会计方法和程序进行处理，并在财务会计报告中予以充分、准确的披露；对于次要的会计事项，在不影响会计信息真实性和不误导财务会计报告使用者做出正确判断的前提下，可适当简化处理。

比如：企业的固定资产，如果是重大资产，要分别建立固定资产卡片或者分别记录管理台账。每一项资产都要专门编号，定期进行折旧等，所有数据都清楚地记录在案。定期进行固定资产盘点，并做好适当的维护和保养，如有损耗或损失要及时进行账务处理，这就是重要性原则的体现。

而对于一些数量多、规格统一且单一价值不是很高的固定资产，如一批办公桌、几十张办公椅、一次性购买的电子产品等，就可以以批量处理的方式每月一并提取折旧。即使有损耗也未必一有发生就处理，可视情况一个季度或者一年统一处理一次；也可以每月适当备提一定比例的损耗，有实际损耗发生时，冲减备提即可。

再比如：我们在分析企业的报表时，无论是资产负债表还是利润表，都应该先从金额大的项目入手。特别是实际与预算或者去年同期相比时，一般都会设立一个差异最低值，大于该值的差异就要进行详细的分析。这个差异值既可以是一个绝对数，也可以是百分比，如"资产总额的1%"或"5万元人民币"。要是与预算和去年比较后，某项科目的差异较小，我们一般就不再做特别的分析，除非有特殊情况。

### 7. 划分收益性支出与资本性支出原则（division of revenue expenditure and capital expenditure）

划分收益性支出与资本性支出原则是指在会计核算时应该区分不同类别的支出，分别计入利润表和资产负债表的相关科目。如果一项支出的效益仅在一个会计期间内，就计入收益性支出；如果某项支出的效益跨越好几个会计期间，就计入资本性支出。

在日常营运管理过程中，绝大部分的支出很容易划分为收益性或者资本性支出。比如，工资、房租、水电费、差旅费、交际应酬费等通常都是收益性支出，而购建固定资产、项目支出、对外投资等基本上都是资本性支出。但是有些支出不一定那么容易划分。比如说，同样是使用在设备上的维修费用支出，就要看其实际作用和收益期间长短。如果其作用是让该设备恢复到原先的工作状态，而且费用金额相对也不是很大，那么它就是收益性支出。如果所花费的费用不仅仅是一般维修，而是改良性的支出，其作用不仅使设备正常运转，还增强了设备功能，而且受益期超过1年以上，那么它就是资本性支出。

还有一些收益性支出，在特定的条件下可以将其"资本化"（capitalization），并将它转化为资本性支出。比如：贷款利息，它通常是当期财务费用的一部分。但如果是为了购建固定资产而贷款因而支付的利息在满足一定的条件和规定的范围内，可以计入所购建的固定资产的成本⊖。

另外一项可以被资本化的费用支出就是"研发费用"（research and development，R&D）。《国际会计准则第38号——无形资产》（IAS 38）⊜中有相关规定：通常所有的研发费用都要计入当期损益，即不做资本化处理。当研发费用符合一定条件时，就可以资本化，计入"无形资产"。概括而言，资本化的条件是：企业可以证明研发项目是特别设立的，而且其研究成果是可以出售并给企业带来未来经济价值的。

除以上这些原则外，针对会计报告的编制和其反映的会计信息质量，我们经常还提到客观性原则、相关性原则、一贯性原则、可比性原则、及时性原则、明晰性原则等。

## 1.3 如何读懂三大报表：财务分析的基本原理

### 1.3.1 三大报表反映的是什么

资产负债表、利润表和现金流量表三大报表到底反映的是什么？我们为什么要做三大报表？而对于企业来说，为什么是三大报表而不是"两大""四大"或者"五大"报表？

在回答这些问题之前，我们先来思考以下几个问题。

**三大报表能告诉阅读者什么？**

按照教科书上标准的说法是：财务报表是指在日常会计核算资料的基础上，按照规定的格式、内容和方法定期编制的，综合反映企业某一特定日期财务状况和某一特定时期经营成果、现金流量状况的书面文件。⊜

我们看到，这里说的财务报表反映的内容如下。

---

⊖ https://wiki.mbalib.com/wiki/《企业会计准则》。
⊜ https://www.iasplus.com/en/standards/ias/ias38。
⊜ https://wiki.mbalib.com/wiki/财务报表。

- 资产负债表：某一特定日期的财务状况。
- 利润表：某一特定时期的经营成果。
- 现金流量表：某一特定时期的现金流量状况。

资产负债表通常是某个时期最后一天（月末、季末、年末）企业的资产和债务的状况。利润表是某个时期（月、季、年）企业的营运结果，但它是建立在权责发生制的基础上，所以我们再用一张现金流量表来反映企业实际的现金收支状况。因此，只有这三张表组合在一起才能完整地反映企业的整体财务状况。

关于这三张表之间的关系以及如何阅读、分析，我们将在下一章节做进一步阐述。

**财务报表的阅读者是谁？也就是说，三大报表是给谁看的？**

首先，当然是企业内部人员，主要是企业的管理人员。他们看财务报表的目的是日常经营、管理和决策的需要。只有通过财务报表，才能知道企业的经营状况，以此来决定下一步的经营策略和方针。如果企业是一个大公司、大集团的分支机构，那么企业的财务报表还要提交给公司总部或集团用以财务报表合并，以实现总公司、集团对分支机构的营运管理。

其次是外部人员或机构，包括工商、税务在内的每年参与联合年检的政府主管部门、相关的行业协会等。通过财务报表数据，他们可以了解企业的状况，并实施相应的监管措施。如果企业是上市公司，财务报表的阅读者还包括像证监会这样的证券主管部门。

再次，如果企业有对外借款的话，那么提供贷款、融资的银行、金融机构等，也就是企业的债权人，也要通过财务报表来了解企业的状况，包括企业的偿债能力和营运资金周转情况等。

最后是股东和潜在投资人。股东肯定要通过财务报表才能知道企业的经营状况。当有人想投资该企业或者购买该企业的股票时，他也一定会先看该企业的财务报表，以此了解企业目前的盈利状况，并且预测他的投资收益和未来的投资回报率。

**作为潜在投资人，他们为什么要投资该企业或者购买该企业的股票呢？**

这跟我们买东西一样，我们觉得这个东西有用，也可能在将来会给我们带来"好处"，我们才会买这个东西。这种"好处"可以是以金钱标准来衡量的，也可以是以非金钱标准来衡量的，比如为满足自己的某种需求。买东西就是用金钱与货物价值进行的一种"等价交换"。

投资企业也是一样，当投资人相信该企业的股票或股权能给他带来未来的收益，他就会投资该企业或者购买该企业的股票。如果企业不提供任何财务报表，投资人又从何判断他的投资或者购买的股票是否值得呢？或者说如何判断投资支付的金额是否与企业的相关价值是"等价"的？

**企业的财务目标是什么？**

作为企业的财务目标，是要实现利润最大化，还是资本利润率最大化或者是每股利润最大化呢？其实，这些指标都不完全是。而我们通常说的是：企业价值的最大化，也就是让股东财富最大化[1]（wealth maximization for shareholders）。

股东是企业的所有者、企业资本的提供者，其投资的价值在于它能给所有者带来未来报酬，包括获得股利和出售股权获取现金。股东创办企业的目的是扩大财富，他们是企业的所有者，理所当然地，企业的发展应该追求股东财富最大化。

**企业的价值如何衡量？**

- 是企业的资产总额吗？当然不是。
- 是净资产吗？不完全是。
- 那么是股价？这个说法有一定的道理。

在股份制经济体制下，股东财富[2]由其所拥有的股票数量和股票市场价格两方面来决定，因此，股东财富最大化也最终体现为股票价格。

**但是如果不是上市公司，何来股价（即股票的市场价格）？**

---

[1] https://baike.baidu.com/link?url=_xlAWgeNuMD21dtL97f88ld_y4mNROSxzesRf6k7iFmCIeZM9dfakaTTj7gLWSizpDYcs-pRbiKaSBEHTddRG99qmgFJY-NnnrA8R5XoqGIyXPl43CiRHvOuWB0QnW8iuP8QBp85fCI3Aym6Eh5x24cT-FpNhiPRqWypZD3YTrq。

[2] https://baike.baidu.com/item/ 股东财富 /6636459。

这么说，是产权交易时候的购买价吗？那么，大家想想投资人为什么愿意出这些钱呢？他（们）怎么知道买进的东西是价格合适的呢？他（们）是如何评估购买企业的价值呢？

是的，可能有人想到了，既然投资人买入的是一项资产，他（们）看好的是：企业未来创造价值的能力。

**如何衡量企业未来创造价值的能力呢？**

这个问题非常复杂，涉及资金的时间价值和风险如何评估等各个方面。但三大报表以及相关附注和明细报表最终可以帮助我们去预测和评估企业未来创造价值的能力。这其实就是制作三大报表的意义所在。

因此，三大财务报表既是对企业过往财务状况的总结和概括，同时也是帮助我们评价企业未来创造价值能力的工具。

## 1.3.2　三大报表的钩稽关系

三大报表的钩稽关系如图 1-1 所示。

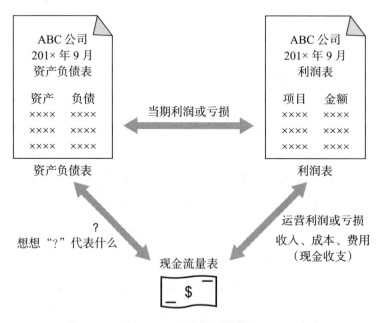

图 1-1　三大报表的钩稽关系

1. 资产负债表和利润表

资产负债表和利润表的关系显而易见。利润表中的收入和费用、成本的变化最终会体现在利润中,而利润的不断累积,就形成所有者权益的一部分,具体体现为"本年利润"和"留存收益"。这是我们纯粹从数字的变化上来看两者的关系。

如果我们从营运的角度来看,企业为什么会拥有资产?大家一定会说:"前面提到过啊,资产是'为企业带来经济利益的资源',通过一定的经营方式,这部分的经济利益最终将体现在企业的'利润'中。"

再从期末报表项目处理的角度来看,我们之前提过"稳健性原则":凡事都尽量用不会夸大资产和利润的方式去处理。这些行为体现在资产负债表上,既不要高估资产,也不要低估负债,尽量做到公平、公允。这样计算出来的利润相对也就比较"稳健"。反之,我们高估了资产或低估了负债,势必使得利润表的利润将会被高估,这就违背了"稳健性原则"。

2. 利润表与现金流量表

美国证券交易委员会前主席曾说过:"如果让我在拥有利润信息和现金流量信息之间做一个迫不得已的选择,那么,今天我就选择现金流量。"[⊖]这是因为利润表是用权责发生制编制的,因此,报表的使用者并不知道"钱"真正的流入和流出有多少。而现金流量表可以反映一定时期企业的"钱"(即现金与现金等价物)实际的流入和流出,便于报表使用者真正了解企业净利润的质量。也许你不止一次听到过这句话:"现金流量表是利润表的补充。"现金流量表实际上就是从另一个角度去反映企业营运的状况。

从数字计算的关系来看,我们知道现金流量表里的"经营活动产生的现金流"的编制有直接法和间接法两种方式。其中,间接法就是以本年净利润为起点,调整剔除各项非现金交易,以获得经营活动产生的净现金流量。而直接法是以主营业务收入为起点,经过各种非现金项目的调整,从

---

⊖ https://www.wenkuxiazai.com/doc/466c6be619e8b8f67c1cb9fd.html。

而计算出经营活动产生的净现金流量。这两种方法的实质都是对利润表数字以现金收付制的角度进行修正。

### 3. 资产负债表和现金流量表

现金流量表上三大部分产生的现金流量加在一起的总和，就是资产负债表上年末现金余额与年初现金余额之间的差额。也就是说，现金流量表上现金的净流入（或流出），就是本年度资产负债表上现金及银行存款的增加或减少数量。这通常也是我们验证三大报表有没有做"平"的一项很重要的指标。

另外，现金流量表上的"经营活动""投资活动"和"筹资活动"带来的企业资产与负债项目的变化也会体现在资产负债表上。比如说，经营活动中购买商品（如原材料）支付的现金，在资产负债表上就会体现为存货的增加。再比如，筹资活动中向银行借款收入的现金，就会体现在负债方的短期或长期负债上，而投资活动中使用的现金，也会最终体现在固定资产、长期资产、无形资产等项目上。

| 第 2 章 |

# 财务报表分析实务

## 2.1 财务分析的基本思路

### 2.1.1 数据分析

财务分析就是数据分析。财务数据的分析方式一般有以下几种。

1. 分类汇总

分类汇总是最简单的分析，基本上就是统计，它通过对采集的数据按照一定的方法分类列表，从而加总求和、求平均数或者找出最大（最小）值等。这主要是帮助数据分析人员对数据的性质和构成进行分析。

2. 合理性分析

合理性分析是指将当期数据与历史数据或同行业数据进行比较，并且结合经验和实时变化，判断其合理性。

3. 实际和预算比较分析

实际和预算比较分析是要找出实际与预算为什么不同。一般情况下，是实际情况与预算时候的一些假设（assumptions）有出入，或者是在预算时有些该想的东西没有想到，或者原先认为不会发生的状况实际发生了。数据分析人员在比较分析时，就要对此进行逐一分析、阐述清楚。生产成本的差异分析基本上是同样的道理，只是把分析比较的基准数据从"预算"变成"标准"而已。

4. 同比分析

同比分析是指与上年或上月的同一个阶段的经营数据进行比较。它主要分析企业的业绩是增长了还是萎缩了，同时也可以分析出成本、费用等开支变化的原因。由于预算多半也是基于上年的数据形成的，将当期数据与上期的比较，可以从另一个侧面分析当前业务。

5. 趋势分析

趋势分析是指将若干天、月、季或年的同一种数据进行排列，计算比率或相互差异，以找出其发展趋势，并且作为日后预测的基础。

6. 数据关系分析

数据分析人员可采用关联性分析（correlation）和回归分析（regression）方法来分析两个和几个变量之间的关系。有些数据看似不是同一种类型的数据，但实质上相互之间是有关联性的。比如：产品质量指标与销售收入、物流管理的效率与产品销售成本、宏观经济数据与企业的人力成本等。

## 2.1.2 财务分析的基本方法和工具

1. 财务分析的基本方法

（1）**绝对数字的相互比较**。很简单，它是指只要直接将两个或多个数据放在一起比较，并加以说明。比如说，关于销售，我们可以说："由于节日促销和销售网店的增加，本地区本期的销售额比去年同期增长了50万元。"

或者，关于公司人数，我们可以这样说："我们公司的人员不断增长，尤其是销售员队伍的壮大，本月比上个月新增了3位新员工，上个月比上上个月增加4位，之前的3个月每月都增加了2～4位。预期下个月也会至少增加2位新员工。这样，到下个月月底，即使剔除已经离职的销售人员人数，预计我们的销售员总数将达到30位，比6个月前多15位。"

应该注意的是，放在一起比较的数字是有可比性的，即所谓我们经常说的"apple to apple"。这种绝对数的比较分析，可以用于我们上面提到的同比分析和趋势分析。

（2）**比率分析**（ratio analysis）。比率分析就是相对数分析。主要分析的比率包括流动比率、速动比率、资产负债率、股东权益比、存货周转率、总资产周转率、销售毛利率、净利率、市盈率等。除了使用以上这些最经典的比率分析当前的资产流动性、财务杠杆、盈利能力等之外，我们还可以将比率分析用于不同期间数据的比较、趋势分析、数据关系分析等。

（3）**数据列表及计算**。将一些数据用一定的形式罗列出来，关键是要用让报表阅读者能看懂的方式来表现。有时，文字的叙述未必可以清楚地表达数据之间的关系、先后顺序和变化趋势，因而用列表的方式显得更加简洁明了，一目了然。

2. 财务分析的工具

（1）**图形**。用图形表现就是将计算的各种数据用图表表现出来。图形有很多种形式，如饼图、折线、圆环、点阵、泡泡等。另外，也可以辅以数据透视表、注释等将数据表现得更详细。

图形的表达有时会产生视觉上的冲击力。适当的图形加上色彩，会给人十分直观的感觉。这种方式尤其适用于开大会，将数据呈现给那些非财务管理人员的时候。图形的呈现往往比文字数据更管用。如果在呈现时运用一些动画，展示效果就会更好。

（2）**文字说明**。除了数据和图表，有很多东西还是需要用文字表述。文字表述很重要，特别是针对所分析的数据和列表的意义进行说明时，特别需要文字说明对表格数据加以补充。但文字的表达一定要简洁明了，切中要害，切忌兜圈子。长篇大论很可能会引起报表使用者的反感，反而达不到真正提供有效分析的效果。

## 2.1.3 报表分析工作对财务人员的基本要求

1. 切忌闭门造车

财务分析人员要了解企业的业务状况，即了解业务（understand the business）。财务数据的比较分析，在很大程度上就是对数据的解构。我们先要知道某个数据是由哪些因素驱动的，才有可能对它进行进一步的分析。比如，销售额是"销售价格 × 销量"得来的。要分析比较实际与预算的差别、今年和去年的不同，我们就要从这两个方面着手，找出销售价格变化的原因（新产品上市、产品销售结构变化等），以及销量增减的原因（广告或促销等），就可以知道销售额为何变化。找出数字变化并进行比较很简单，比较困难的是，如何找出数字变化背后的原因。作为一名优秀的财务分析师，真正要了解所在企业的业务状况，还有更多复杂的东西要学习和研究，我们在后面的章节中会逐一介绍。

2. 敏感度

首先，财务分析人员要对周围发生的事情具有较强的敏感度（sensitivity）。我们经常说，财务人员应该眼观六路、耳听八方，时刻注意周围环境的变化，并且把周边的变化、发生的事件与财务报表上数据的变化关联起来，这样有助于财务人员分析出数据之间的关系、变化趋势或规律，找出企业业务变化的真正原因和一些规律性的东西。

比如：季节性变化对销售额的影响，也就是某一个变量（人流量）变化引起的另一个变量（客单数）的变化。由于天气变冷，外出购物的人就相对较少（除了圣诞、元旦和春节新年期间）。春秋季气候适宜，各种节假日也较多，相比较而言，外出购物的人就会略多一些。如果财务分析人员通过自己的观察，再与报表数据相关联，了解这些变量变化的规律，既可以帮助管理层分析业务，做出决策，也可以为今后的预算做准备。有时，这种分析的实验性很强，既需要分析人员对数据具备较强的判断力和敏感度，又需要分析人员不厌其烦地反复推算，以期找出数据之间的本质规律。

其次，会计人员要对数据本身具有较强的敏感度。这个问题让我想到以前一个真实的事情。

## 【故事中学财务】

### Excel 报表也会错吗

有一次，有位同事做了一张简单的报表，分析企业全年销售额变化的一些因素。他做完了之后，发给了我。我扫了一眼，就将表格原封不动地发回去给他，要他修改。他问我怎么啦？我说："你表格中的数字加总都不对，还好意思发给我看？"他说："怎么可能？我是用 Excel 做的，所有数据都是自动加总的。"我说："你看，这个产品每个月的销售额都在 90 万～130 万元，平均每个月 110 万元左右，12 个月的总销售额应该在 1 200 万～1 300 万元。你做的全年销售总额怎么只有 1 150 万元呢？"果然，他一检查发现，有一行新增的数据，他在设 Excel 公式的时候忘记加进去了。不过，他很惊讶为什么我用了不到一秒就发现了错误。

这就是财务分析人员在长期的工作当中训练出来的对数字的敏感度。有时，根本不需要计算器，心算一下就知道运算的大致结果。这个方法同样可以用于我们后面章节要说的报表的"分析性复核"。在北美洲的数学考试中，有时就有类似的题目，不需要你计算出精确答案，只要大约知道答案的"估计数"就可以做选择了，就好像下面这道题目：

问：一家大型游乐园 8 月第一周的周一到周五入园总人数为 231 575 人，那么平均每天入园人数是：

A. 39 785　B. 46 315　C. 48 050　D. 46 828　E. 46 132　F. 42 135

不需要使用计算器，看一眼就应该知道每天的平均人数肯定在 40 000 以上。而且，总人数是以 5 结尾的数字，那么除以 5 得到的平均数当然还是个 5 结尾的。这样，就只有 B 和 F 可以选了。再稍微使用一下心算，231×××的 1/5 应该是 46×××。所以，答案就是 B 了。心算快的人，估计一两秒钟之内就可以计算出来了，根本不需要计算器或者排列算式计算。

### 3. 好奇心

财务人员要有好奇心（curiosity），想办法在数据中寻找自己想要的答案，要勇于探索和发现。财务分析人员平时要多观察、关注企业的一些变化和发展，如企业战略的变化、重大人事变更、营销策略的转变、新产品研发上市等，遇到问题不要自己瞎编或主观臆断，一定要跟各部门的人多沟通，从他们那里找到解释。财务分析人员也可以平时主动与生产、营运、市场等部门的人员多交流，从中获得一些与业务相关的信息，做个有心人，有些业务的信息说不定在做分析时就可以使用了。最终，财务分析人员做分析报告时，落在纸上的每一个分析、解释、说明等，都应该在自己的工作底稿中注明出处，而非道听途说，以备日后查询之需。

4. 刨根问底

财务人员要有种刨根问底的精神，换言之，就是不那么容易被说服（be not easily convinced）。我们在做分析报告时，碰到数字的变化，要寻找原因，去找相关业务部门的主管询问。但是，对方未必了解我们的真实用意，或者由于他们是非财务人员，与我们看问题的角度可能不同；又或者他们自己已经在这个行业这个业务部门中做了太久，许多事情的发生在他们看来都是习以为常的，没有什么特殊性；再或者因为他们太忙了，没有时间，而无法认真地回答我们的问题，总之，有可能我们得到的问题的答案未必是正确的、完整的。因此，对于这些答案，我们要自己想想，这样说合理吗？完整吗？符合我们企业的情况吗？若是有疑问，要怎样进一步询问，并修正我们提问题的方式方法。

在跑去提问题之前，我们必须深入研究数据的前后关系，同时做好心理准备，试想一下他们可能会怎样回答，我们应该怎样进一步追问，或者有些时候需要启发性地提问题。这样才能得到问题最终真正的答案。再说一个真实的故事，事情曾经就发生在我的身上。

## 【故事中学财务】
### 到底是什么拉动了销售

当时，我在一家连锁零售企业做某年12月的分析报表，有一家店的当月销售额比上一年增长了很多，在零售行业我们把这个指标叫作同比销售增长率（comp sales%）。我去询问业务部门的主管为什么这家店的同比销售增长率比去年高出很多，而且还大大高于12月全公司的平均水平。他想也没想，随口就说："是啊，确实我们门店今年的访客量明显比去年大幅提升，这是该店管理组加强销售推广力度的结果，加上圣诞节和元旦假期的促销，所以，12月的同比销售增长率增长了很多。"这听上去颇为合理，我就把这个理由写在报表上了。但报表到了我的上司那里，他问我:"我们公司去年同一时间也做了圣诞、元旦促销啊,促销活动不是一样的吗?你有没有想过访客量增加的真正原因是什么?"对啊,业务主管这么明显的简单又有点敷衍的答案,我怎么没听出来呢?

我只好再去询问业务部门主管,这次他想了想,然后很认真地回答我:"一方面我们公司建立发展了会员制,增加了很多忠实顾客,根据市场部的跟踪调查,这部分会员近几个月的访店频率大大高于一般客户;另一方面,最近几个月我们在网络和新媒体上发布了很多广告,品牌知名度大幅提高了,尤其在年轻人中效果明显,因而这部分的访客量也增加了很多。"我觉得挺有道理的,修改了原来报表上的分析,再把这些内容概括放进去了。

但是,我的上司看后又问我:"这些不都是公司统一的促销行动和广告,其他店同样既增加了访客量,也增加了年轻客户人群,你有没有想过,为什么唯独这家店的同比销售增长率特别高呢?"

我只好硬着头皮再去询问一次。这次,那位业务部门主管说:"我们一起给店长打个电话问一问吧。"原来,是这家店所在的商场为了促进圣诞、元旦期间的人气,联合商场内多个商家共同开展了一些促销活动,加上我们公司自己的广告和促销,效应叠加,才有了我们看到的结果。

通过这件事情,我明白了一个财务分析人员应该怎样去思考和提问题,而且,不要盲目地接受营运部门给的简单答案,自己要深入地、多角度地思考一下。

## 5. 融会贯通

财务人员要学会逻辑推理,融会贯通,把看似独立、单个的事件联起来看(connect the dots),并把握全局视角(have a big-picture view),找出事情背后隐藏的东西。事实上,有些报表上的数字是可以相互印证的,从不同的角度询问多个部门,可以对同一个事项有更深入的了解。我们再来说件真实的事情。

## 【故事中学财务】

### 仓库的临时工增加了，会影响销售净毛利⊖吗

有一次，我在分析工资成本的时候发现，某个销售区域的工资福利支出比预算以及上一年多了很多。进一步分析发现，主要的差异来自该区域的仓库。我去询问该区域的营运总监，他回答说："对啊，我们这个月请了很多临时工，帮忙把仓库整理了一下，因为我们的仓库一直缺少人手，有大半年的时间都没有认真整理和盘点了。所以，这个月我们请了一家劳务外包公司，对仓库专门做了彻底的清理，因而多出了很多临时工的人工费用。但这部分超支是我亲自申请且经 CFO 和 CEO 批准的。"

当我做完了工资的分析之后，我又想到，既然是整理仓库，也就是将仓库的货物清点、重新排列、上架，与此同时肯定会产生盘点结果。如果有碰到已经无法出售的货物、已经损坏的货物或者库存清单上的货物丢失等，势必计入库存盘亏和损耗。所以，该区域的库存盘亏和损耗（inventory write-off）这个月一定不会少。去明细账上一查，果然如此，通常库存盘亏损耗基本上占销售额的 0.3%～0.5%，而这个月他们的库存盘亏损耗达到了该区域销售额的 0.8%，比平时多了一倍。这些库存盘亏和损耗是作为产品销售成本的一部分入账的，由于金额相当大，所以同时也影响到该区域这个月的销售净毛利。

清算应收账款或其他应收款、清理预提费用、集中支付应付账款等行为，都会影响到不止一个会计科目、一张会计报表，同时也会涉及多个财务比率的变化。当有类似的行为发生时，财务分析人员要关注它们对财务整体结果的影响。

还有很多非财务指标的变化，最终也会在财务报表上体现。比如：企

---

⊖ 首先要说明的是，我们这里说的销售净毛利是零售行业中，在产品直接采购毛利（gross margin，产品销售价格−产品购入成本）的基础上，再减去相关的费用、成本（包括库存盘亏和损耗，产品分包装或再包装的人工费用、包装材料，销售过程中仓储、运输、搬运整理货物的直接成本，以及相关仓储成本的摊销），从而得到的产品销售净毛利（net margin）。因此，这里所说的产品销售成本（cost of good sold，COGS），也就是让产品在特定的时间和地点达到可销售状态所支付的所有成本和费用。

业的客服部门每个月都抽样调查客户满意度。当对于某个产品质量和售后服务的客户满意度下降时，该产品的销售额往往也会下降，退货也会增多。同时，已出售的产品相应的报修增加，维修成本也会增多。如果该产品质量的下降是由于某个供应商供应的零件质量有问题，那么，原材料的损耗报废也会增加。如果将该原材料退回去，可能还会有相应的检测、整理、仓储、搬运等费用的出现，真可谓是"牵一发而动全身"。

这也就是我们通常说的，财务分析人员做分析要有一个企业"整体"（a big picture）的概念，而不是仅仅囿于一隅，只看到一个方面的数字变化，应该关注和它相关联的其他财务数据甚至是非财务数据的变化。往往一件小事就可以带动多个报表的多项科目的变化。

6. 精确且简练

财务分析人员应写出有价值的财务分析报告。报告不在于长，而在于精。精准且切中要害的报告才是好的。分析人员除了要具有较强的分析能力以外，适当的表达方法也很重要。如果有些分析内容完全可以用数据表格和图形来代替，一目了然，就千万不要像写作文凑字数那样写一大堆。还有，财务分析报告不需要太多华丽的文字，也不需要带有感情色彩的描述，只要客观反映事实就可以了。财务分析人员还要注意在写分析报告时尽量使用通用词汇，而不是专业的会计词汇，尤其要避免缩写或缩略语。会计部门平时经常使用的缩略语，对于非财务专业的人来说，说不定就像"天书"一样。如果报表的阅读者无法看懂我们的报告，那么财务分析报告就失去了意义。最精妙的财务分析报告是让阅读者在此报告的帮助下，自己去解读企业各业务部门的绩效、公司策略的得失以及今后可能的发展方向。

总之，作为一名好的财务分析人员，需要不断地学习和实践。曾经有一次，我所在的公司要招聘一名财务分析员，面试的时候，碰到了一位在财务会计领域工作过几年的年轻人。我问他：如何才能做好财务分析？他回答说："我会利用业余时间多看一些财务分析、财务管理方面的书籍，多增加一些这方面的知识和技能。"在我的多次启发下，他的认识还是仅仅停留在"如何提高自己的分析技能"这个层面，而没有搞清楚财务分析人员一定要了解企业业务，要自己想办法寻找数字背后的故事，提出更好的决策建议。他的回答看似也没有什么太大的问题，他看上去也是一位努力好学的大好青年。但是，财务分析人员光看书是不够的，还必须通过自己的调查研究，了解企业的业务情况，同时不断地提升自己对数字的好奇心和敏感度，最终才能成为一名好的财务分析师。

## 2.1.4 财务分析的企业环境

很多人以为财务分析是模式化的，一家企业的财务分析报告可以复制给另一家企业，只要具体数字改动一下就好了。其实不然，每家企业不但有不同的商业模式、不同的产品、不同的人员组成，更重要的是每家企业有自己的商业环境和企业文化，这在很大程度上影响财务分析的深度和维度、财务报表的种类和呈现方式，以及财务分析的模式和方法等。

1. 处于不同发展阶段的企业

企业处于不同的发展阶段，对于财务报表的需求以及财务分析的详细程度往往是不一样的。

（1）**企业初创时期，销售额较小，创业者的重点是怎样把业务量做上去**。主要方法是开拓更多的销售渠道，尽可能地增加销售网点，在有限的条件下做更多的广告和宣传，让市场知道自家的产品等。在这个阶段中，管理层对销售的大致情况、销售额的组成等基本上了如指掌。他们更关心的是要达到预期的销售规模，其投入的资本、花费的成本和费用需要多少。因此，他们对成本及费用的分析要求会比较细，看得比较严。创业者甚至会自己亲自审批所有的资本性开支和费用报销单等。短期内，销售额的大规模增长比较困难，所以管理者就尽量减少不必要的开支，将有限的资金用在刀刃上。

同样的道理，这在亏损企业也适用。由于企业长期亏损，而股东可能出于战略部署或市场占领的考虑，暂时不会关闭企业，因此，如果企业销售不好，就要想办法尽量"节流"。

对于初创企业来说，比起利润表的详细分析，可能更重要的是资本性支出与资金需求预算的跟踪、预测和分析。因为，初创企业在营运方面很大程度上依赖于股东投入和外部资金的支持。因此在这个阶段中，如何管理好有限的资金可能比如何有效分析、利用利润表更重要。

还有一点，初创企业在开始的时候，人员不多，有时一个人要干多个人的活。这个阶段，在保证基本的会计数据记录完整和财务报表正确、及时的前提下，很难有专门的人做财务分析的工作。所以，往往是财务主管或财务经理自己做财务分析方面的工作。由于时间、人手有限，能呈现出的分析报表的规模、数据的详细程度、分析的深度（广度）都十分有限。

**（2）当企业逐步进入成熟期时，销售额不断增长，商业盈利模式也比较成熟。** 同时，商业模式也可以大量复制。随着销售渠道的扩张和销售量的增长，对销售的分析要求肯定会更多。企业决策层希望了解企业的哪些产品卖得好，哪些销售渠道比较好，或者是哪些产品在哪些地域销售得特别好，还有消费者对价格变化的敏感度、企业进行阶段性促销的效果等，这些都需要做大量的销售分析工作。

除了销售方面的分析，企业还会对生产成本或销售成本做分析，并通过采购、生产和销售规模的整合、扩大，尽可能地利用规模经济效应（economies of scale），以期能获取最高的毛利。同时在此阶段中，企业对于各种费用（包括：管理部门的差旅费、工资福利、培训费、招待应酬费等）主要是通过预算进行总量和进度上的控制，只要总量上不超过，企业也没有重大商业事件或者经营上的新变化，通常不会做太过细致的分析。所谓"重大商业事件"，是指企业在预算过程中没有预计到的一些变化，包括临时决定的新市场的拓展、战略调整后出现新的销售渠道、突然关闭某个生产线，甚至关闭整个工厂等。

2. 不同行业的企业

每个行业都有各自的商业模式和盈利模式,因此企业对财务分析的需求往往也不太一样,关键是财务管理的重心不一样。

(1)**工业制造型企业**。工业制造型企业最重要的是生产成本,因为原材料加上生产过程中的各种成本、费用是企业财务管理的"重中之重"。为了监控和控制生产成本,企业会在生产过程中收集大量数据,做各种成本分析,同时还要监控原材料的进货价格以及原材料的损耗等。所有这些,基本原则只有一个:通过数据分析,找到优化成本的可能性,尽可能地节约成本。

另外,存货分析也很重要。存货水平也不能太高,因为存货占用了大量资金,如果存货太多,势必影响资金的周转速度。存货也不能太少,当有客户要来订购产品时,不论产成品存货不足,还是原材料的存货不够,都会影响销售额和销售的实现速度。因此,存货水平适当,并且其中产成品、半成品、原材料等都占有合理的比重,才有可能让企业尽可能地多销售并且盈利。再有,我们要对应收应付进行分析,加强对资金流动的管理。对于应收款项,我们要看账龄、平均的周转天数等。对于应付款,我们要看企业付款的速度,会不会因为付款太慢而被罚息或者影响后续的原料供应等。

(2)**零售企业**。零售企业最看重的是销售额,对销售会做大量的分析。不论是对产品组合(product mix)、销售渠道(sales channel)还是对定价方式(pricing)等,零售企业都会有详细的分析。并且,对于产品的促销情况也会做促销前后的分析,以确定促销的效果如何。零售企业的毛利率一般比较稳定,但是碰到季节性变化或者大型促销活动引起毛利率变化时,企业也会做详细的分析。零售点的存货量和存货的周转也是很重要的指标,企业需要对此做一定的分析。存货太多,占用的资金量大,占用库存位置,而存货太少,销售额又会受到影响。

(3)**房地产、咨询等项目型企业**。这类企业不论收入还是支出,都是以项目归集的。因此,它们应划分清楚哪些收入支出是项目范围内的,哪些不是。另外，项目的费用不能超出预算，如果超出，要说明有什么特殊原因。总的来说，就是一切都以项目为中心。如果有无法确认是哪个项目的费用，可以在多个项目之间分摊。分摊的方式也很有讲究，分多分少、分摊标准等在不同的项目组或者部门之间通常都会有很多的争议。要分到每个人都满意，每个人都觉得公平，不是一件容易的事。作为财务人员，要做大量的分析和运算，还要准备好各种补充资料以便有人提出异议时可以应对自如，说得清楚来龙去脉。能分摊到让大多数人满意，绝对是一种"艺术"。

关于不同行业的企业对财务分析的影响，我们就以上面这几种行业为例。另外，还有很多不同的行业对财务报表有各种需求，有些我们会在后面的章节中提到，更多地需要财务人员在实践中去观察、理解、体会和总结。

3. 不同企业文化和管理风格的企业

这里说的企业文化和管理风格，是由于企业的高层管理人员的不同引起的。关于企业财务管理的风格，我们经常会问："到底是谁在经营这家公司？"（Who's running the business?）不同背景的高层管理人员对企业的管理要求是不一样的，侧重点也不同。

（1）**销售型企业，企业的整体业务主要是靠销售来驱动的**。在这类企业中，不论是企业管理政策还是公司发展战略等，通常都是销售部门的领导比较有话语权。所以，企业的高层多半也是有销售或市场营销背景的。这类企业的主管，当然是对销售额及销售相关的指标比较感兴趣，会做很详细的销售分析。另外，对产品销售成本（一般是进货成本＋库存损耗＋运输仓储费用等）及销售费用（广告、市场推广等）的分析，通常企业高层也会比较关注。一般来说，只要销售状况良好，就不会有太多关于管理费用、财务费用等的分析。一旦销售状况堪忧，企业高层就会要求减少各项费用，从而对各项费用加强监管、监控。

（2）**财务背景的管理人员管理的企业**。通常，财务出身的管理人员对报表的要求非常细致，因为几乎所有的报表他们以前都做过，加之如果他们已经在企业工作相当长的时间，对数据的来龙去脉也比较了解。同时，他们对数字的敏感度比较高，因而很容易找到财务报表上的错误或不合理之处，及时指出并给予明确的指导。而且，财务人员大多习惯于"控制"（control），即对产品成本、各项费用、项目预算等方面的控制。对于公司内部一些审批授权，也会比较保守，尽量避免不必要的开支和风险。在创造利润的"增收"和"节支"两个方面，他们更看重"节支"。因此，他们对于实际成本和费用与预算相比的不利差异分析，会看得比较详细。

（3）技术型或工程型高管领导的企业。这类企业大致包括（但不仅限于）技术创新企业、互联网企业和技术型产品的制造企业等，高层管理人员很可能就是企业的创始人或创始团队成员。这些高层人员通常更注重业务和技术，他们希望看到的财务规划和分析大多与开发制造新技术、新产品有关。财务人员在满足日常营运的财务核算之外，还需要做新产品研发的项目成本、量本利分析、投资回报率、产品定价等。

在企业初创阶段中，这类企业的高层领导通常有很好的想法（good idea），但是，在如何将这些想法真正变成产品到市场上去销售，怎样定价可以赚钱，怎样核算投资回报率，怎样与潜在的投资人或者银行金融机构沟通企业的财务状况等方面，他们未必很在行。这就需要财务人员将他们的想法转化为财务模型，转化为可以衡量的数字。所以，财务分析的重点不完全是已经发生的事情，而更多的是分析、预测未来的状况，最终找出可以赚钱并且可以复制的商业模式，将技术转化成"钱"。同时，通过财务人员的工作，企业高层领导知道自己的企业价值是多少，企业的业务如何在财务上进行评价，以便随时可以跟潜在的投资人或者金融机构进行沟通。

另外，这类企业的经营风险也比较高。有些是因为企业的研发项目未必都能成功，不成功的话，资金就可能白白浪费了，所以企业对项目研发的费用都要进行详细的分析、严格的控制。这类企业在初创阶段一般都有融资贷款，偿债的风险也很高。万一资金周转不灵而无法偿还贷款或者无法进行其他融资的话，将给企业带来一些负面影响。所以，企业管理者也会严格分析监控现金流和资本项目的支出。

总之，不同类型的企业、不同文化环境的企业，对财务分析的要求和侧重点也不同。因此，相应的分析方法方式也不能一概而论，应根据不同的企业特点来做财务分析。

## 2.2　财务分析报告实务：资产负债表

很多人一说到资产负债表分析，就会想到各种比率分析，甚至连报表都没有看清楚，就拿起报表把各种比率（流动比率、速动比率、存货周转率、总资产周转率等）先计算好。计算比例当然是分析报表的一种方法，但计算了之后，这些比率和指标的意义何在呢？

看一张报表应该从分析性复核（analytical review）开始。分析性复核是一种经过长期实践获得的审核报表的技巧。经验粗浅的财务人员可能只会看到报表表面上的一些东西，然后花费较多的时间计算一大堆比率，罗列出每个比率的值和简单的解释。而经验丰富的会计师会用分析性复核的方式先将报表看一遍，看出一些端倪之后，再来考虑从何入手进一步研究，以及有哪些地方需要重点分析。

作为财务工作者，我们拿到一张报表，把数字大概过一下，就能对报表有一定的了解。通过分析性复核，我们可以对报表的质量、合理性、公平性做出大致的判断；同时，对资产负债表和利润表的结构特点也能有所掌握。

### 2.2.1　分析性复核[⊖]

#### 1. 报表的质量

报表的质量，简单来讲，就是其准确性、合理性和完整性。这包括报表数据和报表附注的质量。前者主要看数字，后者既要看文字也要看

---

⊖ 关于报表的质量和分析性复核，有部分观点和文字参考了知乎上关于"如何判断财务报表的质量"的讨论（https://www.zhihu.com/question/20195209）。

数字。

　　首先，资产负债表要平。大家可能会说，现在都用计算机软件做报表了，怎么可能不平？确实有不平的报表，我曾经也碰到过。但这种不平，从表面上是看不出来的，是因为会计人员有意把它做平了。有时，对照利润表，我们会发现净利润与资产负债表上的本年利润对不上，也有可能是现金流量表上的净现金流与资产负债表上的现金和银行存款的本期增减数对不上，还有就是某些科目的期初数与上年的期末数对不上，等等。这些我们所说的"跷脚"现象，其原因多半是一些科目在年终结账期间和最终出报表之前有所调整，或者是表调和账调没有同步做，等等。

　　那么，会计怎么把数字又做平了呢？报表的不平衡隐藏在哪里？很多时候，这些被"轧"平的报表是将部分不平衡转移到了"其他应收款"和"其他应付款"两个被俗称为"垃圾桶"的账户。所以，要想找到答案，我们必须仔细检查应收、应付的相关账户及附注，还需要进一步的详细工作，而不是简单的"分析性复核"了。

　　其次，大概看一下每一个报表项目的数字，看看有没有特别不正常的。比如：该企业的本年利润和累计利润有大量的亏损，而且其亏损额已经大大超过了实收资本，同时，负债方有大量的"长期应付款"和"长期借款"等长期负债。再比如：固定资产的累计折旧几乎等同于原值。通常，就算固定资产已经折旧完毕，这部分的固定资产至少有5%的残值，有些应该有10%的残值，很少出现固定资产净值几乎为零的情况。还有，"应收账款""应收票据"和"其他应收款"等账户有大量余额，甚至超过了全年的销售收入，而与此同时，银行存款却很少，等等。这些都是异常现象。

　　最后，扫一眼报表附注。附注既要简单明了，又要适当充分。附注过于简单，说明会计师没有认真做。附注过于复杂也没有必要。会计师可能花了很多时间撰写附注、核对数字明细等，但报表阅读者对于其中的一大半东西根本不关心。最糟糕的是，看起来有一大堆附注，但实际上只有很小的部分是真正有用的，而很多阅读者真正关心的问题，在附注里并没有提到。

## 2. 资产和负债的大致结构

通过资产负债表上数据之间的分析比对，基本上就可以看到资产与负债、负债与所有者权益、资产或负债内部流动与长期的结构比例和特点。

有些结构上的特点是因为企业的性质引起的。比如，新成立不久的企业，现金和银行存款占总资产中的比例会比较高，而且负债几乎没有，同时所有者权益相对要多一些。再比如，如果是金融投资性的企业，货币资金、短期投资等容易变现的资产应该有相当大的数量，同时长期股权投资、债权投资、中长期（对外）贷款可以获益的资产也会比较多，但是几乎没有存货。而从事零售或餐饮的企业，存货相对较多，而应收账款应该很少或几乎没有。

有些情况可能是企业经营不佳或者财务状况有问题的表现。比如，负债中短期负债数额很大，应付账款也很高，而相比较而言，在"负债和所有者权益"中的所有者权益比重较小，这说明企业负债规模太大，有一定的风险。同时，我们可以看看资产，很有可能该企业的应收账款也比较高，存货比较多，那很可能就是该企业生产的产品卖不出去，即使卖出去了也很难收回货款，因而，日常的运营只好靠向银行借债维持。

## 3. 年初与期末数字的比较

资产负债表的年初数，就是上一年的期末数。把报表上本年期末数与去年年末数大概做个比较，就可以看到报表上各个项目的变化情况。通常，在正常经营情况下，各项数据都会有一定增长，从而总资产通常也会增长。在比较两年的数据时，我们可以大概看一下有没有变化特别大的项目，以及有没有金额大量减少的项目。比如，应收账款余额突然减少了很多，这是为什么呢？企业的收款政策、措施发生变化了，还是企业的主要客户变换了？再如，企业的固定资产增加了很多，有什么特殊的原因吗？还有，企业去年原本没有无形资产，怎么今年一下子增加了好几百万元？

我们在报表上看到任何异动，都可以把报表上的数字直接画线或者圈出来，在旁边做个标记或者打个问号，必要的时候，要在脑子里多问自己几个"为什么";然后,再去看报表的附注,如果过去一年中企业有重大的变化或者发生重大事件,报表附注中会揭示出来。但如果附注中仍然找不到答案,我们就应该直接去问企业的相关主管人员。

这里所说的"看报表附注"的前提是,该企业请注册会计师进行年度审计。如果没有会计师出具的审计报告,那么在发现的问题时,就直接去询问企业的相关人员。

4. 趋势分析

我们不能静态地看报表,而应该从动态的角度看企业的发展状况。所以,如果企业可以提供给我们几年的报表,或者作为企业内部的财务人员,自己可以看到该企业以前年度的报表,那就应该去看看财务数据的变化趋势。比如,我们可以大致看看资产总额、未分配利润的变化趋势,以此了解企业的经营规模是否一直都在扩大,经营是否正常。我们也可以看看应收账款、存货、应付账款等项目的变化,大致了解企业营运资金的发展趋势是否健康,还可以计算一下相关的比例、比率,对于变化较大的比率看是否需要做针对性的进一步分析,等等。

唯一需要注意的是,比较不同年份的报表,必须是"统一口径"的,也就是我们常说的"apple to apple",不同的东西相比较没有意义。所以,我们要看看报表附注中有没有提到近几年有会计政策变更(changes in accounting policies),或者有些数据因报告的需要重分类并重新表述(representation)。

作为一名有经验的会计师,用较短的时间看看这些数据以及它们的增减变化,基本上可以不用精确计算,就大致知道企业的经营是否正常,同时,也知道接下来应该着重分析、审核哪些方面的信息和数据,以进一步证实自己的判断。

## 2.2.2 资产负债表分析

很多经典的财务管理书籍会把资产负债表比喻成一张快照(snapshot),

也就是在某一个时间某一个空间状态的定格。快照在不经意间会给我们留下某一个瞬间的回忆，而资产负债表是让我们了解一家企业在某一个时点（通常是月末、季末或者年末）资产和负债的状况。因此，我们可以从下面几个方面来分析。

1. 资产的结构

资产的结构会影响资产的流动性以及资产的收益性。资产结构和流行性的分析比率主要是流动比率、速动比率、资产负债率等。

根据国际会计准则理事会（International Accounting Standards Board，IASB）概念框架（Conceptual Framework）对"资产"的定义[1]，资产是一种资源，这种资源是企业通过以前的事件获取的，并可以给企业带来未来收益。所以，通常资产的流动性越强，未来收益也就越大。资产只有滚动起来，才能有更多的收益。

我们通常认为，资产总额中流动资产的比例越高越好，这样资产容易变现，带来未来收益的可能性较大。作为一名优秀的财务分析人员，不仅要计算各种比率，还要通过对资产组成的解构和比率的运算，找到改善流动性、提高收益率的方法。比如，存货不属于酸性测试（acid test，速动比率）的一部分，因而，卖掉存货换取更多的现金，在收入增加和利润增加的同时，资产的流动性也增加了。

再比如：加紧应收账款的催讨，现金增加的同时应收账款降低。流动资产总额虽然没有太大的变化，但是这个举措增加了收益（因为收不回的不良债务减少了，风险降低了，无形中也增加了利润）。

像"待摊费用"等科目，不是真正的资产，既不能变现，也不会给企业带来未来收益。因此，在计算速动比率时，这些也应该被剔除。如果能尽可能降低或减少"待摊费用"的余额，短期来看会增加成本和费用，减少利润。但作为一张"健康"的资产负债表，"待摊费用"不应该太多，因为它会影响资产的收益性。

---

[1] https://www.iasplus.com/en/meeting-notes/iasb/2013/february/cf-elements。

另外，除了流动资产，有时我们也需要关注一下固定资产和无形资产。一般来说，一家企业确实需要一定的生产资料（也就是固定资产）才能运转起来，尤其是制造型企业。因此，固定资产通常在总资产中的比重不能太小。但是，固定资产所占的比重究竟多少是合理的？说真的，由于每家企业的状况、所处的发展阶段以及每家企业采用的发展战略不同等，这个比重并没有统一的标准。在这个时候，需要会计师的经验和职业判断。如果一家制造型企业的固定资产不多，而应收账款和存货等却很多，虽然说流动资产较多似乎是好事，但很有可能是该企业的生产过剩，产品卖不出去，而卖出去的产品，钱又收不回来造成的。

如果固定资产的原值虽然很高，但累计折旧也很高，而资产的账面净值较低，财务分析人员就应该查阅一下企业何时创立，何时正式开始生产，企业固定资产的折旧年限等，从而大致可以判断出企业的固定资产可能需要更新换代了，在今后的一两年可能需要大量的资金。

最后，既然固定资产和无形资产是长期性的资产，我们通常需要看看它与长期负债及所有者权益的关系。基本上，固定资产和无形资产应该有足够的资金来源（即负债或所有者权益）支撑。因此，固定资产与无形资产之和应该跟长期资产与所有者权益之和大致相当，这样才有可能支撑企业的长期发展。

2. 资产的质量

资产的质量，通常是指资产的变现能力以及其可变现价值是否高于或低于现在的账面价值。如果企业拥有大量的无法收回的应收账款、无法变现的长期挤压的库存存货，以及无法收回投资成本的投资等，就说明该企业的资产质量有很大的问题。

在企业需要整体出售或出售部分股权时，收购一方通常需要做企业价值的评估，而资产的质量好坏，在此时正是最好的体现。特别是用收益现值法评估企业价值时，是以资产未来带来的收益作为评估标准的。如果资产的质量有问题，资产的价值将大打折扣。

从 2006 年、2007 年起，中国会计准则逐步开始发布、实施。中国会计准则允许提取的八大准备都是针对各类资产的。一些可能收不回的应收账款、已经没有价值的存货，还有一些市场价值已经没有那么高的短期投资，以及有证据表明已经减值的固定资产、无形资产和在建工程等，都可以提取准备，以减少其账面价值，这些我们在分析报告中应该说明其原账面值，减值准备是如何计算、提取的，计算的依据是什么。

3. 资产的效率

资产的效率，即资产运用的效率，也就是营运资金和流动资产的效率分析。这方面有很多财务指标可以计算，具体包括总资产周转率、流动资产周转率、固定资产周转率、应收或应付账款周转率、存货周转率等。

具体指标的计算方法，我们在此略过。其中，最关键的一个公式是：现金周转时间 = 存货周转天数 + 应收账款周转天数 − 应付账款周转天数。这个公式的作用在于，它既把资产与负债联系起来了，也把资产负债表上的项目和利润表上的项目联系起来了，从而可以知道整体流动资金的周转效率。

影响资产效率的因素有很多，比较主要的因素包括：企业自身的经营周期或者企业所在的行业的经营周期、企业管理层对资产的管理能力，以及整体行业和市场的状况等。

当我们运用各种财务指标的公式计算了各个周转率之后，可以横向和纵向做比较。横向比较就是跟行业内的其他企业做比较，以行业内的资产效率较高的企业为标杆，以分析、比较本企业与它们的差距。纵向比较就是自己跟自己比，看看企业最近几年或几个季度资产的效率有没有提高，如果不升反降，很可能就是企业管理层对资产的管理能力有问题。这些问题主要包括：生产的产品不适应市场的需要，无法正常出售，导致库存积压；应收账款管理制度不全，措施力度不够，使账款无法正常回笼，影响现金流入的同时，也导致应付账款没有钱支付；整个市场和宏观经济环境不好，无论是企业客户还是普通消费者的日子都不好过，购买力下降，最终导致本企业货物的积压、账款无法收回。总的来说，只有资金周转起来了，企业才有更多的钱赚，并且，周转越快，赚得越多。

**【故事中学财务】**

小杨做生意

由于所在公司进行机构调整,小杨不幸下岗。在找到下一份工作之前,小杨想利用这段空闲的时间做点小生意。小杨小的时候,杨妈妈教过她如何裁剪衣服。小杨在这方面也颇有心得,每次她在街上或者时装杂志上看到喜欢的款式,就回家琢磨如何剪裁,然后给自己做一件新衣服。每次穿到公司,同事都会问这衣服在哪里买的,听到小杨说是自己做的,都会夸赞她心灵手巧,时不时让小杨帮忙做一两套。所以,小杨想到了做衣服来卖,不用做太多,只在亲朋好友中销售,价格也不高,收回工本费、辛苦费就好,总之,赚点零花钱就行。假设小杨有500元闲钱,先将它用来买布料和各种辅料。再假设500元的布料可以做5件衣服,买料、备料需要一天,裁剪、缝纫、熨烫等工作一天就完成了。然后,每件收费200元,要是顺利的话,5件衣服3天内都卖出去了。这么一来,小杨在5天内就将500元变成了1 000元。小杨再用这1 000元买布料,可以做10件衣服。买料一天,生产制作需要两天。然后,10件衣服5天内卖出去。这样,又花了8天的时间,她手上的资金就从1 000元变成了2 000元。这样,反复循环几次,如果小杨做的衣服卖得快,钱也收回得快,并且又没有应收款,或者有个别朋友赊账,但很快就归还了。这样,小杨如果使这笔500元的资金运转得越快,在有限的时间段里,势必获得的销售收入也越来越多。假设小杨在100天内资金周转了5次,现金从最初的500元变成了16 000元。整个过程,如表2-1所示。

表2-1 小杨的资金周转过程(理想状态)

| 周期 | 周期开始资金(元) | 制作销售衣服数量(件) | 周期结束资金(元) | 备料天数 | 生产天数 | 销售天数 | 总天数 |
|---|---|---|---|---|---|---|---|
| 1 | 500 | 5 | 1 000 | 1 | 1 | 3 | 5 |
| 2 | 1 000 | 10 | 2 000 | 1 | 2 | 5 | 8 |
| 3 | 2 000 | 20 | 4 000 | 1 | 4 | 10 | 15 |
| 4 | 4 000 | 40 | 8 000 | 1 | 8 | 15 | 24 |
| 5 | 8 000 | 80 | 16 000 | 2 | 16 | 30 | 48 |
| | | | | | | 总共天数 | 100 |

如果小杨用另一种方式做生意，同样还是从500元现金开始，但每个周期的备料、制作和销售的所需时间都增加几天，周期稍微长一些，我们来看看会是什么结果。表2-2概括了小杨每个周期所使用的时间。大家会发现，当各个环节使用的天数都增加一些后，同样有限的时间（约100天以内），小杨的资金只周转了4次，500元最终只变成了8 000元。

表2-2　小杨的资金周转过程（周期延长）

| 周期 | 周期开始资金（元） | 制作销售衣服数量（件） | 周期结束资金（元） | 备料天数 | 生产天数 | 销售天数 | 总天数 |
|---|---|---|---|---|---|---|---|
| 1 | 500 | 5 | 1 000 | 1 | 2 | 4 | 7 |
| 2 | 1 000 | 10 | 2 000 | 2 | 3 | 8 | 13 |
| 3 | 2 000 | 20 | 4 000 | 2 | 8 | 15 | 25 |
| 4 | 4 000 | 40 | 8 000 | 3 | 16 | 31 | 50 |
|  |  |  |  |  |  | 总共天数 | 95 |

以上的故事假设资金运转完全处于理想状态：小杨作为一个个体户，不需要任何人帮忙，没有其他额外成本，销售也十分顺利，没有库存积压。同时，销售收入也能及时收到。这样的状态，在现实中很难实现。但是，至少说明一点：用有限的资金在有限的时间段里运转得越快，经济效益越高，赚得的钱也就越多。

不论是一家新创立的企业，还是一家经营成熟的老企业，生产规模都是不可能无限制地扩大的，生产效率和效益也不可能一直翻番增长。当生产销售的规模扩大，势必要多添置生产设备、招聘员工、增加各种生产和营销费用等。而招聘来的新员工，其生产效率无法和企业的熟练员工一样，需要培训、指导和管理。每个人都需要经过一段时间的学习曲线（learning curve），才能达到较理想的工作效率。

另外，小批量生产的产品卖得好，并不代表大规模生产的产品也能卖得好，一个产品要经受市场的考验，才能在市场上立足。所以，生产规模上去了，就会有半成品和产成品的存货积压。还有，生产规模扩大之后，光靠老板在亲朋好友中推销是绝对不够的，销售的渠道肯定要增加，销售的地域也要不断扩张。这就需要增加广告费、销售费用和物流运输费等。

所有这些行为和活动,都在增加资金的周转时间,降低资金的使用效率。

当资金的周转效率差时,企业的老板还要考虑到销售收入的回笼资金能否足够支付购买原材料和各项费用的支出,如果不够,那就要采用各种融资手段。特别是如果企业的主要客户不是一般消费者,而是一些大型企业,而这些大型企业所在的行业正好又都不景气,导致大量的销售款项无法回笼,而接下来的订单又要开始大规模的生产,面对人工费、原材料、各种生产费用都要支付时,尽快对外融资基本上是唯一的出路。这也就是企业规模越大,各种财务管理上的烦恼往往越多的原因。

4. 资产的偿债能力和相关财务风险的分析

对于资产偿债能力的分析,我们通常使用各种比率,如资产负债率、流动比率和速动比率等。通过计算这些比率,我们可以了解企业的资产能否足以偿还负债。但这样的分析都是静态的,是某个时间点上企业资产负债的状况。因此,除了通常的比率分析,我们还应该看看其他方面的因素。比如,在流动资产中,有很多不是真正的资产,如"待摊费用"等。另外,还有很多存货和应收账款等都不一定能变现或在短时间内变现。所以,我们可以用现金流量表上的"经营活动产生的净现金流"来与流动负债或债务总额进行比较,从而分析企业是否有足够的现金来偿还其短期或长期的债务。

我们还要看期末时企业是否有或有事项(contingency)和各种承诺(commitment),这些项目在报表上未必体现,但也是企业潜在的债务。对于这些事项,如果企业在报表上没有足够揭示,就很难看出来。我们要通过向企业的会计及管理层询问,才能了解。询问时,我们也不能直接用难懂的会计术语,而应是运用举例的方式,找出有可能的或有事项等,或者可以查看公司的董事会纪要,重要的购销合同、租赁合同,还有公司网站上透露出来的信息等。

5. 资本的结构

资本的结构分析就是财务杠杆指标的计算和分析,涉及筹资的方式、风险的高低、利息覆盖倍数等。财务分析要考虑到不同筹资方法对财务杠杆的影响,还要利用财务杠杆来帮助企业筹资。完全没有借款负债的企业,也不是很好的企业,而借款太多的企业,当然也会有较大的财务风险。这方面涉及的知识很多,对于一些具体的分析方法,我们将会在后续的章节中展开。

## 2.3 财务分析报告实务:利润表

### 2.3.1 利润表的分析性复核

前面我们讲了资产负债表的分析性复核,利润表也是一样。我们在拿到一张利润表的时候,首先会关注什么?一般来说,绝大部分人都会先看销售收入和税后净利润。另外,数学心算比较好的同学应该会直接算出该企业的净利润率大概是多少,并且根据自己以往的经验和对行业的大致了解来判断这个利润率是否合理。对于利润表的分析性复核,我们可以从以下几个方面入手。

1. 与去年同期数据相比较

通过将今年的收入、成本、费用等与去年的做比较,我们大致可以了解企业的收入和利润变化的方向。通常来说,今年的销售收入、毛利等应该比去年多,但也有一些企业因为业务内容和范围的调整而导致今年的收入或利润减少。因此,如果任何销售收入、成本或费用项目有明显的异动,我们要多问自己几个问题,并向企业相关主管或高层管理人员寻求问题的答案。

2. 趋势分析

如果有 3 年或 3 年以上的利润表可供对比的话,我们可以通过数字对比了解企业的发展趋势。比如,如果一家企业生产的产品基本维持同一种类,随着时间的推移,应该是管理系统越来越好,管理层也越来越成熟,各种流程也越来越优化,因此,企业的生产效率会逐步提高,产品的毛利率水平和盈利水平也就越来越高，这些变化应该在报表上有所体现。如果一家企业的毛利率不升反降或者基本不变，那就需要找找原因了。是不是企业的生产人员流动性太大，始终没有足够的熟练工人，从而导致生产的效率比较低，成本浪费比较多？抑或是，企业因市场的原因，一直保持产品的市场价格不变，而同时原材料价格不断攀升，从而使得毛利率越来越低。可能还有其他原因，如产品价格因素、产品销售结构变化，以及材料、人工成本的变化。对于这些变化，我们既可以通过分析各类销售、生产、成本、存货等报表去寻找一些线索，也可以向企业的相关主管人员或者高层管理人员询问，找出背后的原因。

3. 与资产负债表的关系

资产负债表和利润表不是割裂开来的，而是一个整体，它们反映的是一家企业同一个周期的财务状况。因此，两张报表之间是有密切联系的，这在三大报表的钩稽关系中已经提到过。

资产负债表上的很多数字与利润表中科目的数字变化有紧密的联系。比如，如果我们发现资产负债表上的长期借款今年比去年增加很多，通常来讲，利润表上的利息支出也会比去年增加很多。再比如，资产负债表上的固定资产金额增加很多的话，那么今年提取的固定资产折旧应该也相对增加。还有，资产负债表上有些需要定期摊销的项目，如"无形资产""开办费""待摊费用"等，它们的摊销金额会反映在利润表的相关成本、费用项目里面，具体的金额可能要看相关的报表附注。它们之间的关系是：

期初余额 + 本期增减净额 − 本期摊销额 = 期末余额
（资产负债表）（资产负债表附注）（利润表附注）（资产负债表）

另外，销售收入的增长通常会带动应收账款的增加。大家再想想看，如果今年利润表上的销售收入比去年增加了20%，与此同时，资产负债表上的应收账款却比去年年底余额增加了近1倍，那可能是什么原因呢？如果你是新加入公司的财务人员，需要去询问企业的相关部门人员背后的原因，你准备去问谁？怎么问？

## 2.3.2 利润表整体结构的分析

### 1. 利润率

无论是毛利率、营业利润还是净利润，通常都是越高越好，说明企业营运管理得当，赚钱能力很强。同时，利润较高，通常会有较多的未分配利润的储备，对于企业来说，未分配利润的储备既可以用来进一步扩大再生产，又可以提高企业在未来的年度里抗风险的能力。

### 2. 利润的质量

利润的质量主要看企业的利润是否从营运管理当中来。也就是说，利润绝大部分来自主营业务。除此以外，会有少量其他业务利润，可能还有一些投资收益、补贴收入、营业外净收入等。

如果我们看到有一家已经经营了好几年的企业，其主营业务利润为负数（即亏损），而其本年度利润总额为正数，表中有大量的营业外净收入和补贴收入等，虽然用它的利润表计算出来的相关指标并不太差，但我有理由认为该企业通过正常业务经营获取盈利的能力肯定有问题。因为，如果剔除掉那些非主营业务的利润收益，该企业的主营业务利润质量欠佳。

另外，根据《国际财务报告准则第 5 号》⊖的要求，企业应该把已经关闭、终止经营或者即将出售的业务在利润表上单独列示。如果一家企业已经有终止经营的业务，我们在阅读报表时就应该注意一下有多少利润来自终止经营的业务，又有多少来自持续经营的业务。这样，我们也可以了解该企业未来的盈利能力。

## 2.3.3 对销售收入的分析

如果一家企业销售一种产品的话，销售收入 = 单位售价 × 销量。但是，这是不太可能出现的状况，企业总是会销售多种产品，即企业的总销售额是由若干个单一产品的销售额加总组成的。这样，就会涉及一种产品

---

⊖ https://www.iasplus.com/en/standards/ifrs/ifrs5。

组合（product mix）的分析。

另外，有很多企业的销售收入中还有一块折扣折让，这会影响到净销售收入的高低。有些企业选择用毛价格（gross price），即未扣除销售折扣折让的价格，来计算销售额作为业绩考评依据。而更多的企业会用折扣价（discounted price）或净销售收入（net sales）来计算业绩，还有些企业既要看毛销售收入又要看折扣的多少。无论是销售收入还是净销售收入的分析，通常会涉及以下几个方面。

- 单一或同类产品的销量和销售额的趋势分析、季节性变化分析。
- 单一产品的价格变化。通常，这需要考虑是否有折扣和折让，在某些企业，折扣价促销几乎是一种常态，只是在不同的季节、不同时间段进行不同的促销活动罢了。所以，一般企业内部都知道某个产品或某类产品的实际平均售价是多少，在这个基础上再看看是不是价格政策变化了；或者因为市场环境的变化，原先预算时预估的价格需要加高或降低；或者由于产品成本变化，导致销售价格的变化（一般，这样的企业用的是以成本为基础的定价方案，即 cost-based pricing）等。
- 单一产品的销量变化。通常，由于促销活动或者降价打折，会出现产品销量大于预算的情况；或者是预期的销量过于乐观，实际的销量要小于预期的销量；或者由于某一个销售人员或某销售团队的离职，使得某产品或某地区销量突然减少；或者某个固定大客户的订单因其自身原因，突然大量减少订货等。这个部分还可能涉及价格弹性的分析（即当产品涨价或降价时，客户对价格变化的敏感程度）和特定促销活动或广告投放对销量的影响。
- 产品组合的变化。如果总的销量变化不大，但实际平均单位售价却高于或低于预算，这往往会涉及产品组合和折扣（discounts）两个方面。很有可能为了提升销量，销售部门不得不采取多打折的方式销售，从而使产品的平均单价降低；或者由于促销活动，价格较高的产品的销量在总销量中的比重大于预算；或者因促销不力，价格高的产品销量并不如预想中的好。再复杂一点,可能是为了促销价格高的产品,打折力度大,虽然其销量大幅度增长,但同时价格较低的产品的销量反而减少了,不如预期那么好,导致整体的销售额下降。

- 外部因素对销售的制约和影响。比如:某企业在1~2月推出了一个大型的冬季促销活动,加上春节、元宵节、情人节等节庆活动的推广,预计有大幅的销售增长,但由于天气原因,下雪天增多,局部地区甚至出现雪灾,影响了消费者的购买热情。因此,这一系列的促销活动对销售额的提升作用就十分有限。另外,可能因为外部货运物流公司的储藏、运输能力有限,导致货物不能按时装卸运送到位,影响了消费者的满意度,增加了退货量和投诉,从而最终影响了销售额。或者是进口原材料、生产设备因海上运输时的天气变化而无法及时运达,导致生产和销售上的一系列问题等,从而影响了销售。

除了对整个企业产品销售总额、销售总量和价格进行分析,有许多企业还需要分析不同销售渠道、地区、地域、商圈的销售业绩,以及一些固定客户或大客户的销售情况。如果是零售企业,通常会分析所有门店的销售情况,细化到每家门店每个产品或每个类别产品的销售情况。这些销售数据的分析,都能给管理层的进一步决策提供参考意见。比如,零售业销售收入分析通常包括以下两个方面。

- 单一或同类产品在不同销售渠道(专卖店、连锁超市、大卖场、网店等;直销、代销、分销等;企业客户、团体客户、个人客户等)、不同地区、不同时间段(一天内的不同时间段相比较,或者工作日与周末及节假日对比)甚至不同天气状况下(如气温高低、下雨或晴天)的销售明细。企业以此分析不同地区、地域客户的消费心理和购买习惯(purchasing behavior)和外部因素对消费行为的影响。这类分析的前提是收银机(POS)系统有非常详细的销售记录。
- 同店同期销售同比,即同店销售增长率。这个指标是零售行业分析销售额增长最重要的指标之一，它通常是由来店访客数（visitors）、转换率（conversion rate%）和客单价（sales per customer，or sales per ticket，SPC）等因素的变化决定的。很多零售店门口都装有感应装置，当客户进店时，就会自动计数，访客数量就是这么统计出来的。转换率是指在来店访客中，有多少最终实现了购买，所以，转换率越高越好。客单价是指每位购买者（即顾客）的平均消费是多少，通常就是收银机录入的所有收银单的平均金额。

$$\text{零售店的同店销售增长率} = (1+\text{来店访客增长率}) \times (1+\text{转换率增长}) \times (1+\text{客单价增长率}) - 1$$

企业要拉动门店的销售额，就必须在这几个指标上下功夫：增加访客要通过做广告促销等活动，将客户吸引到店里来；增加转换率需要店里的服务人员给予客户更好的服务、指引、介绍等，让客户能买到满意的产品，同时获得最佳的购物体验；增加客单价的方式有很多，包括促销打折、销售捆绑组合、产品创新等。

如果是连锁餐饮行业（一般认为它们也属于零售业），通常进店的客人就已经决定在店里消费了，因而不存在转换率的问题，或者说转换率几乎为100%。餐饮业注重的是捕捉率（capture rate%），即在特定的时间经过店门口的人流里面又多少人会走进店里。

$$\text{餐饮店的同店增长率} = (1+\text{店门口人流量增长率}) \times (1+\text{捕捉率增长率}) \times (1+\text{客单价增长率}) - 1$$

另外，零售行业还有平均每平方米销售额、平均每小时销售额、平均每位员工销售额、租金与销售额的比率、工资总额与销售额的比率等分析指标。这些指标实际上都可以考查零售行业门店的经营效率或生产效率（productivity）。

### 2.3.4 对成本的分析

我们这里提到的成本，通常是指产品销售成本，是与销售收入配比的成本。产品销售成本是指已销售产品的生产成本或已提供劳务的劳务成本以及其他销售的业务成本。在管理会计中，成本的分析是财务分析当中最复杂、最难的。由于不同企业的商业模式及销售的产品不同，采用的成本归集方式和计算方式都不一样，因而最终成本的分析和管理方式也不一样。下面我们根据不同类型的企业进行简单分析。具体的成本分析和管理，我们将在后面第 3 章中阐述。

1. 工业制造型企业

在制造型企业中，其生产成本都会用一个比较复杂的模型来计算，即我们经常说的标准成本法。成本分析的主要思路就是将实际与标准进行比较。

（1）各项指标简单对比，找出差异，再找出原因。比如，A 产品的成本中有甲、乙两个重要的原材料。在月底计算成本报表时，我们发现，在产品总成本中，原料甲实际金额超过预算，而原材料乙的实际金额低于预算。可能的原因是：配方比重的改变；某种原材料的边际成本随着 A 产品产量的提高而降低（很可能是采购的批量大了以后，获得更多的进货折扣）；某种原材料在运输仓储过程中遇到不可抗因素，导致运输费用的增减，从而使其单位成本升高，等等。只要能知道实际情况与预算情况的差异，找出问题所在，经过精确的计算，我们就可以分析出产生成本差异的原因。这种方法比较简单，但是只适用于单一产品且原材料品种较少的生产企业或者是以单一项目为成本归集中心的企业，对于那些产品数量多、原材料品种多、流程工艺又复杂的企业不太适用。

（2）差异分析（variance analysis）。这是最常用的成本分析方法，通常，就是两个因素或变量的变化分析。一般来讲，利润表上总成本的构成就是：单位成本 × 产量。所以，分析时就要分别分析。首先，看看如果产量与预计的相同，单位成本的变化引起的成本差异有多少；接下来再看看单位成本若是没有变化，产量变化引起的成本差异有多少。从这两个变量还可以变化出很多的变量。这样就出现了下面提到的这种分析方法——连环替代分析，也是差异分析的形式，只不过略微复杂一些，要考虑的因素多一些，如产品在总产量中的比重。

（3）**连环替代分析**。它会将构成成本的因素再进一步分解。比如：某产品由甲、乙两种原材料组成。两种原材料的比重在每一批生产中由于种种原因会略有不同，但只要将实际比重与配方的标准比重的差异控制在 ±2% 的范围内就可以了。所以，某产品的原材料计划成本 = 计划产量 ×[（原材料甲的计划比重 × 原材料甲的计划单价）+（原材料乙的计划比重 × 原材料乙的计划单价）]。那么，它的实际成本就是将上面这个式子中的"计划"全部改成"实际"。连环替代法就将以上 5 个因素的"计划"逐一替代成"实际"，然后将后一个替代计算的结果与前一个替代计算的结果相减，得出差额，然后做 5 个因素的逐一比较分析。在此过程中，我们需要将这些因素的关系搞清楚，然后依次计算出每一种差异，最后汇总出总差异。对于具体的计算方法，我们将在第 3 章中阐述。

在计算和汇总时要表现的不仅仅是差异数本身，更重要的是关于差异来源的分析，即分析数据变化的原因是什么。有些财务分析人员在分析时，只计算出差异多少就完事了，而没有找出实际的原因，这就不是真正的分析。比如：A 产品的计划成本是 50 元，这个月实际平均成本是 51 元。分析报告中说："A 产品的实际成本比计划的高出 1 元，导致企业这个月的整体产品销售毛利比预算减少了。"其实，这不算分析，仅仅是简单罗列事实和数据而已，因为上面那段话中说的数据在报表上都能看到或者通过简单的计算就可以得出，何必用文字再重复一遍呢？真正需要说明的是：什么商业上的原因（business reasons）导致了这 1 元的差异。是原材料涨价了，还是用料过多了？原材料的使用损耗超出预算，或者其他原因？

上面讲的主要是最传统的原材料成本的分析方法。除此以外，还有用时、用工、物料损耗和设备折旧等方面的分析，其基本的思路大致相同。编制计划时，就是：计划成本 = 单位计划成本（或某方面标准成本）× 计划或标准使用量（时间、长度、面积等）。实际发生时，通常是根据一定的成本中心归集，然后用实际的使用量分摊到相应的产品上，单位产品实际成本＝实际总成本÷实际总使用量×产品的单位实际使用量。对两者进行比较时，我们就要看实际成本与计划成本的差异，以及实际使用量和计划使用量的差异，然后再来分析其差异的原因。

【例2-1】 人工成本的归集和分析

某企业的人工成本在计划时，是按工人的平均工资乘以在每个产品上分摊的标准时间来计算的。假设在A产品的生产线上，工人的平均工资是16元/小时，每个A产品在流水线上标准的人工时间是15分钟。那么在A产品的标准成本中，流水线上工人的直接人工成本＝16元/小时×15分钟/60分钟，即标准人工成本＝4元。

在实际生产过程中，车间按照一定的方式将人工成本归集。假设某个月，A产品一共生产了3 170个。A产品在流水线上的实际人工时间为795人·小时，总计工资成本为12 452元。所以，平均每个A产品在流水线上的人工时间是15分钟零3秒（即903秒），流水线上工人的平均工资是＝12 452/795＝15.66元/小时。所以，在A产品的单位成本中，流水线上工人的人工成本＝15.66元/小时×903秒/3 600＝3.928元。

虽然实际与预算只有0.072元（0.4元-3.928元）的差异，但是我们还是可以套用上面提到的"连环替代分析"的方式来进一步分析，人工成本的差异来自：

- （15.66-16）元/小时×903秒/3 600＝-0.085 3元，因人工成本的降低而节省了0.083元。
- 16元/小时×（903秒-900秒）/3 600＝0.013元，因产品生产耗用的时间增加，而多耗费0.013 3元。

两者相抵，最终节省0.072元。所以，我们可以说，人工成本降低的主要原因在于平均工资的减少。至于平均工资减少的原因，有可能是企业为了降低成本多请了一些工资相对比较低的临时工或小时工。

这里举的是个很简单的小例子，而在实际中生产环境和过程都十分复杂。因此，在具体的分摊方法上，就涉及作业成本法（activity based costing，ABC）的问题，对此我们将在后面第 3 章中另外阐述。另外，好的分析不仅要分析绝对数差异，还要分析相对比率的差异，那就要更复杂一些。更复杂的成本分析，我们将在第 3 章中具体说明。

2. 贸易销售型企业

如果不是生产型企业，如贸易公司，成本分析相对就简单多了，基本上是买进卖出加上一些简单加工、运输、仓储、分拆包装等直接费用。市场整体的供需情况、进货渠道、购买批量的多少、获得折扣的多少都会影响进货的价格。除此以外，运费、仓储由谁负责、保险费由谁承担甚至是要货方的着急程度，都可能成为进货成本高低的谈判筹码，这些相关因素都需要考虑。

3. 零售企业

零售企业的成本颇为复杂，可以大致分为以下两种企业。

（1）**纯粹零售企业，即批发进货，然后在销售点售货，赚取批零差价。**如果是此类企业，成本分析就比较简单，成本主要是商品进货成本，根据实际情况，适当计入仓储、运输以及销售环节的成本即可。

（2）**简单加工再销售的零售店。**这类企业多半是售卖食品的，为了保持产品的新鲜度和口感，销售点进货时多半是半成品，甚至是原材料，经过在销售点内部简单加工后，再将产品售卖给消费者。这类零售企业通常包括快餐店、熟食店、面包糕点店、甜品饮料店等。计算成本时，这类企业不但要考虑进货时的成本、生产环节的成本，还要考虑销售渠道等各方面因素。同时，如果这类企业有自己的连锁网点，还要考虑销售点的设备投资、折旧、库存管理等。

4. 餐饮企业

决定成本的主要就是原材料的价格，还有配方变化、调料、废弃物（wastage）多少等因素。实质上，这和生产企业的成本大同小异，只是生产规模较小。如果要计算单个菜品的成本，一般是用其配方（recipe）和每一种原料的平均价格先计算出标准成本，然后用预计的产品销售比例计算出预算的销货成本（cost of goods sold，COGS）。结账时，企业应根据实际的成本统计数字，再来分析为什么实际的成本比率要比计划的低或者高。原因也是跟生产企业类似，比如原料涨价、配方临时改变（为了推出新口味产品）、进货渠道变化（原先的供应商供应时间赶不上）、废弃物太多（天气热，为了保鲜，东西卖不掉的一律丢弃，或者因扩张太快而使非熟练工增多）等。有时，企业还要考虑原料运输仓储保鲜等的费用变化。

5. 项目型或者咨询类的企业

这类企业是按照项目的进度来确认收入，而计算成本通常是根据实际投入。如果是咨询服务类，主要成本就是人员的工时成本（也有些是计件成本）、培训学习费用（如果是专门为了这个项目的话），还有获得信息或技术要支付的费用（调研费、通信费、专利转让费等）。只要是直接花在这个项目中的费用，都应该计算在内。在成本分析时，企业通常会逐项各自分析。比如：人员花的时间比预计的多，为了获取某种信息资源而投入资金比原先预想的多等。这就又回到了本章"2.3.4 对成本的分析"中，工业制造型企业的第一条分析方法——"各项指标简单对比"。

### 2.3.5　对费用的分析

费用主要分为管理费用、销售市场费用（外资企业一般都将销售费用与市场费用分开，但中国的报表将两者都叫销售费用）、财务费用。

基本的分析方法就是逐项分解、逐层深入，有点像审计时用的方法，从财务报表分析性复核入手，做个初步的分析判断和对比，再看总账和试算平衡表（trial balance，TB），逐步分解到详细的明细账，再分析到单个的会计分录，找出问题的所在。

1. 物流仓储费用

物流仓储费用是包括所有与存货（原材料、半成品、产成品）的搬运、装卸、运输、储存相关的费用,同时,根据货物的不同,也可能包括上述环节中相应的包装、维护、检修等费用以及可能出现的货物盘点损耗等。以前,这部分费用是作为"销售费用"的一部分,现在,随着现代物流管理理念的不断深入,以及由于企业产品服务覆盖面越来越广,从而产生的物流费用越来越多,很多企业已经将它在报表上单独列示,并且对此项费用也进行单独的分析。尤其是贸易、零售、电子商务等企业,物流仓储费用占总费用比例较高。物流费用的分析方式,和其他几大类费用差不多。如果是和预算比较,企业就必须和预算时使用的相关假设进行比较。如果与上一年做比较,企业就要逐项进行解构和比较。物流仓储费用的分析和管理大致包括以下几个方面:

(1)**运输费**。运输费的分析主要看运输量的增减、运输方式的改变、单位运输费用有何变化等。运输费用通常与业务量有关联,当业务量、销售量增加,运输费也会增加。很多外部环境,如天气的变化,也会影响运输费。

(2)**仓储费用**。仓储费用与仓储的占用面积和仓储量有关。如果一家公司的产品生产过多,而无法及时出售,仓储费用势必增长;或者原材料采购过多,而生产上的需要没有那么多,造成原材料的积压,也会增加仓储费用。同时,一旦未使用的原材料过期,就增加了原材料的损耗和浪费。因此,合理的仓储量非常重要。

但是,合理的仓储量又很难准确预测。通常,企业需要提前采购和备货,以备今后几个月的生产、销售之需。某些产品去年的销量高,不代表今年的销售量就一定更高。某些原材料去年需求量少,不代表今年就不需要更多了。因此,如何合理地预测仓储量以及相关费用,一直是一个大难题。在实际的生产销售过程中出现仓储费用与预算有较大差异也是很正常的。我们要根据实际情况的变化,与预算时的假设去做比较,以此找出差异的原因。

如果是运输仓储人员的工资、福利,我们就直接和该部门的工资福利预算进行比较,找出差异所在。如果仓储人员是计时薪酬或计件薪酬,那么实际工资和预算的差异，可能与每小时工资水平以及劳动效率有关。

在分析仓储运输费用的时候，我们可以计算一下它与实际销售额的比率有多少。如果这个比率过高（或高于预算，或高于去年平均水平），说明仓储运输的效率有问题。企业一方面要提高劳动效率，另一方面要采用计算机系统管理，提升管理效率。

加强对货物的保管，以及日常的保养、维护，同时防火防灾防偷盗，经常定时定点盘点货物，这些措施都可以减少货物的损耗。

2. 管理费用

管理费用基本上有几个大的项目，如工资福利、房租及水电费、差旅费、客户招待费、办公费用、修理维护费等。让我们来逐项分析。

（1）**工资福利**。一般来说，工资福利是最容易的部分。一般做预算时，我们都有一个比较完整的人员计划和每个人员的基本工资与福利，只要逐一对比出实际与预算的区别，就知道差别所在了。工资福利的总数变化，主要是人员的数量变化、结构变化或者是人员工资水平的变化。有时，季度末或年底的奖金提取比例也许和预想的不同等。

（2）**房租及水电费**。一般来说，房租和物业管理费与预算比较应该不会有变化，除非在预算时没有考虑到一些特别的因素。比如：年中突然搬迁或者扩大办公面积，从而改变了房租和管理费。或者在做预算时，虽然知道公司会迁址，但没有正确地估计新地方的房租水平等。同样的道理，如果没有搬迁或变更办公场所，一般来讲，水电、电话费等也是在同等的范围内，每月之间相差很多的可能性很小。电费可能会有季节性变化，比如说夏季和冬季开空调电费会多一些，其他应该变化不大，除非企业一下子增加了很多人或者是所在地区突然水电费调价。

（3）**差旅费**。差旅费的变化会比较大，但也不是很难分析。有点像成本分析中提到作业成本法，企业的商业活动多一些，当然发生的差旅费用会多一些。还有，我们也要看看企业在过去一段时间或将来短期内是否有重大的事件发生。比如，企业要拓展新市场，推广新产品，开设新店或新的分支机构，收购兼并其他企业等，为了考察市场、多接触潜在客户的需要，差旅费用可能也会多于原先的预算。另外，差旅费支出的时间也经常和原先做预算时规划的时间不太一样，所以我们可以一个季度做一次分析比较，或者将本年度迄今为止（year-to-date，YTD）的实际费用与预算费用做比较。

（4）客户招待费。客户招待费跟差旅费差不多，基本上也是商业活动越多，费用越高。所以，财务分析人员要搞清楚为什么招待费比预算多，就要知道企业的商业活动为什么要比预算的多。真的是需要这么多的商业活动吗，还是有些吃喝玩乐的活动根本不需要发生？

（5）办公费用。一般来说，办公费用的绝对数字不会很大，但有的时候也是会蛮大的，如企业一次性购买很多办公用品。通常，有些企业的办公管理部门就是从分析办公费用着手，找出一些节约费用的办法，减少不必要的浪费。

（6）修理维护费。它一般是指办公设备、家具的维修、维护、保养费用，也包括办公建筑和办公室的维修费用。这部分费用由于不会增加资产的使用价值，因此不可以资本化以增加固定资产的原值。我们知道，根据企业自身的规定或者设备生产厂家的约定，某些资产在一定的年限需要做特定的维护。比如：空调系统每年定期要检修一次，打印机、复印机等设备也要隔一段时间保养一次。但是，对于大部分的设备和资产，我们不知道哪个资产在什么时候需要维修。因此，对于修理维护费用本身，我们就很难做预算，预算往往采用"每月平均"法，而实际上要根据实际项目和费用支出与预算做比较分析。

（7）其他费用。对此，我们基本上也会采用以上类似的分析方法，逐一比较、逐项分析，以找到不少的"分析点"。

有时，分析者可以自己创造一些指标、比率，作为分析比较的标准。比如：分析者可以计算每平方米平均电费，横向、纵向比较一下，看有没有什么规律性的东西。再如：分析者可以计算每人平均每月办公用品的消耗费用，看看有没有办公用品的浪费。又比如：分析者可以将部门的差旅费、招待费与该部门的销售收入挂钩，甚至可以与应收账款的回款情况挂钩，计算一些比例，看看各个部门是不是真的需要这些商业活动以增加差旅费和招待费，这些费用的发生真的是有效的吗。

3. 销售费用

通常，销售费用是指企业在将产品销售出去的过程中产生的费用，包括包装、运输、保险、展示等方面的费用，还包括销售部门人员的工资、福利、差旅、培训费用等。销售费用的分析方法与管理费用差不多，也是将各项费用的实际发生金额与预算相比较，找出差异的原因。另外，有一个很重要的指标，即销售费用占销售额的百分比。这个指标是要将销售费用和销售部门的销售业绩挂钩，看销售费用和销售额之间的关系。它既可以以每个销售员为单位进行考核，也可以将每个销售团队、产品销售小组或某个销售渠道作为一个单位来考核。

4. 市场费用

市场费用要和销售额挂钩。我们经常说的一句话："There is no magic figure for marketing expenses,"也就是说，我们不知道市场费用（包括广告、促销、公关等）达到多少才可以触发我们的销售额。通常，很多行业都会有一个行业的平均水平。比如：传统消费品企业的市场费用一般是销售总额的10%～15%，零售行业是8%～10%，工业企业一般小于5%。但是，到底市场费用是多了还是少了，是不是有效，还是要看它所带来的经济效益。

对于市场费用的分析，我们通常需要根据项目来分析。某一个项目产生多少效益有一定的时间性。比如，一家公司在7月推出一个"夏日促销计划"，从方案的成本到可能带来的收益，财务分析人员都要做详细分析，计划完成后，还要做事后的分析，跟预期做进一步的比较。广告费用也是这样。一则广告出来，会有多少受众，可能产生多少效益，是可以用一定的指标来衡量的。

在做月报或年报的市场费用分析时,我们要按照项目来判断。多少项目按计划实施了,有没有超预算?为什么会超预算?多少项目是临时想出来的,是根据市场变化和竞争对手的销售策略变化而新增加的?而又有多少项目是最后没有实施的?……

5. 财务费用

财务费用是根据企业的资金结构、资金来源、资金成本的高低和构成等因素来分析的。财务分析人员可以依照贷款或其他融资方式的多少,逐一进行项目分析就可以了,没有什么特别之处。财务分析人员可以运用有些指标来说明问题,比如利用净利润/利息倍数,看企业是不是有能力来偿还利息。如果企业创造的利润还不够偿还利息,说明这个贷款或融资是不值得的。因为,赚到的钱都交给银行或债主还不够,企业哪还有其他的剩余资金去进一步地发展壮大?

财务分析人员还要注意的就是资金成本与杠杆(gearing)的关系。资金成本过高,对于企业来说,当然不是好事;资金成本过低或没有成本,说明企业没有很好地利用资金杠杆去融资,也不是很好的事情。

## 2.4 财务分析报告实务:现金流量表⊖

### 2.4.1 现金流量表结构及各部分分析

在现实生活中,外出购物需要使用现金的话,可能我们会这样说:"我现在手上有 500 元现金。我想买的这件衣服是 420 元,正好够了,剩下的钱我们还可以去喝杯饮料呢。"但是,我们通常不会说:"我上周末买的那件衣服尺寸不合适,我转卖给小莉了。她只给了我 100 元,还欠我 300 元,她说下周一还给我,那是我的应收款,所以,加起来相当于我今天有 800 元可以用,我今天有足够的现金买一件 780 元的衣服。"我们也不会

---

⊖ http://www.iasplus.com/en/standards/ias/ias7, http://baike.baidu.com/view/134665.htm。

说："我昨天中午为了请老板吃饭，向同事小李借了200元，那个是我的负债，下周一要还的，所以我今天只能买价格300元以内的衣服了。"也就是说，我们日常生活中是以手上实际有多少现金为准。而且，钱包里面多少钱也是实际存在的，俗话说"有多少钱，办多大事"。而我们不会以所谓"权责发生制"来计算我们应该有多少"钱"。

但是，与生活中的情况不同，企业的利润表是按照收入与支出的权责发生制原则编写的，并计算出企业在某段时间里实现的利润。我们要了解企业在一段时间内"实打实"真正的收入与支出，即现金的流入和流出以及现金最终的余额，那就要看现金流量表。有很多企业有"利润"，但由于经营管理不善没有"现金"，这样的情况也是时常有的。所以，想知道究竟一家企业有多少钱，就要剔除那些非现金的收支和相关的交易，计算真正的现金流。

俗话说，"现金为王"（Cash is king）。现金就像是企业的血液，没有现金，企业就无法正常运转，而现金流量表就是试图还原企业在一段期间内的现金来源和使用的流向。它分成3个部分，即经营活动产生的现金流量、投资活动产生的现金流量和筹资活动产生的现金流量。

1. 现金流量表的整体结构分析

现金流量表的整体结构分析是指，在该表原有的3个部分的结构基础上，进一步分析其各个分项在现金流入和现金流出中所占的比例，从而反映出各个分项对整体现金流量的贡献有多大。这样分析，可以帮助我们了解企业的现金流入主要从哪里来，而企业的现金流出又主要用在哪里。

【例2-2】 现金流量表

某企业的现金流量表如表2-3所示（为了简化起见，本表只反映主要的现金流项目）。

我们用百分比来表示这张现金流量表的结构比例，如表2-4所示。

表 2-3 企业现金流量表　　　　　　　　（单位：万元）

| 项　目 | 金　额 |
|---|---|
| 一、经营活动产生的现金流量 | |
| 　销售商品、提供劳务收到的现金 | 1 000 |
| 　**现金流入小计** | 1 000 |
| 　购买商品、接受劳务支付的现金 | −300 |
| 　支付给职工以及为职工支付的现金 | −400 |
| 　支付的各项税费 | −50 |
| 　**现金流出小计** | −750 |
| 　经营活动产生的现金流量净额 | 250 |
| 二、投资活动产生的现金流量 | |
| 　取得投资收益所收到的现金 | 100 |
| 　**现金流入小计** | 100 |
| 　购建固定资产、无形资产和其他长期资产所支付的现金 | −400 |
| 　投资所支付的现金 | −100 |
| 　**现金流出小计** | −500 |
| 　投资活动产生的现金流量净额 | −400 |
| 三、筹资活动产生的现金流量 | |
| 　吸收投资所收到的现金 | 100 |
| 　借款所收到的现金 | 500 |
| 　**现金流入小计** | 600 |
| 　偿还债务所支付的现金 | −225 |
| 　分配股利、利润或偿付利息所支付的现金 | −25 |
| 　**现金流出小计** | −250 |
| 　筹资活动产生的现金流量净额 | 350 |
| 四、现金及现金等价物净增加额 | 200 |

表 2-4　企业现金流量表结构

| 项　目 | 在现金流入/流出中的比重 | 在各部分中的比重 |
|---|---|---|
| 一、经营活动产生的现金流入 | 58.8% | |
| 　销售商品、提供劳务收到的现金 | | 100.0% |
| 二、投资活动产生的现金流入 | 5.9% | |
| 　取得投资收益所收到的现金 | | 100.0% |
| 三、筹资活动产生的现金流入 | 35.3% | |
| 　吸收投资所收到的现金 | | 16.7% |
| 　借款所收到的现金 | | 83.3% |
| **现金流入合计** | **100.0%** | |
| 一、经营活动产生的现金流出 | 50.0% | |
| 　购买商品、接受劳务支付的现金 | | 40.0% |
| 　支付给职工以及为职工支付的现金 | | 53.3% |
| 　支付的各项税费 | | 6.7% |
| 二、投资活动产生的现金流出 | 33.3% | |
| 　购建固定资产、无形资产和其他长期资产所支付的现金 | | 80.0% |
| 　投资所支付的现金 | | 20.0% |
| 三、筹资活动产生的现金流出 | 16.7% | |
| 　偿还债务所支付的现金 | | 90.0% |
| 　分配股利、利润或偿付利息所支付的现金 | | 10.0% |
| **现金流出合计** | **100.0%** | |

从上面的结构分析中我们大致可以看出，在该企业现金流入中，近60%来自该企业本身的经营活动，该企业经营活动产生的现金流入提供了足够的现金给予经营活动的现金流出，同时还能将少量结余投入投资活动。由于该企业处于投资扩张期，需要一定量的资金投入投资活动（购建固定资产和投资其他分支机构），因此该企业还需要筹集资本或者是从金融机构贷款来支撑其投资活动的支出，所以现金流入中约35%来自其筹资活动。而在现金流出中，一半用于经营活动，即支付日常的费用成本等，另有约1/3用于投资活动，这也和企业的扩张、扩建有关。

在各个部分的分析过程中，我们很容易就能看出来，现金流入的结构较为简单。在经营活动中，现金流入全部来自销售收入。在筹资活动中，

80%以上的现金流入来自银行借款。在现金流出的各个部分中，80%的投资活动现金流出是购建固定资产，90%的筹资活动现金流出是偿还债务（银行的贷款）。

2. 经营活动产生的现金流量

经营活动产生的现金流量反映的是企业通过经营性活动所产生的现金流。如果这个部分有净现金流量，即现金的流入大于流出，说明企业通过销售商品或提供劳务收到的现金要比购买商品、接受劳务支付的现金多，也就说明企业有正常的盈利能力和销售款项的回收能力，是一家能依靠自己的能力正常"造血"的企业。

如果经营活动产生的现金流量为负数，说明企业"造血"机能基本上不够完善，盈利能力不强，销售收入还不能完全应付成本和费用的支出。或者也有可能是销售情况虽然还不错，但企业的收款能力有问题，导致大量的应收款。这种情况大多出现在企业初创阶段中。如果一家成熟的企业出现类似问题，说明企业经营不善，在销售、成本、营运资金管理等各方面存在这样或那样的问题，需要应用财务分析的一些方法找到问题的症结所在，并通过经营管理决策和执行予以解决。

如果在报告截止日企业的银行存款账户中还有一定的现金，但经营活动产生的现金流是负数，那么可以说，企业虽然可以暂时持续其经营活动，但是其经营活动挤占了可以用于投资活动的资金，从而影响了企业进一步的扩大再生产。

经营活动产生的现金流量里面还有一些其他的现金流入，如收到的税费返还、补贴收入和捐赠收入等，这些收入不是每家企业都会有，也不是每年都会有。就算有的话，理论上应该数量很少，比重很小，并不是企业"造血"功能的重点。如果企业的经营活动产生的现金流虽然显示为正数，但实际上并不是真正来自其生产销售等活动的现金流，而是来源于各种补贴和退税，这也说明企业自己没有足够的"造血"能力。

如果经营活动产生的现金流为零，说明企业现金收支平衡。在实际商业环境中，经营活动产生的现金流正好等于"零"的情况极为少见。如果某阶段企业的经营活动产生的净现金流与同一个阶段的销售收入比，其比例在一个很小的范围内，如正负千分之一或者万分之一，那么基本等同于现金流为零。虽然企业现在现金流量收支平衡，但长期来说，这并不利于企业的发展。

### 3. 投资活动产生的现金流量

投资活动产生的现金流入包括：投资回收的本金和收益，取得投资收益所收到的现金（包括股利、利润和债权的利息等），以及处置固定资产、无形资产和其他长期资产而产生的现金收入。这部分产生的现金流出包括：购建固定资产、无形资产和其他长期资产支付的现金，以及投资性现金支出（股权性投资、债权性投资支付的本金及佣金、手续费等）。

分析投资活动产生的现金流，关键是看企业在财务报告所反映的阶段里是否有投资购建固定资产或者投资于大型项目，如建一栋新的厂房、购买一条新的流水生产线、并购其他公司的股份或投资建立新的分支机构等。如果有的话，通常需要大量的资金投入。在这种情况下，通常投资活动产生的净现金流为负数，它需要经营活动产生的现金流和筹资活动产生的现金流来补贴。

通常，经过一段时间，企业的投资进入成熟期，企业进行的投资有一定的回报，才会有投资活动现金净流入出现。同时，其现金净流入通常会用于偿还债务，成为筹资活动现金流入。所以，大体上，如果投资活动的现金流出和流入大致与筹资活动产生的现金流量基本配比，与此同时，经营活动产生的现金流也比较正常，那么投资活动产生的现金流是负数也属于正常情况。

### 4. 筹资活动产生的现金流量

筹资活动的现金流入包括吸收投资、借款筹得的现金等。这部分的现金流出包括偿还债务、分配股利、利润或偿付利息支付的现金等。

通常情况是，筹资活动产生的现金流量越大，企业的贷款或其他融资也较大，即企业有一定的偿债压力。这部分偿债压力需要用经营活动产生的现金流和投资活动产生的现金流来弥补。如果企业的经营活动明显"造血"能力不足，那么偿债的压力就更大。

如果筹资活动的现金流量较大是由于企业吸引了资本投资，那么还要看这部分资本与其他筹资活动的现金流量的比例，比例越大，说明企业的资金实力越强。

筹资活动产生的现金流出还包括股利、利息的支付。这部分支出其实是对企业投资人、股东、债权人（银行金融机构等）的一种回报。通常，我们会用企业利润表上的净利润与这些支出做比较，看看企业用借来的资金经营，最终经营的成果能否偿还这部分。如果大大超出，说明企业经营得还不错；如果净利润都无法支付这部分的股利和利息，或者虽然足够支付但超出不多，那么企业的经营策略、高层管理人员的经营能力就可能有点问题。

## 2.4.2 现金流量表与另外两大报表关系的分析

### 1. 现金流量表与资产负债表关系分析

这里主要是指对资产的流动性和偿债能力的分析。通常，在分析企业资产流动性时，我们用资产负债表上的流动负债比。但是流动资产中还包括了一些流动性较差的资产，如应收账款，理论上它的平均回收期应该在1年以内，甚至6个月或3个月左右。但实际上有一小部分可能永远无法收回，或者可以收回但需要1年以上的时间。还有，流动资产中包括了实际上不是真正的资产的"待摊费用"等。所以，财务分析人员可以用现金流量表上的一些指标来辅助分析企业的资产流动性和偿债能力。

用经营活动现金净流量除以流动负债，得出的比率越大，说明企业实际的偿债能力越强。另外，我们也可以将现金期末金额与流动负债相比较，比率越高，说明企业偿还短期负债的能力越强。

### 2. 现金流量表与利润表的关系分析

前面讲过，利润表体现了企业的获利能力，但它是用权责发生制编制的。同时，为了采用权责发生制，我们在报表中使用了很多估值和判断。比如：费用与收入配比的原则，在收入已经确认发生而相应的成本费用尚未发生时，为了和收入配比，就必须预提成本或费用。再比如，我们之前提到的或有负债和或有资产的估算和报表上的揭示，需要会计师对事件发生的可能性和有可能的损失做出判断和估计。另外，包括对成本归集计算、坏账准备计提、报表期后事项、会计政策的变更、汇兑损益、无形资产的处理等，都涉及很多预估和假设，这些都是会计师专业判断的体现，同时这些判断也会影响利润表的最终利润。所以，正因为有这些人为估值和判断的存在，我们对于报表的质量要求，只能说是"真实和公允"（true and fair），而不会有人说是"精确"（accurate）。

在报表中唯一可以精确体现的资产可能就是"现金"了。所以，我们常说，现金流量表是对利润表"权责发生制"数据的一个补充。我们如何来利用现金流量报表和利润表进行互动分析呢？

财务分析人员可以用经营活动的净现金流和利润表上的净利润做个比较。如果利润额大大超过经营活动的净现金流，或者说净现金流很少而利润相对较高，这说明企业的"造血"能力不足。虽然实现了很多利润，但很可能收款比较滞后，或者是使用了过多的钱（广告费、人工费等）去获取真正的利润。另外，我们可以看看销售商品、提供劳务收到的现金与销售收入之间的比率，从而可以大致了解企业货款的回收情况。

| 第 3 章 |

# 成本管理

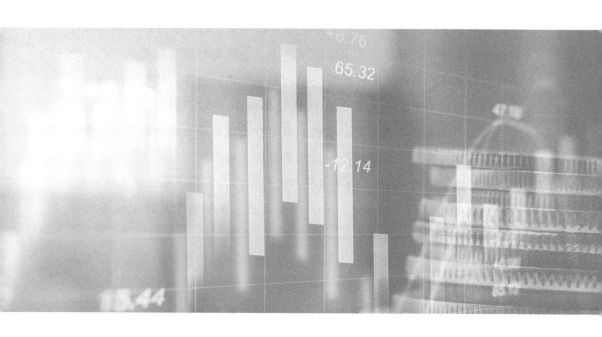

说到成本，我们先来看一个故事，顺便回顾一下成本的概念和分类。

## 【故事中学财务】

### 看电影的成本

小明今晚本来约好和朋友一起去网吧玩网络游戏，但朋友爽约。该网络游戏根据玩家在线时间长短加上游戏成绩，给予玩家一定的积分，该积分可以兑换一种虚拟网络货币——W币。现在，游戏市场上，1元人民币可购买100个W币。小明每次去网吧玩该游戏，一般一个晚上至少可以获得5 000个W币。由于朋友不能来，小明只好独自去看场电影。他一向很关注电影院排片情况，最近几个星期他已经多次打电话或上网查询（累计使用通信费5元），因而，他已经知道离家最近的电影院同一时段有两部电影可以选择——《寒战2》（票价80元）和《惊天大逆转》（票价60元）。最后，小明决定看《寒战2》。为了赶上开演时间，小明买了一个汉堡作为晚餐（价格15元），然后再乘坐出租车去电影院，而没有乘公交车。打车费15元，如果乘坐公交车，车费只要2元。小明在电影院碰到同班女生小琳，小琳有该电影院的VIP卡，一场电影买两张或两张以上的票可以打9折。因此，小琳就帮小明一起买了票。结果，运气非常好，买票附赠的刮刮卡中奖，获得一张15元的抵扣券，可当场抵扣票价。因此，小琳用信用卡支付了129元。小明拿出130元现金给小琳，想请小琳看电影，小琳不愿意，只说按照折扣后的票价收小明的钱。但由于小琳没有零钱，最终收了小明70元。小明觉得不太好意思，就请小琳吃冰淇淋蛋筒，一个蛋筒3元，两个共6元。看完电影之后，小明乘坐地铁先送小琳回家，地铁票8元，然后自己乘公交车回家，车费2元。

请问：小明今晚看电影《寒战2》的成本一共是多少？该成本是由以下哪些部分组成的？（多选题）

A. 电话、网络查询费用5元  B. 快餐费15元

C. 去电影院打车费15元  D. 电影票最终折扣价64.5元

E. 电影9折票价72元  F. 小琳收取的电影票价70元

G. 由于选择看较贵的电影而多付出的 10 元钱

H. 由于选择打车而比公交车多付的车钱 13 元

I. 蛋筒一个 3 元          J. 蛋筒两个 6 元

K. 送小琳回家地铁票 8 元      L. 自己回家公交车费 2 元

M. 没有按原计划去玩网络游戏，使得本来可能获得的 5 000 个 W 币没有赚到，相当于损失 50 元

这个题目的答案是开放的。理论上，成本是相对于收益（收入）而言的。所以，此处的直接成本应该是小明为了看电影后获得的艺术上的享受所直接花费掉的成本。与此同时，小明今天晚上的收益除了电影给他带来的享受以外，还有与小琳互动过程中感觉到的快乐，而且，该过程也增进了两人的友谊。所以，该过程中直接相关的花费也可以算作直接成本。所以，小明今晚看电影的成本就是：C. 去电影院打车费 15 元 +F. 小琳收取的电影票价 70 元 +J. 蛋筒两个 6 元 +K. 送小琳回家地铁票 8 元 +L. 自己回家公交车费 2 元 =101 元。

这个故事中还提到了其他成本概念，但它们基本上都不是直接成本。比如：打电话上网的查询费用，类似于企业的研发费用（research & development，R&D），除非符合特殊的条件，一般不能作为直接成本，属于沉没成本（sunk cost）。再比如，打游戏可能赚到的 50 元是估算出来的机会成本（opportunity cost），即在利用一定的资源（时间、精力）产生一定的收益时，失去了利用这些资源产生其他甚至更高的收益的机会。

快餐费不能算直接成本，因为无论晚上是看电影、打游戏还是闲着在家，小明都要吃饭。另外，有人可能会说，小明交给小琳的 70 元中，有 5.5 元（70.0-64.5）不是成本，应作为应收账款。如果故事的主体是一家企业，从企业的角度来讲应该是这样记账的。因为，电影票的实际票价确实是 64.5 元，即（160×90%-15）÷2，多付了 5.5 元应该收回。但如果生活中这么计较，那就太麻烦了。而且，这 5.5 元收回的可能性也不是很大。

再有，有人可能会说，看电影就是看电影，跟友谊无关。小琳最终还收了小明的票价钱，说明他们之间的关系一般，也没有什么特别的。所以，小明看电影的直接成本就是路费和票价=15元+70元+2元=87元。而6元+8元=14元是小明对友谊的一种长线投资，能不能产生效益，还要看今后的实际情况。

总的来说，人们要进行生产经营活动或达到一定的目的，就必须耗费一定的资源，其所费资源的货币表现及其对象化称之为成本[1]。本章我们将具体讨论成本的计算方法，以及成本分析对管理决策的作用。我们首先来看看传统的成本计算方法。

## 3.1 传统成本法

### 3.1.1 分步计算成本法

分步法是"产品成本计算分步法"的简称。它是以产品生产步骤和产品品种为成本计算对象，从而归集和分配生产费用、计算产品成本的一种方法[2]。这种方法一般适用于连续多步骤生产，同时每个步骤的半成品需要单独核算成本的制造型企业，如冶金、化工、食品饮料加工、纺织等行业。在这类企业的生产过程中，从原材料投入开始到最后产品完工，都需要经过一系列的加工步骤，而每经过一个加工步骤所形成的"产出"就是一些半成品，这些半成品又是下一个步骤的"原材料"，这样连续多个步骤之后，到最终才生产出"产成品"。

在这种成本计算方式下，原材料价值实际上就是随着每个步骤产出的半成品不断地转移到下一个步骤，最终归集到产成品上。在月底结账时，通常各个步骤都有原材料、在产品和半成品，所以，需要将费用在各个步骤之间进行分配。其成本的结转方式包括平行结转法和逐步结转法两种。

平行结转法是指半成品成本并不随半成品实物的转移而结转，而是在

---

[1] http://baike.baidu.com/view/45395.htm。

[2] http://baike.baidu.com/view/1248877.htm。

哪一步骤发生就留在该步骤的成本明细账内，直到最后加工成产成品，才将其成本从各步骤的成本明细账转出的方法。逐步结转法是指按照生产步骤逐步归集、计算并结转半成品的成本，将成本再带入下一个步骤，直到最后步骤计算出产成品的成本。逐步结转分步法还可分为逐步综合结转法和逐步分项结转法两种。其中，综合结转是将上一步骤形成的成本转入下一个步骤时，成本不分项目。分项结转是将上一个生产步骤形成的成本转入下一个步骤时，分不同的成本项目进行结转。

## 【故事中学财务】

### 老王家的饺子铺

话说老王家有个饺子铺，老王和他的老伴每天起早贪黑、辛苦地工作。他们每天工作的步骤和流程大致是这样的：每天一大早，老王到附近菜市场买肉和菜。买回来后，老伴负责洗菜、洗肉、准备原料，老王和一名小工负责和面。同时，老伴将肉和菜剁碎，再放好调料制成馅。老王家使用的面粉和调料都是向熟悉的供应商订货，由他们定期送货上门。

等面和馅都准备好之后，老王和老伴加上几个小工一起擀皮、包水饺。擀好的皮一部分冷藏起来，可以作为水饺皮单独出售。包好的水饺一部分直接冷冻，可以作为冷冻水饺论包出售，另一部分则趁着新鲜直接下锅，卖给来店里吃早点的顾客。等到早上开店之后，老王和两位小工在厨房负责继续包饺子，老伴和两个服务员就在店堂里负责收钱卖水饺、冷冻水饺和饺子皮，以及提供其他店内服务。

（说明：以下个表中的数据大致以100千克面粉配80千克肉作为基本配方，进行批量生产的成本核算。表中未提及的辅料成本或其他费用，如水电费、工具折旧等，未计入在内。另外，数字的编制，主要是为了方便计算和演示之用，并不是实际的成本价格。）

所以，他们店里生产一批水饺的成本大致是这样归集结转的[一]。

---

[一] 本节的成本归集和计算方式参考了《分步成本计算方法》（https://wenku.baidu.com/view/635d4089d0d233d4b14e69cf.html）。

1. 逐步综合结转法

逐步综合结转法是将上一阶段半成品的成本合计转入下一阶段，作为下一阶段成本归集计算的起点。就像老王家这样，我们将生产销售过程分成三步，先将第一步和面的成本（350元）计算出来，再将这350元转入第二步，即包饺子。包饺子需要投入的材料包括菜、肉调料等，还需要包装袋把饺子储存起来一部分，所以，第二步的成本较高，约2 840元。第三步是销售，顾客既有在店面里堂食的，也有将水饺买了带走的。所以，主要的成本是一些调料、包装、餐具和服务员、收银员的人工费用等，共850元，加上前一步转下来的3 190元最终成本合计4 040元（见表3-1）。

逐步综合结转法的优点是直接反映了成本不断累积的过程，但其缺点是转入下一阶段的半成品成本不分项目，要进行后续阶段的详细成本分析，就必须将前几阶段的成本构成还原出来，因此比较麻烦。

表3-1　每日生产成本表（逐步综合结转法）　　（单位：元）

| 项　　目 | 和面、擀皮 | 包　饺 | 销　售 |
|---|---|---|---|
| 原材料 |  | 350 | 3 190 |
| 面粉 | 250 |  |  |
| 大白菜 |  | 200 |  |
| 五花肉 |  | 2 240 |  |
| 调料 |  | 100 | 50 |
| 包装物/餐具 |  | 100 | 500 |
| 人工成本 | 100 | 200 | 300 |
| **成品（半成品）合计** | 350 | 3 190 | 4 040 |

2. 逐步分项结转法

逐步分项结转法是将上一阶段半成品的成本分不同项目转入下一阶段，并在最后阶段归集出成品的总成本和各项目成本。老王家的情况如表3-2所示。基本的内容全都一样，不同于前一种结算方式，这里是将不同的项目分别结算并转入下一步。比如：人工成本，第一步是100元，第二步是200元，第三步是300元，分得非常清楚，最终人工费用就是100元

+ 200元 + 300元 = 600元。这种结算的优点就是可以分项目进行成本结算，便于成本的分析和管理。其缺点是，在生产过程中，原材料和半成品等实物流与记账的价值流不一致。

表3-2　每日生产成本表（逐步分项结转法）　　　（单位：元）

| 项　目 | 和面、擀皮 | 包　饺 | 销　售 |
|---|---|---|---|
| 原材料 | | | |
| 面粉 | 250 | 250 | 250 |
| 大白菜 | | 200 | 200 |
| 五花肉 | | 2 240 | 2 240 |
| 调料 | | 100 | 100+50 |
| 包装物/餐具 | | 100 | 100+500 |
| 人工成本 | 100 | 100+200 | 100+200+300 |
| 成品（半成品）合计 | 350 | 3 190 | 4 040 |

### 3. 平行结转法

平行结转法就是每个步骤同时进行本步骤的成本归集核算，不必逐步进行结转（见表3-3）。其优点是结算方便，并且能直接反映各步骤的成本明细，缺点是无法直接知道各步骤半成品的成本。

表3-3　每日生产成本表（平行结转法）　　　（单位：元）

| 项　目 | 和面、擀皮 | 包　饺 | 销　售 |
|---|---|---|---|
| 原材料 | | | |
| 面粉 | 250 | | |
| 大白菜 | | 200 | |
| 五花肉 | | 2 240 | |
| 调料 | | 100 | 50 |
| 包装物/餐具 | | 100 | 500 |
| 人工成本 | 100 | 200 | 300 |
| 成品（半成品）合计 | 350 | 3 190 | 4 040 |
| 其中：原材料及包装物 | 250 | 2 640 | 550 |
| 人工成本 | 100 | 200 | 300 |

其实，像老王家这种手工作坊+门店的经营模式，其成本也没有必要

计算得如此复杂。再说了，作为老板，老王心里有本账，对于原材料、人工等，以及每个步骤的大致成本早就心里有数了。

我们在这里只是为了举例而已，真正的分步成本结算法要比这个复杂得多。特别是如果一家企业有几个不同的生产地点，前后步骤不在同一个连贯区域，那么使用第一种逐步综合结转法，可能会好一些。如果使用平行结转法，好像各个步骤各自为政，有被割裂开来的感觉，不利于成本最终的归集和结转。

## 3.1.2 约当产量

约当产量法⊖是指按照一定的比例将期末在产品数量折合为相当于完工产品数量的计算方式。它通常用于成本的计算和分配，是将期末结存的在产品数量，按其完工程度（或加工程度和投料程度）折算为相当于完工产品的数量，即"约当产量"，再按照完工产品产量与月末在产品的约当产量的比例划分相关的产品成本或生产费用。

【故事中学财务】

### 老王的饺子铺（续一）

在上面的成本结转表格中我们没有提到老王和他老伴的人力成本，因为他们是老板和老板娘，不用自己给自己发工资。但是，如果我们要精确地计算出每天打烊时的产成品和半成品的成本，就要把两口子的人力成本也算进去。

为简化起见，我们把两个人的人力成本合起来计算。假设老王和老伴的劳动力价格都是 25 元 1 小时，一天工作时间两个人加起来合计约 24 小时，那么一天下来两个人的合计成本就是 600 元。怎样分配这 600 元到产成品和半成品的成本中呢？

如果每天店铺打烊时，没有未包完的饺子，但第一阶段还有未用的面

---

⊖ http://baike.baidu.com/item/%E7%BA%A6%E5%BD%93%E4%BA%A7%E9%87%8F%E6%B3%95?sefr=enterbtn。

团，第二阶段有未用完的面皮和馅料，那么要计算在剩余的面团、面皮和肉馅里，老王夫妇的劳动成本是多少的话，有两种计算方式。

第一种方法是将所有的半成品，无论其完成到哪个程度，都按50%计算完工程度。比如，第一阶段剩下的半成品是面团，假设晚上打烊时，还有约10千克面团尚未完工，约相当于全天制作的面团量的1/10。我们假设两口子每天需要投入在"面团"制作上的时间总共只有8小时，其他部分工作由小工完成。那么，在第一阶段半成品面团中，老王夫妇的劳动成本就等于 = 25元/小时 ×（8小时 × 1/10）× 50% = 10元。

第二种方法是根据半成品的实际完工程度来计算。比如，同样是10千克面团尚未完工，在剩下的这些面团中有2.5千克的面团完成了40%，5千克完成了60%，另有2.5千克完成了75%。那么，在这个阶段的半成品中，老王夫妇的劳动成本就是 = 25元/小时 ×（8小时 × 1/10）×（1/4 × 40% + 1/2 × 60% + 1/4 × 75%）= 11.75元。

以上成本数据，再加上面团的原料成本（阶段开始时，一次性投入）和各阶段小工的劳动成本分摊，就是面团的真正成本了。

## 3.1.3 标准成本法

标准成本法（standard costing）是指以预先制定的标准成本为基础，用标准成本与实际成本进行比较，核算和分析成本差异的一种产品成本计算方法，也是加强成本控制、评价经济业绩的一种成本控制制度。[一]

标准成本是目标成本的一种。目标成本[二]也是一种预计成本，是指产品、劳务、工程项目等在生产经营活动前，根据预定的目标所预先制定的成本。这种成本就是企业对生产成本在理想状态下的期望值，它既是一种

---

[一] http://baike.baidu.com/link?url=IZDXmZI2VIWJHHltSRryX8wVqC6r_hhrrmIy3_OnY9KiyrzPTkmh61HlneLpnkBAgyqNhpoaZmQ pHQxRq4uQwyTEq_7C1m3yofVROG2aPzA74a2C8CjpQeA1kGrEiq_8QAEXm1YgothsdMmAtnsA_K。

[二] http://baike.baidu.com/item/目标成本。

成本预测，也是目标管理的方法，是两者相结合的产物。

## 【故事中学财务】

### 老王的饺子铺（续二）之老王卖蛋饼（一）

话说老王家的饺子铺开张了一段时间之后，老王发现了新商机。由于饺子铺的位置好，来往客流量很多。再加上最近新地铁线路开通，附近的一个地铁站以及边上的新公交总站正式开始运营，使得铺子周围的人流量暴增，尤其是周一到周五工作日的上下班高峰时间，人流量尤其大，店里来的客人络绎不绝，有时要排队半小时才能有位子。老王和老伴以及几个员工，天天都从早忙到晚，但心里总是乐呵呵的，因为现在每天的营业收入要比前些日子增长了30%～40%。

但是，老王发现一个现象，每天上班时间都有不少人来饺子铺吃早点，其中，总有人会问："老板，你们家有蛋饼吗？"老王一想，是啊，为什么我们不卖蛋饼呢？

其实，蛋饼的制作非常简单。就是先煎薄薄的一层面饼，加一个鸡蛋抹匀在饼上，等到饼煎熟了，再涂抹一层酱料（豆瓣酱或辣酱等），然后撒上葱花和一些辅料，最后将蛋饼卷起来用包装纸包好就可以了。而对于老王来说，几乎所有的原料都现成的，如和好的面、鸡蛋、葱花、酱料等。所以，在制作和售卖水饺的同时，再做个蛋饼可以说是不费吹灰之力，最重要的是要添置一台摊蛋饼的煎饼炉，煎饼炉的售价从几百元到1 000多元不等。然后，招聘一名小工，教他如何做蛋饼，以后就能专门摊蛋饼了。

那么，蛋饼的主要原材料是：面粉、鸡蛋、葱花以及各种酱料。其中前3种原料的价格基本稳定在一个范围，而酱料有豆瓣酱、辣酱、沙拉酱、麻酱等很多种，每种的价格都不一样。老王将蛋饼的配方做出来后，再根据自己采购原材料的经验，将每一只蛋饼的具体成本计算如下（见表3-4）。

表 3-4　蛋饼成本表

| 原材料 | 采购规格（克） | 低价位（元） | 高价位（元） | 每只蛋饼 | 平均分量（克） | 单位成本（元） |
|---|---|---|---|---|---|---|
| 面粉 | 1 000 | 3.50 | 4.00 | 面粉 | 100 | 0.375 |
| 鸡蛋 | 500（8个） | 3.20 | 3.80 | 鸡蛋 | 62.5（1个） | 0.438 |
| 酱料 | 1 000 | 9.50 | 17.50 | 酱料 | 10 | 0.135 |
| 葱 | 500 | 0.40 | 0.70 | 葱 | 5 | 0.006 |
| | | | | | 成本合计 | 0.954 |

以上就是一张蛋饼的原材料的标准成本。这里，人工费用、设备工具折旧、包装材料等没有计算在内，只有食品成本。如果，老王给蛋饼定价 3 元 / 张的话，毛利率就是 68.2%。说这个故事的目的就是为了引出下面的成本分析法。

## 3.1.4　传统的成本分析方法

成本分析[1]是指，利用成本核算的相关数据，用特定的方法，将实际成本与标准成本（计划成本）或者对照成本进行比较，分析成本高低和构成变化情况，找出差异，并研究影响成本变化的各种因素，从而，寻求降低成本的途径和方法，最终帮助企业获取更大的经济效益。

传统的成本分析方法主要有对比分析法、连环替代法、相关分析法等。[2]

### 1. 对比分析法

对比分析法，也叫比较分析法。它是通过将实际成本及其相关的绝对数和相对数与上年同期、上个季度、上个月或者预算等进行对比，找出差异，从而进一步分析比对产生差异的原因。这种比较分析法更适合于企业产品比较单一、成本结构也不太复杂的企业。对比分析法主要有 3 种比较形式：绝对数值比较法、增减比较法和指数（百分率）比较法。

---

[1] https://baike.baidu.com/item/%E6%88%90%E6%9C%AC%E5%88%86%E6%9E%90/10996403?fr=aladdin。

[2] http://wiki.mbalib.com/wiki/%E6%88%90%E6%9C%AC%E5%88%86%E6%9E%90。

【例3-1】 对比分析法举例

某企业A产品今年6月与去年同期的单位成本，对比如表3-5所示。

表3-5 某企业A产品今年6月与去年同期的单位成本 （单位：元）

| 成本项目 | 今年6月 | 去年6月 | 有利/（不利）差异 |
| --- | --- | --- | --- |
| 原材料 | 8 | 12 | 4 |
| 人工费 | 9 | 8 | −1 |
| 制造费用 | 10 | 10 | 0 |
| 仓储运输 | 5 | 6 | 1 |
| 合计 | 32 | 36 | 4 |

- 绝对数值比较法：A产品的单位成本去年同期是36元，主要由于原材料价格的持续下降，今年本期该产品的单位成本是32元。
- 增减比较法：A产品的单位成本与去年同期相比，减少了4元。其中最主要的是原材料成本下降了4元，人工费的上涨（1元）与仓储运输成本的下降（1元）正好抵消，因而，成本合计减少了4元。
- 指数比较法：A产品的单位成本与去年同期相比，降低了11%。其中，原材料降低了1/3，仓储运输成本降低了16.67%，而人工费却增长了12.5%，制造费用不变，成本合计降低了11%。

在上面的故事中，我们提到的老王卖蛋饼的成本，结构上并不复杂，如果要做横向或纵向的成本比较分析，就可以使用对比分析法。

【故事中学财务】

## 老王的饺子铺（续三）之老王卖蛋饼（二）

我们继续说说老王的故事。自从老王家卖蛋饼之后，老王发现周围多了好几个摆摊卖蛋饼的摊位，其中有一个就摆在他家的马路对面，设摊的那位，人称老张。开始的时候，每天早上几个摊位上的顾客差不多，不过还比不上老王家排的队长。过了一阵子，老王发现老张的顾客逐渐多起来了，慢慢变成了老张和老王两家相争，而其他几个摊位的顾客越来越少，有的摊位实在做不下去，只好转到其他地方去做了。

有一天，老王让小工啥也不做，就观察老张的摊位，看看他们一个早上能卖出去多少个饼。另外，他还让小工有空到对面去看看做饼的过程，并且买个饼尝一下。小工回来说："他们家的饼不如我们家的好吃，但是工序、用料啥的没有本质区别。关键就是价格低，一张蛋饼只卖2.5元，所以，买的人多。"老王想，那倒也是，人家小本买卖，不需要付人工、房租，卖得便宜一些也是正常的。可又转念一想，我计算的蛋饼实打实的成本都要1元钱了，再加上每个顾客，老张都给一双筷子、一张纸巾、一个小袋子，有的还送些辣酱。卖一张蛋饼的利润不到1.5元，就算一个早上卖掉100张饼，一天赚不到150元，而且周末不摆摊，那一个月才赚多少呢？

老王本来想自己研究一下老张的蛋饼摊，但又怕老张认出自己，所以，他叫来了自己的女儿。老王的女儿莉莉，毕业于名牌大学，现在在一家大型商务咨询公司上班。

这之后的一段时间，莉莉每天早上去老张那儿买蛋饼。久而久之成为熟客之后，莉莉就跟老张攀谈了起来。经过一段时间，莉莉慢慢知道了老张赚钱的"诀窍"。首先，是用的蛋。大家都知道每张蛋饼都会用一个鸡蛋，而且，鸡蛋是当着顾客的面当场打碎涂在饼上的，理论上是不可能"偷工减料"的。但问题是，顾客就只看到一个鸡蛋，鸡蛋的大小顾客会注意吗？老王买的是一斤⊖8个的大鸡蛋，而老张买的是一斤12个的小鸡蛋，而且小鸡蛋的单价还更低，3元/斤。那么，每张饼里面光是鸡蛋的成本就少了将近0.2元（见表3-6）。而对于绝大部分顾客来说，在蛋饼里放的无论是大鸡蛋还是小鸡蛋，总归是一个鸡蛋就可以了。

其次，老张用的酱料不像老王用的那么讲究。老王的酱料都是从有一定名气的大公司专门订购的，而老张是哪里便宜买哪里的。平均酱料的价钱只有6~8元/千克。这样，酱料上的成本也节省了近一半。另外，面粉和其他辅料也都是尽量买便宜的。

最终，莉莉用以下表格（见表3-6），估算出了老张家蛋饼的大致成本，并且跟自己家的做了对比。

---

⊖ 1斤=0.5千克。

表 3-6 蛋饼成本对比表

| 老王家 | 平均采购价 | 单位成本 | 老张 | 估计采购价（元） | 估计单位成本（元） |
|---|---|---|---|---|---|
| 面粉 | 3.75 元 / 千克 | 0.375 元 / 克 | 面粉 | 3.0 元 / 千克 | 0.300 元 / 克 |
| 鸡蛋 | 3.5 元（8 个） | 0.438 元 / 个 | 鸡蛋 | 3.0 元（12 个） | 0.250 元 / 个 |
| 酱料 | 13.5 元 / 千克 | 0.135 元 / 克 | 酱料 | 7.0 元 / 千克 | 0.070 元 / 克 |
| 葱 | 0.65 元 / 千克 | 0.006 元 / 克 | 葱 | 0.40 元 / 千克 | 0.004 元 / 克 |
| | 成本合计 | 0.954 元 / 张 | | 成本合计 | 0.624 元 / 张 |

由于主要的原材料价格都比老王采购的原料低，因而老张的一张蛋饼的标准成本只有 0.624 元，比老王家的少了 0.33 元。老张每张蛋饼卖 2.5 元，所以其毛利率为 75%，大于老王家的毛利率（68%）。不过，由于材料方面的原因，莉莉说："老张的蛋饼真心没有咱们自己家的好吃。看来，蛋多酱料好在其中起了很大的作用。"

经过这么一比较，老王心里就有数了，一分钱一分货。自己家的饼还是要保证质量，不能偷工减料，也不能以次充好。只有产品的质量上乘，顾客才会盈门。

### 2. 连环替代法

连环替代法也称为连锁替代法、连锁置换法，它是一种分析比较的方法。它是将要分析的某个指标分解成若干因素的乘积，然后将其每个因素依次替换成可比项，计算出与替换之前乘积的差异，以此确定由被替换的因素的变动引起的差异程度。

它的计算方式是这样的：假设某个产品的原料成本是由 $A$、$B$、$C$ 三个因素组成的。实际成本 $A_1 \times B_1 \times C_1$，而作为比较的基准的标准成本是 $A_0 \times B_0 \times C_0$。以连环替代法依次计算出：

$$A_0 \times B_0 \times C_0 \tag{3-1}$$

$$A_1 \times B_0 \times C_0 \tag{3-2}$$

$$A_1 \times B_1 \times C_0 \tag{3-3}$$

$$A_1 \times B_1 \times C_1 \tag{3-4}$$

然后将式（3-4）减去式（3-3），式（3-3）减去式（3-2），式（3-2）减去式（3-1），分别计算出差异，再分析出差异相应的原因。

不论只有两个因素还是有多个因素的乘积，只要依次替换算式中的某一个因素，计算出变化后的乘积，再与之前的一个相比较，计算出差异。两个因素的乘积，依次替换后会有 3 个算式和两两相减产生的两个差异。而 3 个因素的乘积，会有 4 个算式和 3 个差异。4 个因素的，会有 5 个算式和 4 个差异，依此类推。计算出来的差异数如果有利于减少总成本，增加毛利，我们把它叫作"有利差异"（favourable variance），在差异数字后面用 F 表示。反之，差异就是"不利差异"（unfavourable variance），在差异数字后面用 U 表示。

**【例 3-2】 标准成本差异的连环替代分析**

假设某工厂产品 Z 的总成本是由产品产量、原料价格和原料使用量 3 个因素构成的。某月，产品 Z 的标准成本与实际成本的相互比较如表 3-7 所示。

表 3-7  产品 Z 的标准成本与实际成本的相互比较

|  |  | 实际成本 |  | 标准成本 | 变化原因 |
|---|---|---|---|---|---|
| 原材料价格（元/克） | $A_1$ | 11.5 | $A_0$ | 12.0 | 由于产量不断增加，原材料的采购量增加，所以获得价格折扣优惠 |
| 原材料使用量（克/件） | $B_1$ | 103.2 | $B_0$ | 100.0 | 由于员工的流动率高和老员工的流失，原材料的损耗比标准预估的要高 |
| 产成品产量（件/月） | $C_1$ | 1 041.0 | $C_0$ | 1 000.0 | 加强了流水线上的管理，产成品的生产效率略大于预期 |
| 总成本（元） |  | 1 235 458.8 |  | 1 200 000.0 |  |

所以，标准成本 = 12.0 元/克 ×100 克/件 ×1 000 件 = 1 200 000 元，而实际成本 = 11.5 元/克 ×103.2 克/件 ×1 041 件 = 1 235 458.8 元。

我们运用连环替代分析法分析成本：

（1）标准成本 = $A_0 \times B_0 \times C_0$ = 12.0 元/克 ×100 克/件 ×1 000 件 = 1 200 000 元

（2）用实际原料价格替代标准原料价格，再与标准成本相减，就是原材料价格 A 的变化对总成本产生的影响。

$A_1 \times B_0 \times C_0 = 11.5$ 元/克 $\times 100$ 克/件 $\times 1\ 000$ 件 $= 1\ 150\ 000$ 元

$A_1 \times B_0 \times C_0 - A_0 \times B_0 \times C_0 = 1\ 150\ 000$ 元 $- 1\ 200\ 000$ 元 $= 50\ 000$ 元（F）。也就是说，50 000 元有利差异是由原材料的价格下降带来的影响。

（3）用实际原材料的使用量替代标准使用量，再与以上（2）乘积相减，这就是原材料用量 B 的变化对总成本产生的影响。

$A_1 \times B_1 \times C_0 = 11.5$ 元/克 $\times 103.2$ 克/件 $\times 1\ 000$ 件 $= 1\ 186\ 800$ 元

$A_1 \times B_1 \times C_0 - A_1 \times B_0 \times C_0 = 1\ 186\ 800$ 元 $- 1\ 150\ 000$ 元 $= 36\ 800$ 元（U）。也就是说，36 800 元的不利差异是由于原材料的使用量比标准使用量多。

（4）用实际产量替代标准产量，计算出实际成本，再与（3）乘积相减，这就是产成品产量 C 的变化对总成本的影响。

$A_1 \times B_1 \times C_1 = 11.5$ 元/克 $\times 103.2$ 元/件 $\times 1\ 041$ 件 $= 1\ 235\ 459$ 元

$A_1 \times B_1 \times C_1 - A_1 \times B_1 \times C_0 = 1\ 235\ 459$ 元 $- 1\ 186\ 800$ 元 $= 48\ 659$ 元（U）。也就是说，48 659 元的不利差异是由于产品的实际产量比标准产量多引起的。

以上（2）、（3）、（4）三个差异相加 $= 50\ 000$ 元（F）$+ 36\ 800$ 元（U）$+ 48\ 659$ 元（U）$= 35\ 459$ 元（U）。

所以，我们可以得出结论，本月产品 Z 的实际成本为 1 235 459 元，比标准成本 1 200 000 元多了 35 459 元，其中，由于原料价格的下降，使总成本降低了 5 万元，但由于原材料的使用量和本月生产量的增加，将总成本又分别提高了 36 800 元和 48 659 元。

所以，差异总数是 $= 50\ 000$ 元（F）$+ 36\ 800$ 元（U）$+ 48\ 659$ 元（U）$= 35\ 459$ 元（U）。也就是说，实际成本比标准成本多 35 459 元。

连环替代法还可以用于其他指标的分析，只要被分析的指标是可以拆开变成几个因素的乘积。另外，对比项不一定是标准或计划收入、成本或费用，可以是上个月的、上一年的某个指标，或者是同行业中最好的，只要相关数据可以找到，都可以拿来比较，即参考基准（benchmarking）。

除了产品成本分析外，我们这里再说说销售额分析。

### 【例3-3】销售额的连环替代分析

某企业的销售额由几十种产品的销售组成。销售总额=甲产品单价×甲销售量+乙产品单价×乙销售量+丙产品单价×丙销售量……（依此类推）。其中，上周甲产品销量10 000个，市场定价18元/个。由于是新品上市，没有任何折扣。所以，甲产品销售额=18元/个×100%×10 000个=180 000元。

本周由于竞争对手大力促销，公司不得不决定将A降价销售，并向老顾客发放折扣信息，吸引他们来店消费。甲产品市场定价调整为16元/个，而且各销售网点可根据自己的情况和消费群体的特点，打8.5～9.5折，其他产品也有不同程度的打折。最终，本周甲产品实现销售量13 813个，销售额达到205 537元，所以，甲产品的平均单价为14.88元/个，平均折扣9.3折。

如果我们按上面的方式列出A实际销售额的计算公式=16元/个×93%×13 813个=205 537元。连环替代分析如下：

（1）$A_0 \times B_0 \times C_0$ = 18元/个×100%×10 000个

= 180 000元标准销售额

（2）$A_1 \times B_0 \times C_0$ = 16元/个×100%×10 000个

= 160 000元（价格差异=20 000元 U）

（3）$A_1 \times B_1 \times C_0$ = 16元/个×93%×10 000个

= 148 800元（折扣差异=11 200元 U）

（4）$A_1 \times B_1 \times C_1$ = 16元/个×93%×13 813个

= 205 537元（销量差异=56 737元 F）

所以，本周的销售额比上周要多=20 000元 U+11 200元 U+56 737元 F=25 537元 F。其中由于甲产品降价的原因，产生了20 000元的不利差异，又由于打折的原因，产生了11 200元的不利差异，最后，因为销售量的增加,产生了 56 737 元的有利差异。所以,甲产品虽然降价和打折,影响到销售单价,但由此产生的不利差异被销售量增长所产生的有利差异弥补,最终销售额大大超出了上周,与上周销售额同比反而增长了 14.2%。

3. 相关分析法

相关分析法是指在分析成本指标时,将该指标与其相关的其他指标进行对比,以找出指标与指标之间的相关性。我们在前面第 2 章 2.1 节等章节里面多次提到过,报表上的许多指标是相互关联的,某些指标的变化会影响其他指标的变化。比如,用同类产品的销售成本率或销售毛利率与销售量进行比较,从而得出两者之间的关系。通过计算分析,我们可能就会得出结论:销售毛利率较低的产品销售量较高,反之则较低。这样,有助于我们确定公司下一步要怎样促销某些产品。

另外,我们可以将毛利率与成本中的存货损耗做比较,存货损耗比较高的,通常毛利率会比较低,这样,我们就知道要控制存货的损耗(主要是原材料损耗)来提高毛利率。更进一步,我们可以分析原材料损耗是如何产生的。比如,经过进一步的研究,我们可能发现,原材料损耗的高低与车间里面新老工人的比率有关。老工人达到全体作业工人的 60%~70% 时,原材料损耗就达到比较理想的状态。而老工人太多和太少,原材料损耗率都很高,尤其是在车间里面老工人少而新人很多的时候。再比如,经过精确的统计和计算,原材料损耗率还跟工人操作某个设备的时间有关,工人动作越慢的,最后的原材料损耗越高。这很可能是新员工缺乏培训和岗位指导导致的。所以,要加强各种措施,提高生产效率,才能减少损耗,从而提高毛利率。

这些相关性分析需要财务分析人员打开思路,跳出原来的分析模式,即所谓的 "to think out of the box"。同时,分析人员还必须对企业的业务十分熟悉,对于企业生产管理的相关"关键绩效指标"(key performance indicator,KPI)也能运用自如。此类分析通常需要经过反复的测算,变换不同的分析角度,才能找出那些看似有一定关联但没有现成比率公式的指标之间的相关性。

对于有关相关性分析,我们将在后面第 6 章 6.3 节中举例说明。关于关键绩效指标的设立、分析、运用,以及绩效管理,我们会在其他书中进行讨论。

## 3.2 作业成本法

### 3.2.1 作业成本法原理

作业成本法(activity-based costing,ABC)是一种相对比较新的成本观念,ABC 是可以用来帮助人们进行间接成本、费用分析的一种好方法。20 世纪七八十年代,ABC 的理念最早在美国的制造行业里出现并逐步成型。一些学者和专家也在他们的论文里提出了作业成本的计算和会计处理方法等。后来,1988 年哈佛大学教授罗伯特·卡普兰(Robert Kaplan)和芝加哥大学教授罗宾·库珀(Robin Cooper)一起在《哈佛商业评论》上发表了数篇文章,正式提出了这个制造成本计算分摊的方法。⊖另外,卡普兰教授还是平衡计分卡(balanced scorecard)的创始人。

在 ABC 产生之前,间接成本(overhead)的分摊方法是比较武断的,基本上是按照产品产量或产品主要直接成本的金额平摊到每一个单位产品上。这样的分摊方法当然有一定的道理,通常产量较高的产品,占用的资源(人工、时间、设备损耗等)也相对比较高。但是,仔细想想,这样做其实是有失偏颇的。比如,一家企业生产 A 和 B 两种同类型的产品。A 产品的工艺比较简单,产量比较高,而 B 产品工艺精细,产量通常比较低(因为单位产品的生产工序多、时间比较长)。如果 A、B 有共用的间接成本,平均分摊给 A、B,那么,A、B 两个产品分摊到的单位间接成本是一样的。但实际上,很可能 B 的单位间接成本应该多分摊一些。因为,根据作业成本法的基本原则,B 的总产量虽然小,但工序复杂,所以

---

⊖ https://en.wikipedia.org/wiki/Activity-based_costing。

间接成本更高。作业成本法的出现，就是为了让间接成本分摊得更加合理，更能够体现出成本构成的实质。

ABC的基本理念就是将生产经营过程划分成一系列的作业，即"活动"（activity），作为分摊间接成本的基础。这样的分摊方式与传统意义上的成本分摊方式比较，具有以下优点：

- 我们上面提到过，作业成本法更好地体现了成本的结构和每个部分的资源耗费，能帮助企业的管理层做出更适当的决定，如产品定价、打折促销、有限资源的配置、关键绩效指标KPI的制定、绩效评价等。
- 传统的成本分摊方式，在某种程度上体现了会计的"重要性"原则。不过，它的前提是，在产品生产成本的结构中，直接材料、直接人工占大多数，剩下的间接费用数额较小，也就不需要仔细分摊，而是比较简单地用一个大指标（如产量、直接材料成本、总时间小时等）作为标准分到各个产品上。但现代社会，各部门分工协作越来越精细，越来越复杂，相关的间接成本总额也越来越大、种类越来越丰富，所以，运用ABC来分摊间接成本无疑是更合适的方法。
- 作业成本法需要大量细致的数据，也需要财务人员对于生产的过程、各种作业行为以及各种资源的分配十分熟悉，这样才能做出好的、有效的作业成本分析。而传统成本分析法只需要了解一个主要的指标（如生产产量）就可以了。所以，相比较而言，作业成本法的实践需要投入更多的时间和人力，从而让财务人员主动或被动地参与到生产经营中，让他们能更好地了解企业的业务（get a better understanding of business），由此分析出来的效果也就会更好。

【例3-4】 作业成本法与传统成本分析法的比较

比如，【例3-3】提到的A、B两种产品，都需要进行焊接。某一个月，A的产量是10 000个，B的产量是2 000个，焊接的总成本是24 000元。

传统的分摊方法：24 000元÷（10 000个+2 000个）=2元/个，即每个产品分摊 2 元的焊接成本。

但实际上，A 产品的焊接点只有 6 个，而 B 产品却有 30 个。按照焊接的量来分摊，一个焊接点就应该是 24 000 元 ÷（10 000 个 × 6 + 2 000 个 × 30）= 0.2 元/个，A 产品的单位焊接成本是 1.2 元，而 B 产品的单位焊接成本是 6 元。当然，这里有个假设：每个焊接点的焊接时间和用料都是一样的。如果每次焊接的时间和用料不同，还应该根据其占用的资源来分摊。

ABC 里面有两个很重要的概念。一个是成本动因（cost driver），另一个是实施成本（implementation cost）。我们上面说的焊接的例子，焊接点就是成本动因，是导致成本产生的主要活动或者事件，即成本分摊的标准。成本动因选择很讲究，它越贴近现实，分析出来的成本就越合理。比如上面提到的例子，如果有可能，应该把不同焊接点使用的时间和辅料区分开来计算，以每个焊接点焊接的时间 × 焊接点数量（成本动因）来分摊焊接的人工费用，再用每个焊接点的焊接的辅料用量 × 辅料成本 × 焊接点数量来分摊焊接的材料费用，还要根据每个焊接点的焊接时间 × 焊接点数量 × 焊接设备单位折旧来分摊焊接设备费用。这样的分摊似乎更合理一些。

只有分摊出来的结果越合理，我们才能知道每个产品到底在哪个部分花费最多，需要改善，而又有哪个部分成本较低，在同类产品中具有竞争优势。对于那些相对成本低的产品，应该加大它在总销量中的比重。同时，我们可以评估产品的定价是不是合理，有没有足够的毛利。对于那些赚钱少且销量又少的产品，我们应该考虑是不是停止生产。

但是，成本动因设计太复杂，又涉及一个 ABC 实施成本的问题。由于要根据不同的成本动因来分摊总的间接成本，就需要在生产过程中观察、统计很多不同生产行为，把每一道工序、每一个可能的动因都要进行分解、分析，还要记录、统计做报表等。这样，企业需要投入很多人力、物力或者是依靠智能化的设备，分析成本很高。

企业的成本分析到底要达到怎样的准确程度，是不是越精确越好呢？其实不然，成本动因分得越细致，不一定代表越精确，会计核算本身就是建立在一定的假设基础上的。所以，企业在考虑使用ABC代替原先传统的成本分析方法的同时，还要考虑实施ABC获得的效益与其实施成本之间的成本效益（cost-benefit）。

## 3.2.2 利用作业成本法做其他分析

在前面的章节中我们已经说了作业成本法可以更好地支持企业的经营决策。如果一家企业在经营管理中持续有效地运用作业成本法，我们说它实施了作业成本管理（activity-based management，ABM）。作业成本管理是为了增加企业利润，最终提高企业的价值，在作业成本分析法的基础上，逐步发展建立的一种企业管理方法。⊖可以说，作业成本管理给企业的高层管理人员提供了战略决策的相关信息和数据。

我们来举例说明作业成本管理对企业战略决策的作用。

【例3-5】作业成本管理

假设H企业有A、B两种产品，它们在某月的销量、销售收入、直接成本如表3-8所示。

表3-8 H企业某月A、B两种产品的生产和销售情况

|  | A产品 | B产品 | 总计 |
|---|---|---|---|
| 定价（元/个） | 9.00 | 6.00 |  |
| 销售量（个） | 1 000 000 | 500 000 | 1 500 000 |
| 销售额（元） | 9 000 000 | 3 000 000 | 12 000 000 |
| 直接材料成本（元） | 4.00 | 2.50 | 5 250 000 |
| 直接人工成本（元） | 2.00 | 1.30 | 2 650 000 |

A、B两种产品，在当月产生的间接费用包括：原材料的仓储运输费357 600元，设备维修保养428 400元，新设备安装调试171 000元，产品包装人工费288 000元，半成品（在仓库和不同车间之间）搬运费97 500元，产成品质量检测、维修43 500元，总计共1 386 000元。

---

⊖ http://wiki.mbalib.com/wiki/%E4%BD%9C%E4%B8%9A%E6%88%90%E6%9C%AC%E7%AE%A1%E7%90%86.

按照传统的成本分配方式,间接费用 = 1 386 000 元 ÷ 1 500 000 个 = 0.924/ 个。所以,H 公司该月的毛利润计算如表 3-9 所示。

表 3-9　H 公司该月的毛利润计算表

|  | A 产品 | B 产品 | 总计（元） |
| --- | --- | --- | --- |
| 定价（元/个） | 9.00 | 6.00 |  |
| 销售量（个） | 1 000 000 | 500 000 | 1 500 000 |
| 销售额（元） | 9 000 000 | 3 000 000 | 12 000 000 |
| 减：直接材料成本 | 4.000 | 2.500 | 5 250 000 |
| 直接人工成本 | 2.000 | 1.300 | 2 650 000 |
| 间接费用 | 0.924 | 0.924 | 1 386 000 |
| 毛利 | 2.076 | 1.276 | 2 714 000 |
| 毛利率 | 23.07% | 21.26% | 22.62% |

但是,企业生产部门发现,间接费用的分配并不合理。仓储运输部门的主管说:"感觉处理 A 产品原材料仓储运输的工作量跟处理 B 产品的差不多,但分摊时,A 产品的相关费用却是 B 产品的两倍,明显不合理。"设备保养部门的主管也有类似的看法,他觉得 B 产品实际生产的时间较长,因而占用设备的时间应该多一些。这主要是因为 B 产品工序本身并不复杂,所以使用大量资历经验较浅的工人,虽然人工费看上去比 A 产品少很多,但由于工人不够熟练,单个产品生产所使用设备的时间较长。因此,现在的设备维修保养的分配方式不能反映出真正的资源占用情况。

为了让间接费用的分配更为合理,真实地反映实际的生产情况,H 企业做了很多的调查研究,最终找出了影响间接费用分摊的成本动因,如表 3-10 所示。

表 3-10　作业成本动因

| 作业项目 | 作业金额（元） | 成本动因 | 动因总数量 | 动因单价 |
| --- | --- | --- | --- | --- |
| 原材料的仓储运输费 | 357 600 | 原材料箱数 | 74 500 | 4.80 元/箱 |
| 设备维修保养 | 428 400 | 维修时间 | 17 850 | 24.00 元/小时 |
| 新设备安装调试 | 171 000 | 安装调试时间 | 11 875 | 14.40 元/小时 |
| 产品包装人工费 | 288 000 | 包装数量（箱） | 50 000 | 5.76 元/箱 |
| 半成品搬运费 | 97 500 | 运送集装箱数 | 1 000 | 97.50 元/集装箱 |
| 产成品质量检测维修 | 43 500 | 检测维修批次 | 870 | 50.00 元/次 |

经过车间工作人员的统计和计算,各项费用以作业数量多少在 A、B 产品之间的分配如表 3-11 所示。

表 3-11 作业成本动因分配表

| 作业项目 | 动因单价（元） | A 产品作业数量 | A 产品成本分摊（元） | B 产品作业数量 | B 产品成本分摊（元） |
| --- | --- | --- | --- | --- | --- |
| 原材料的仓储运输费 | 4.80 | 39 610 | 190 128 | 34 890 | 167 472 |
| 设备维修保养 | 24.00 | 8 832 | 211 968 | 9 018 | 216 432 |
| 新设备安装调试 | 14.40 | 1 865 | 55 950 | 3 835 | 115 050 |
| 产品包装人工费 | 5.76 | 32 812 | 188 997 | 17 188 | 99 003 |
| 半成品搬运费 | 97.50 | 551 | 53 723 | 449 | 43 778 |
| 产成品质量检测维修 | 50.00 | 253 | 12 650 | 617 | 30 850 |
| 间接费用合计 | | | 713 416 | | 672 585 |
| 每个产品的间接费用分摊 | | | 0.713 | | 1.345 |

所以,当月 H 公司的毛利润表应该是这样的,如表 3-12 所示。

表 3-12 H 公司当月的利润表

| | A 产品 | B 产品 | 总　计 |
| --- | --- | --- | --- |
| 定价（元/个） | 9.00 | 6.00 | |
| 销售量（个） | 1 000 000 | 500 000 | 1 500 000 |
| 销售额（元） | 9 000 000 | 3 000 000 | 12 000 000 |
| 减：直接材料成本 | 4.000 | 2.500 | 5 250 000 |
| 　　直接人工成本 | 2.000 | 1.300 | 2 650 000 |
| 　　间接费用 | 0.713 | 1.345 | 1 386 000 |
| 毛利 | 2.287 | 0.855 | 2 714 000 |
| 毛利率 | 25.41% | 14.25% | 22.62% |

通过作业成本法的重新计算和分摊,我们发现,A 产品的单位间接费用要低于 B 产品的单位间接费用。经过计算,实际上 A 产品的毛利率应该是 25.41%。而 B 产品则只有 14.25%。由此可见,B 产品的毛利率比我们原先用传统方式分摊时要低很多。

如果要 B 产品的毛利率达到 24%～26% 的正常水平,一种方式是提高价格。比如,销售价格上涨 0.8 元,那么在所有成本不变的情况下,毛利率将提高到 = 1.655 元 /6.80 元 = 24.34%。还有一种方式是要看在 B 产品的成本中,有哪些直接成本或间接费用是可以通过该公司的成本管理行为而减少，比如减少直接材料的采购成本或间接费用中的设备维修保养费等。但是，这种减少往往需要很长时间，要么尽量压低供应商的价格，要么不断挖掘内部潜力，这些都不如直接加价来得快。所以，企业在一开始给产品定价时，就应该用作业成本法做实际的成本分析，设定可能的毛利率，从而确定适当的价格。价格一旦确定，并且得到市场认可的情况下，再要进行价格的大幅度调整就有点困难了。

## 3.3 其他成本法

### 3.3.1 目标成本法

目标成本法起源于日本，是丰田公司的员工创造的。它是指先根据市场情况，制定目标价格，在此基础上确定产品的成本，并且保证一定的预期利润的一种成本管理方法。[⊖]

目标成本法以市场为导向。企业先要搞清楚客户愿意为某种产品或服务支付多少钱，确定一个产品在客户心目中的最理想的价格，再来看在这个价格的范围内是否可以生产出质量保证的产品，还要预留一定的利润空间。它在很大程度上帮助企业压缩了成本，提高了生产效率。由于既要考虑成本，又要考虑市场价格，它是一种既自下而上又自上而下的成本管理方式。

**【例 3-6】目标成本法**

S 企业要研发一种新产品 A，同类产品在市场上的大致价格在 70～120 元 / 个的范围内，不同厂商的产品，实际的核心功能基本相同，只有外观和辅助功能上略有不同。S 企业的研发部门先设计研发出来了一些样品，几个样品的平均成本为 65.30 元 / 个。为了让自己在市场上具备足够的竞争力，S 企业通过大规模的市场调研，结合小规模的消费者小

---

⊖ http://wiki.mbalib.com/wiki/%E7%9B%AE%E6%A0%87%E6%88%90%E6%9C%AC%E6%B3%95。

组讨论（panel discussion）等，最终确定 A 产品的市场销售价格为 75 元/个。这样，产品价格在市场上属于较低价位，可以吸引更多收入不高的年轻消费群体。

那么，问题是成本就要 65.30 元/个，预期毛利率只有 12.93%。该企业通常产品的毛利率是 30%～35%。所以，企业必须将成本价格降到 50 元/个左右或 50 元/个以内，才能实现利润目标。于是，S 企业组织了联合攻关项目小组，包括设计、研发、采购、仓储和会计等部门的人员。

通过项目小组几个月的共同努力，采取了以下措施，实现了减少成本的目标（见表 3-13）。

表 3-13　目标成本计算表

| | | 产品单位成本（元） |
|---|---|---|
| 产品研发的基本成本 | | 65.30 |
| 直接材料成本 | 在保证一定产量的前提下，采用一次性大量采购来压低供应商原材料的供应价格 | −2.38 |
| | 在不影响外观和牢度的前提下，将外壳原本的塑料厚度减少 2 毫米 | −0.50 |
| | 将外壳的颜色从 5 种颜色改为 4 种，从而减少喷涂材料的成本和喷涂的人工成本 | −1.00 |
| 直接人工成本 | 提高工人的工作效率，简化生产程序，从而使原先生产线上的工人数量减少了 20% | −5.83 |
| 间接费用 | 根据销售量来安排生产计划，尽量减少存货结余，从而减少仓储成本 | −3.20 |
| | 采用大号箱子运输，减少包装物成本 | −2.00 |
| 核定的目标成本 | | 50.39 |

所以，将目标成本降低之后，毛利率 =（75.00−50.39）/75.00 = 32.81%。

目标成本法不仅是一种计算和管控成本的方式，更是一种企业管理方式。⊖它一方面需要企业里跨部门、跨团队甚至是跨地域的通力协作，另一方面还需要企业外部机构（如主要原材料供应商）的参与和支持。比较强势或者议价能力（bargaining power）比较强的企业，甚至可以直接影响

---

⊖ http://wiki.mbalib.com/wiki/%E7%9B%AE%E6%A0%87%E6%88%90%E6%9C%AC%E6%B3%95。

供应商的定价。比如，它对供应商说："我公司需要 M 材料，每年的采购量不少于 500 吨，但你们给的价格不可以超过 300 元 / 千克，不然，我们就找别家供应商供货了。"这样一来，对于供应商来说也是一个先定目标价格，然后定目标利润率，最后再确定目标成本的过程。供应商也不得不挖掘其潜力，降低成本，以满足生产企业的需要。

但是，目标成本法的运用也有一些客观存在的问题和困难：

第一，由于是跨部门合作，在目标成本管理项目的团队中，有不少关键位置的人员不是财务专家，也许他们无法完全理解，怎样将削减成本的目标最终转化为设计图纸上的某处改动、原材料成分上的某些改变，或者组装零件尺寸的细微变化，也就是怎样将想法转化为可以衡量的数值，或者是把数值转化为可行的做法。这些都需要财务人员密切的配合，同时要及时测算各种改变对成本的影响。

第二，目标成本要最终达成，需要一定的时间去设计、研发、制作，还要反复测试等，这都需要时间。很有可能企业花时间达到了最终的成本目标和毛利率目标，但错过了最佳的上市时间。

第三，很多产品从内部的配方、原材料用量，到外部的外观、包装等轻易都不能改动。一旦改动，一些竞争优势或者产品特色就没有了，反而会失去很多老客户。另外，有些东西也不可能无限制地一直减少。

另外，还有一种类似于"目标成本法"的定价和成本管理方法。但是，它不是通过企业内部不断节约成本或者降低外部采购成本等方式得以压缩产成品成本，最终达到目标毛利率，而是在不提高价格的前提下，减少每个可销售包装中的产品数量（个数、体积、容量等），从而提高毛利率的方式。

【例 3-7】提高毛利率的方法

比如，某白酒产品 500 毫升装的零售价格是 50 元 / 瓶。整个企业多家工厂的总生产能力是一个月 1 200 000 瓶。以目前的生产规模和企业能力，要大幅提高生产能力和销售量的可能性不大。于是，该企业的销售部门就想了一个办法，将原先的酒瓶厚度稍微做得扁一点，酒瓶的其他尺寸，包括高和宽都没有变，酒瓶盖子大小及酒瓶上的标签、装饰、外包装等也都保持原样。就这样，每瓶酒容量变成了480毫升，但销售价格不变。虽然酒的实际容量在瓶子的标签上有标明，但是绝大部分普通消费者，很难察觉到。这样，该公司的销售额和毛利率都在无形中提高了。某白酒产品的利润表如表3-14所示。

表3-14  某白酒的利润表

| | 包装改变前 | 包装改变后 |
| --- | --- | --- |
| 产量（升/月） | 600 000 | 600 000 |
| 每瓶容量（毫升） | 500 | 480 |
| 销售量（瓶/月） | 1 200 000 | 1 250 000 |
| 定价（元/瓶） | 50 | 50 |
| 销售额（元/月） | 60 000 000 | 62 500 000 |
| 减：成本（元，各类成本合计）<br>假设：包装改变后，只有瓶子成本略减，其他成本不变 | 18 876 000 | 18 850 000 |
| 毛利（元） | 41 124 000 | 43 650 000 |
| 毛利率（%） | 68.54% | 69.84% |

普通消费者和股票投资人一般不知道其中的内幕，仅凭借利润表来判断这家企业的绩效，就会发现本月销售额中，仅这一种白酒产品的销售额就增长了250万元，同比增长4.2%。同时，毛利率还提高了1.3%。这样，我们会对这家企业的总体印象不错。

虽然现实生活中确实有很多企业采取类似的方法增加销售额和提高毛利率，但实际上，这种做法有欺骗消费者之嫌，因而，我们并不提倡广泛的使用。

### 3.3.2  有效产出会计

有效产出会计（throughput accounting）是一种基于约束理论（theory of constraint，TOC）的管理方式。它先在生产过程中找出制约产出的"瓶颈"（bottle net），通过优化资源配置，再找到发挥生产系统最佳产能的方

法。它是一种不断提高企业利润的决策支持工具。[⊖]

有效产出会计产生的大致背景是这样的。当时，随着工业化生产的大发展，很多企业试图通过扩大再生产、使用自动化设备来提高生产效率。很多企业主以为这样可以提高企业的利润。然而，越来越多的企业主发现，实际情况并非如此，要么出现大量存货积压，要么大量存货或原材料报废，而全公司的利润并没有什么改变，有的企业的利润甚至会下降。最后，研究发现，主要是因为企业的生产流程中某个环节是"瓶颈"，影响了最终的产出效益。

像这种因为一个"瓶颈"限制而影响全局的类似的事情在生活中也有可能发生，我们来讲个一群人登山的故事。[⊜]

## 【故事中学财务】

### 山姆和好友登山记

山姆（Sam）约了八九个朋友一起去徒步登山。由于该地区可能有黑熊和美洲豹等危险动物出没，登山者如果一个人落单，将很容易成为这些猛兽的捕猎目标。所以，上山之前大家就说好，无论走得快慢，大家必须在同一个阵营一起往前走，到休息的地方一起休息，休息后再一起赶路，不让任何一个人落在后面。

出发约两小时后，队长山姆却发现，原定3小时多一点到达山顶的路程，才走到半程，却已经耗费了近2小时。也就是说，这么走下去，随着全体人员的体力下降，山路更为陡峭，完成全程很可能需要4.5小时。原定的计划是在下午6点前，也就是太阳落山20分钟之前到达山顶的营地，在那里搭帐篷野营、点篝火烧烤。然后休息一个晚上，第二天天亮后户外活动到中午，吃过午餐后再回山脚下。同时，那里有较成熟的营地管理系统，有基本的安全保障措施和食物补给，还有干净的水源和洗漱设备，加

---

[⊖] https://en.wikipedia.org/wiki/Throughput_accounting。

[⊜] 故事参考了 http://www.accaglobal.com/content/dam/acca/global/pdf/sa_oct11_throughput.pdf。该文引用的原故事来源于 Eliyahu Goldratt 和 Jeff Cox 合著的 *The Goal: A Process of Ongoing Improvement* 一书。

上有较多的其他游客，因此不用担心队员的基本温饱和安全。而现在这么估算下来，大约6:40才能到达营地，甚至更晚。10月中旬的这个周末，虽然秋高气爽，天气不错，但是略有点凉意，如果不能在太阳落山前到达营地，拖得越晚，队员就越容易感到不适，同时，碰到危险的可能性也越大。

山姆看了看手表，现在是下午4:20，就让队员一起休息15分钟，调整一下。同时，他要与另外两位比较有经验的队员安德鲁（Andrew）和祖德（Jude）商量一下，看看问题出在哪里，想办法解决。结果，他们发现，团队爬山速度慢的原因是有一位队员汤姆（Tom）走得太慢了。不管其他几个人的速度再快，都必须放慢一点等着汤姆。而汤姆体型较胖，又带了很多行李，行李也比较重，所以他的速度更慢了。为了提高整体团队的速度，3个人商量出几个解决办法：第一，让登山最有经验的山姆在前面开路，而祖德垫后，两个人配合，掌控团队的推进速度、节奏。第二，让身材最高大、身体最强壮的安德鲁和比利（Billy）分担汤姆身上的大部分行李，汤姆就可以轻装上阵。第三，让健身教练瑞安（Ryan）带着汤姆走。等下半程开始之前，先让瑞安教汤姆一些肢体运动的基本方法，以及如何在行进中调整好呼吸和节奏，在走的过程中让瑞安注意汤姆的心跳和呼吸的变化，适当做一些调整，需要休息的时候，让大家停下来一起休息。第四，采用短时多次休息的方式。在前半段路程中，约30分钟休息一次，每次10分钟。接下来的两小时左右的时间里，可以20分钟休息一次，每次六七分钟，这样，加起来总的休息时间也是20分钟左右。

4:35，山姆一声令下，团队集结开始下半程的路程。果然，新的办法产生了效果，团队只用了约1小时45分钟，终于在6:20太阳下山的时候，正好到达山顶的营地，并且，整体感觉上也没有前半程那么辛苦，胜利完成了第一天的任务。

这个故事告诉我们：一个团队的整体效率，不是看最快的人的速度，也不是看所有人的平均速度,而是要看走得最慢的那个人的速度。只有提高了走路最慢的人的速度,整体的效率才能真正提高。在这个故事里,汤姆的速度就是团队整体向前推进的"瓶颈",他的速度制约了团队的整体速度。幸好山姆和几位队员及时找到了速度慢的原因,并想出了提高速度的办法,这才发挥出了团队的整体运作效率,达到了预期的目标。

下面我们一起来看看有效产出会计在企业成本管理上的应用。有效产出会计要解决 3 个问题⊖:

- 如何增加有效产出?
- 如何减少投资或者资金的占用(如存货积压)?
- 如何减少营运费用支出?

要找到这些问题的答案,我们就要用以下这些指标来衡量管理方法运用的效果:

$$净利润(NP) = 产出 - 营运费用 = T - OE$$

$$投资回报率(ROI) = 净利润 / 投资 = NP/I$$

$$总资产生产率 = 产出 / 营运费用 = T/OE$$

$$投资周转率(IT) = 产出 / 投资 = T/I$$

**【例 3-8】有效产出会计:T 翻译公司**

有一家专业的中译英翻译 T 公司,专门帮人翻译各种证明文件,包括身份证、护照、结婚证、出生证、驾驶证、学生证、学历证书、毕业证书、营业执照、税务登记证和各类合格证等。他们的专业人员受过很好的训练,也十分有经验。基本上第一天公司收件,48 小时后,即第三天同一时间客户就可以取件。整个翻译过程要经过初步翻译、审核、二审、打印、定稿、装订几个步骤。通常一个证件的翻译、制作时间总共需要 45 分钟左右,该公司总共有 11 位专职人员,平均每天可处理 100 份证件的翻译。其翻译制作时间和人力分配如表 3-15 所示。

---

⊖ https://en.wikipedia.org/wiki/Throughput_accounting。

表 3-15 翻译作业时间分配表

| 步 骤 | 每份证件翻译耗用时间（分钟） | 100 份翻译件平均总时间（分钟） | 每天 100 份翻译件所需人手 |
|---|---|---|---|
| 初步翻译 | 5～15 | 960 | 2 |
| 审核 | 4 | 400 | 1 |
| 二审 | 3～4 | 350 | 1 |
| 排版、打印初稿 | 7 | 700 | 2 |
| 校对、定稿 | 4～6 | 500 | 1 |
| 打印（正本一份、副本若干） | 5 | 500 | 1 |
| 二校 | 3～5 | 400 | 1 |
| 装订 | 6～8 | 700 | 2 |
| 合计 | 37～54 | 4 510 | 11 |

该公司每月大约翻译 2 000 份各种证件。工作人员的基本工资（奖金、加班、福利等另计）如下：翻译、审核人员每月 6 000 元，二审人员每月 8 000 元，打印、校对、装订人员每月 4 000 元。所以，平均每个证件翻译的成本如表 3-16 所示。

表 3-16 翻译制作标准成本表（1）

| 工种及工资水平 | 每月费用（元） | 每份翻译件平均成本（元） |
|---|---|---|
| 初步翻译 6 000 元/人×2 人=12 000 元 | 12 000 | 6.0 |
| 审核 6 000 元 | 6 000 | 3.0 |
| 二审 8 000 元 | 8 000 | 4.0 |
| 排版、打印 4 000 元/人×3 人=12 000 元 | 12 000 | 6.0 |
| 校对、定稿 4 000 元/人×2 人=8 000 元 | 8 000 | 4.0 |
| 装订 4 000 元/人×2 人=8 000 元 | 8 000 | 4.0 |
| 标准成本——直接人工小计 | 54 000 | 27.0 |
| 直接材料（各种耗材、纸张、装订材料等材料）合计 | 20 000 | 10.0 |
| 设备折旧、软件摊销 | 10 000 | 5.0 |
| 间接费用（销售、客服人员及营运管理人员等工资分摊） | 40 000 | 20.0 |
| 标准成本合计 | 124 000 | 62.0 |

假设每一份翻译件的平均价格是 100 元。公司的其他固定费用 6 万元/月。该公司每月的净利润就是：

净利润 = 100 元/份 × 2 000 份 − 124 000 元 − 60 000 元 = 16 000 元

随着业务量的增加，同时为了提高效率和翻译质量，该公司引进了一种翻译软件，该软件包涵了全国各地各种证件的翻译模板，这样可以大幅提高初步翻译的速度和质量。初步翻译的时间缩短到了平均6～7分钟/份，两位翻译人员一天可以翻译150份证件。同时，由于翻译的差错率降低，审核人员的速度也提高了，3分钟内可以审核完毕，所以，一个人一天审核150份翻译件没有任何问题。虽然新的翻译软件要投资54万元，但是，由于业务量一下子提高了50%，因而，公司的高层认为投资可以很快就收回。

但新软件才开始使用一两周，公司的营运管理人员就发现了问题，大量的翻译稿件被积压在排版、打印的环节。通常，一份翻译件除了要排版打字，还要打印一份正本、3～10份副本。由于每天翻译的数量增多，3位打印员无法在8小时内完成150份翻译件的全部打印工作。如果真的要完成全部的打印量，必须每天集体加班至少2小时。同时，由于有时间压力，打印出错的概率也增多了，反而增加了校对的工作量，不但降低了校对的速度，有任何差错还要打印员重新打印。所以，整体的时间花费、材料成本和人工成本都增加了。有时候，甚至还拖延了交件的时间，使得前来取件的客户无法及时取件，有的要等候多个小时导致投诉。以上这些严重影响了公司的信誉、效益以及利润。

经过进一步的测算和分析，营运管理人员发现，打印环节是影响整个公司产出的瓶颈。因为3个员工每天的工作时间是：480分钟/人×3人＝1 440分钟，每份翻译件打印所需平均时间12分钟，所以，实际每天只能完成1 440分钟/12分钟/份＝120份翻译件。

另外，从投资回报的角度来看，似乎该投资项目的决定有点欠妥，并没有充分的考虑和测算。54万元新购买的软件，预计有效使用年限两年，按每天处理150份翻译件，一个月处理3 000份来计算，每份翻译件就要多加软件摊销＝540 000元/（3 000元/月×24月）＝7.5元/份。另外，无论翻译的数量多少，直接材料的标准成本都为10元/份。购买了新软件之后，公司为了更好地服务顾客，还招聘了一位销售助理和一位客户服务助理，每人月薪5 000元。

由于打印环节限制，实际每日翻译件产出 120 份（即每月多产出 400 份）。所以，对于此次购买 54 万元软件的实际效果，我们可以用以下指标来衡量：

每月新增净利润 = Δ产出 − Δ营运费用 = 100 元/份 × 400 份 −（7.5 元/份 × 2 400 份 + 10 元/份 × 400 份 + 5 000 元/人 × 2 人）= 8 000 元

新增投资的回报率（ROI）= Δ每年净利润/Δ投资 =（8 000 × 12）/ 540 000 = 17.78%

新增投资的周转率（IT）= Δ每年产出/Δ投资 =（40 000 × 12）/ 540 000 = 88.89%

如果单纯从项目的年回报率和年周转率来说，投资的效果并不算太差。但是，增加 54 万元的新投资，每月新增净利润只有 8 000 元。也就是说，54 万元新投资至少需要 67.5 个月或者说 5 年多的时间才能收回，大大超过了软件的有效使用年限。这还未计算由于打印出错、重印等增加的费用，因客户的满意度降低而造成的潜在折扣和各种赔偿支付的费用，以及两年之后软件更新升级等方面的费用。因此，这个投资肯定是不合算的。或者说，如果按照这款软件目前给公司带来的有效产出和净利润来看，这款软件的实际价值应该大大低于 54 万元（经实际测算，如果价格为 346 667 元，投资正好两年可以收回）。

为了提高实际产出，让打印环节不会成为产出效率的瓶颈，公司决定多招聘一位打印员，月薪 4 000 元。这样，打印组的 4 个人一起可以顺利完成每天 150 份的翻译打印量。新的翻译成本计算如表 3-17 所示。

经过增加人手、改善流程和提高效率，虽然说总体的成本和费用每月增加了 46 500 元，比购买软件之前增加了 32.7%，但是有效产出增加了 50%（150 vs. 100/天），因此，每份翻译件的单位成本降低了 5.17 元，实际节省了 8.3%。这样，有效产出增加了，生产效率提高了，成本反而降低了，这就是有效产出成本管理的基本理念。

对于 T 公司此次购买 54 万元软件的投资效果，我们可以修正如下（实际每日翻译产出 150 份，每月 3 000 份）：

表 3-17 翻译成本表（2）

| 项　目 | 每月费用（元） | 每份翻译件平均成（元） |
|---|---|---|
| 初步翻译 6 000 元 / 人 × 2 人 = 12 000 元 | 12 000 | 4.00 |
| 审核　6 000 元 | 6 000 | 2.00 |
| 二审　8 000 元 | 8 000 | 2.67 |
| 排版、打印 4 000 元 / 人 × 4 人 = 16 000 元 | 16 000 | 5.33 |
| 校对、定稿 4 000 元 / 人 × 2 人 = 8 000 元 | 8 000 | 2.67 |
| 装订 4 000 元 / 人 × 2 人 = 8 000 元 | 8 000 | 2.67 |
| 直接人工合计 | 58 000 | 19.33 |
| 直接材料（各种耗材、纸张、装订材料等材料）合计（比原先增加 10 元 / 份 × 1 000 份 / 月） | 30 000 | 10.00 |
| 设备折旧、软件摊销（增加软件摊销 7.5 元 / 份 × 3 000 份 / 月） | 32 500 | 10.83 |
| 间接费用（销售、客服人员及营运管理人员等工资分摊，增加两人各 5 000 元 / 月） | 50 000 | 16.67 |
| 成本合计 | 170 500 | 56.83 |

每月新增月净利润 = Δ 产出 − Δ 营运费用

$$= 1\ 000\ 份 \times 100\ 元/份 - (7.5\ 元/份 \times 3\ 000\ 份 +$$

$$10\ 元/份 \times 1\ 000\ 份 + 4\ 000\ 元/人 \times 1\ 人 +$$

$$5\ 000\ 元/人 \times 2\ 人) = 53\ 500\ 元$$

如果我们使用另一种方式计算，新的每月净利润 =（100 元 / 份 − 56.83 元 / 份）× 3 000 份 − 60 000 元 = 69 500 元，所以，要比没有使用新软件之前的每月净利润 16 000 元多了 53 500 元。

$$新增投资的回报率（ROI）= \frac{\Delta\ 每年净利润}{\Delta\ 投资} = \frac{53\ 500 \times 12}{540\ 000} = 118.89\%$$

$$新增投资的周转率（IT）= = \frac{\Delta\ 每年产出}{\Delta\ 投资} = \frac{10\ 000 \times 12}{540\ 000} = 222.22\%$$

这样算下来，购买软件后的第一年就可以多赚 64 万多元，那么 54 万元的软件投资，一年之内就可以收回。同时，新增投资的周转率为 222.22%，也就是说，新投资每年带来的产出超过了投资额本身的两倍。无论从有效产出的增长、投资的效率，还是从投资回报率等来看，这项投资的效果非常好。但如果 T 公司管理层没有意识到打印环节是生产效率的瓶颈，没有采取相应措施增加有效产出，最终的投资效果可能事与愿违。

| 第 4 章 |

# 财务分析对企业的决策支持

我们做财务分析的主要目的，不是为了分析报表数据而分析，更多的是为企业的管理者做决策提供支持，对此我们在之前的章节当中多少都有提及。一般来讲，企业的会计财务部门通常会把员工分成两种，第一种是以记账和记录各种基础数据为主的会计，他们的工作基本上是记录与反映，记录过去发生的经济活动，并且将公司运营的实际状况尽可能准确地反映在总账或者报表上。其重点是记录"过去"。第二种就是我们这本书里经常提到的"财务人员"，他们的工作是，在做分析报表的同时，还要做预测、规划，其重点是着眼于"未来"。尤其是当公司有重大投资项目需要决策或者是做中长期规划时，这些财务人员就要通过分析过往的数据资料，在此基础上预见未来可能的营运状况和结果，给决策者提供决策分析支持。

下面我们会讲到很多种帮助决策分析的工具，有些涉及短期决策，如限制性因素分析，以及是外购还是自制等。有些是长期决策分析工具，如成本效益分析、本量利和盈亏平衡分析以及敏感性分析等。各种财务分析模型有很多，这里说的是我们日常工作中最常用的几种。

## 4.1 短期决策分析

### 4.1.1 限制因素分析模型

限制因素分析（constraint analysis）的基本理念来自约束理论（theory of constraint，TOC），是指在任何事情的发展过程中都会出现资源的限制，也就是所谓"瓶颈"。在资源有限的情况下，生产的能力不可能突破"瓶颈"，也不可能无限制地扩大。而限制理论就是试图在有限制条件的环境下找到最大的产出量。[⊖]

有关限制因素的分析，通常用于有限资源在不同产品、人员或业务中的分配，就像我们在第 2 章中讲过的小杨做衣服的故事。

---

⊖ http://accounting-financial-tax.com/2010/06/constraint-analysis-use-of-limited-resources/。

## 【故事中学财务】

### 小杨做生意（续）

小杨一个人的时间是有限的，就好像她做衣服，一天最多只能做5件衣服，之前要花时间选购布料，之后还要花时间销售、收款、确认下一批衣服的订单。如果有个别客户的衣服尺寸不合适，还要做修改等，这些都要花不少时间。在小杨做衣服定制一段时间后，由于她的客户众多，又大多是女性，所以她开始尝试代理直销一种女性保健品。后来，业务越做越大，小杨发现保健品的销售占用了很多时间和资金，不仅每次提货、出货要自己乘坐出租车往返，做产品介绍时还要请客户吃饭、喝咖啡。但是，推销效果并不像想象中的那么好。因此，小杨有限的资源（时间、精力、金钱）应该花在什么地方呢？

我的建议是：小杨可以做一个测算，在一定的周期内（比如1个月），如果纯粹做保健品生意，利润会是多少？资金的效率有多高？可以像之前做衣服那样，将500元的启动资金在30天内变成4 000元吗？如果测算下来，销售保健品的收益不如做衣服，是不是应该放弃销售保健品呢？

或者小杨可以在一定的周期内，用一半的时间做服装生意，一半的时间做保健品，然后比较两者的收益，看哪种业务的经济效益更高，从而在两者之间做出取舍。如果保健品业务的效益更好，小杨可以专心经营保健品，而逐步放弃做服装生意，或者将服装业务外包给其他人去做。

其实，类似这种资源有限制而同时要做很多事情的例子在我们生活当中有很多。下面我们再来讲个故事，也许你有类似的经历。

## 【故事中学财务】

### 24小时内我能做什么

假设你从现在起只有24小时的时间，既要做完教授布置的论文作业并上交，还要与其他几位小组成员一起给班上同学做个演讲，来说明最近一些日子以来你们小组研究的一个项目的成果。然而，到现在为止，大部分成员都只是完成或基本完成了自己的研究部分，还没有时间将所有研究结果统筹合并。另外，明天早上大家还要找个时间一起完成演讲的彩排。与此同时，你刚刚得知，你的父母明天要来你住的地方看你，所以你要打扫房间，换新的床单和被套，还要处理掉一些不希望给父母看到的小摆设等。所有这些事情要在 24 小时内准备好，你要怎样分配你的时间资源呢？如果说，你终于做出了一个完美的 24 小时工作计划，而这个时候你最好的朋友要你帮他将一篇论文翻译成英文，24 小时后要提交给他的教授。你会答应吗？无论答应或不答应，你需要考虑哪些方面的因素？如果答应他的要求，你要怎样重新安排计划？

应该说企业的资源分配和个人的情况不太一样。从个人的角度来说，只要把时间、精力、金钱都安排妥当，做好该做的事情，自己对自己满意就好了。有些事情如果真的做不到完美，只要尽力了就好了。而对于企业来说，资源的分配和利用是为了能够创造出最好的经济效益。俗话说："没有最好，只有更好！"也就是我们前面提到的，在资源有限的条件下，企业要充分利用自身资源来创造出最大的产出。

1. 单一限制

我们直接来举例说明。

### 【例 4-1】日化用品企业

有一家 A 企业，平时主要生产、销售日化用品，流水线上的工人共 160 名。目前，产品只有甲、乙、丙三种。它们的产量、平均售价、成本、毛利和生产时间分别如表 4-1 所示。

表 4-1 A 企业产量、价格、成本表

|  | 甲产品 | 乙产品 | 丙产品 |
| --- | --- | --- | --- |
| 每天计划产量（箱） | 500 | 200 | 300 |
| 销售价格（元/箱） | 30 | 48 | 25 |
| 成本（元/箱） | 15 | 26 | 17 |
| 毛利（元/箱） | 15 | 22 | 8 |
| 平均生产时间（小时/箱） | 1.2 | 2.0 | 0.8 |

那么，在有限的时间内，比如工作日一天时间8小时，要达到总税前利润最高，应该多生产什么产品？

其实，这里的单一限制就是时间。甲产品每小时产生的毛利是12.5元，乙是11元，丙是10元。那么，在固定成本和人力资源成本都不变的情况下，当然是生产甲产品越多越好。

这里还有一些前提假设是：销售额不是考核企业的一项重要指标，取而代之的是利润或者毛利。原材料供应充足及时，生产人员也全力投入，没有任何技术和人为的障碍。而且，生产出来的甲产品完全可以销售出去，不需要折价销售，也不需要增加任何其他销售费用和运输仓储成本。在这种理想状态下，如果所有工人8小时都投入生产，没有任何时间耽搁或浪费，那么，一整天8小时全都生产甲产品的毛利为

（160人×8小时÷1.2小时）×15元/箱 = 1 067箱×15元/箱 = 16 000元

或者，用另一种计算方式：

160人×8小时×12.5元/小时 = 16 000元

大家都应该知道，在固定成本等其他成本都不变的情况下，企业的毛利越高，总税前利润也越高。

但实际上，原材料供应、生产、销售等各环节都很理想的状态是很难完全达到的。比如，有些工人一直参与乙产品的生产，不知道如何生产甲产品，这就是在人力资源和技能知识上的限制；或者由于产量过剩，一时卖不掉这么多甲产品，就需要更多的地方来储存，会产生更多的仓储成本。如果企业无法找到足够的储存空间，甚至没有足够的人手和车辆搬运货物，这就是仓储运输容量的限制，它对于实际的生产效率、运货和销货的物流效率都有很大的影响。再或者不同的消费者本来已经养成了对A企业不同产品的喜好，因而，每一种产品在各大销售渠道中都应该保有一定数量的存货。企业不能为了牟利只生产某一种产品，而不生产其他毛利较低的产品，而且每种产品都要有一定的基本产量，这也就是产品最低生产量的限制。

## 2. 多个限制

多个限制在企业实际生产经营中普遍存在，也更符合日常经营中的实际情况。它有可能是原材料上的限制，加上时间和人力资源的限制，再加上某些产品产量的最低或最高限制等。

### 【例 4-2】日化用品企业（续）

假设生产甲、乙、丙产品都需要某种关键原料 J。它在甲、乙、丙中的用量如表 4-2 所示。

表 4-2 A 企业产品 J 原料用量表

|  | 甲产品 | 乙产品 | 丙产品 |
|---|---|---|---|
| 每箱产品中原料 J 的用量 | 300 克 | 500 克 | 240 克 |

供应商易达公司每天只能供应 J 原料 330 千克，只会少不会多。另外，由于市场需要，每天乙产品最少要生产 100 箱，而丙产品最少要生产 150 箱。在这样的前提下，甲产品每天应该生产多少箱，总毛利才会最大？

我们假设，甲产品每天的产量为 $A$ 箱，乙为 $B$ 箱，丙为 $C$ 箱。那么，

当 $300 \times A + 500 \times B + 240 \times C \leqslant 330\,000$ 克

$1.2 \times A + 2.0 \times B + 0.8 \times C \leqslant 160 \times 8$ 小时

$B \geqslant 100$ 及 $C \geqslant 150$ 并且，

$12.5 \times A + 11 \times B + 10 \times C$ 为最大时，

求：$A$ 是多少？即甲产品每天要生产多少箱？

由于乙产品和丙产品的每小时毛利率都不如甲产品，如果要总毛利最大化，乙和丙生产的量应该越少越好。所以，两个产品就只要满足最低的产量即可，也就是 $B=100$，$C=150$。

对于 $A$ 的计算和推导的过程，我就不再具体说明了。经计算，$A=800$ 箱，而总毛利为 12 600 元。大家也可以自己使用 Excel 里面的 Solver，建立一个简单限制条件模型来算出 $A$ 为多少。

## 4.1.2 如何克服限制因素

虽然世界上的资源都是有限的,但是对于一家企业来说,要克服限制因素带来的不利影响也并非完全不可行。企业管理层如果对自己的企业状况和外部环境有充分的了解,对未来可能发生的事件有足够的远见,通过一系列适当的措施和规划,完全可以在一定程度上克服或消除限制因素的不利影响。

首先,管理层要找到限制因素,如果是有多个限制的话,要找出最关键的那个,也就是我们通常说的"瓶颈"。像我们前面"单一限制"的例子里提到的,最主要的限制因素是时间。而企业实际上只利用了每天 1/3 的时间,如果要扩大生产量,完全可以延长生产时间。大家会说,那就通过不同时间段的排班,让企业的流水线 24 小时不停地运转,这样就扩大了生产量,也给企业带来更多的利润。但如果工厂要 24 小时运转,员工肯定不够,就要多招员工,进行培训之后上岗。另外,流水线是否适合 24 小时运转?管理层要考虑流水线满负荷运转是一天多少小时?如果真的要"超负荷"运转是否有潜在的技术问题、安全隐患?如果流水线满负荷运转还不够,还要增加新的流水线,扩大生产能力,以期在实际生产"天数"不变的前提下,再多生产一些。但问题是,要多一个流水线不是说增加就可以增加的。

其次,让"瓶颈"的使用效率最大化。像我们之前说的多个限制因素的例子中,最重要的限制是原料 J。那么,在已经满足其他限制条件的前提下,充分利用 J 来制造更多毛利率高的产品是最好的选择。所以,管理层要知道如何利用最重要的那个限制条件,让它变成"有利"条件。

最后,在可能的情况下,管理层要尽量消除限制条件的影响。还是回到我们刚才讲的例子。如果说原料 J 是最重要的限制条件,那么企业管理层就应该想办法多寻找一些原料 J 的来源,以保证扩大生产的顺利进行,而不至于被一家原料供应商牵制。再有,像我们之前提到的仓储运输容量的问题。如果企业发现,增加生产之后,原来的仓储容量不够,这就成为一种限制条件，也是扩大再生产的"瓶颈"。企业可以通过扩建仓库、增加运力等措施，改变原先仓储容量不足的瓶颈。

所以，虽然世界上的资源确实是有限的，不可能无限制地扩充，并无限制地被企业利用，但在企业使用的合理范围内，还是可以做到提前规划、调整策略、尽量应对，在一定程度上克服或部分解决企业的"瓶颈"。

### 4.1.3 外购还是自制

外购或自制（或自建），也就是 buy or build？通常是指制造型企业通过一系列分析和计算来决定，新增的零部件、设备、生产流水线等生产要素或资产是外部采购，还是自行生产的一种决策方式。比如，一家企业需要扩建厂房，是直接购买新的厂房，还是按照自己的需求设计图纸、自己组建工程团队来建造呢？要进行具体比价之前，首先最重要的前提是市场上有可以购买的厂房，同时，企业如果自己要建造，也有足够的自建能力。如果企业没有这个能力的话，当然就只能外部采购了。反过来，如果企业所需的资产在技术、规格等各个方面具有很多的特殊性，一般市场上购买不到现成的产品，那么企业就可能需要自己制造了。或者，也有可能出现这样的情形，即有些部分需要外部采购，有些部分需要企业自己定制化。这样的话，财务分析人员就需要建立更复杂的模型来分析和计算了。

同样的道理，要比较某种零部件是外购还是自制，企业本身要有能够生产出这种零部件的技术与生产能力，否则比较就没有任何意义，不如直接从其他企业采购。

外购或自制需要考虑的因素有很多，如果要进行数据方面的比较，具体的测算方法主要有如下两种。

1. 直接比价

最简单的方式就是直接进行对照和比价。它是指将与两种资产的获取方式相关的成本，一一归总，最后进行总成本的比较。

**【例 4-3】需要外购材料 B 吗**

A 企业需要一种材料 B，外购的话，市场价格为 15～20 元 / 千克，具体价格取决于订购量的多少和每月批次，还要考虑运输距离的远近等，所以，需要和供应商进一步商谈，才能获得对企业有利的价格。

如果企业自制的话，采购部了解到，现有供应商可以向 A 企业以 7.88 元 / 千克的价格提供原材料。A 企业的 C 车间自己有能力处理和加工该材料。根据测算，处理 100 千克的原材料经过加工可生产出 80 千克的材料 B。每 100 千克原材料，需要 3 个工人同时操作，生产加工时间 8 小时，每人平均小时工资为 16.5 元。另外，处理加工 100 千克原材料，还需要各种辅料及工具等，总共约为 183 元。

所以，企业自制的成本（以 100 千克原材料为 1 个单位计算）＝原材料 788 元 + 人工费 396 元（16.5×8×3）+ 183 = 1 367 元，相当于 B 的制造成本为 1 367 元 ÷ 80 千克 = 17.09 元 / 千克。

因此，如果 A 企业要考虑是否外购材料 B，就要先找到价格比较低廉的供应商和比较合理的价格条件，将采购的价格降到 17 元 / 千克以下，这样才可以外购，否则的话，A 企业就应该选择自制。

2. 用折现现金流预测模型

如果外购或自制涉及的项目较大、周期较长，如生产流水线，那么选择自制的话就要考虑整体的投资量、投资的进度以及流水线完成后的产能和效益等，那不是一两个简单计算公式可以涵盖的。所以，企业就要用折现现金流模型来计算投入，然后再将资金流出的净现值与购买成本进行比较，从而判断是否自制比外购更经济实惠。这里所说的购买成本不仅包括流水线的市场价格，还包括运输、安装调试、供应商上门服务、培训的费用以及差旅费等，而且从下订单到整体安装调试完成也需要一定的周期。这些在现金流模型中都应该有所体现，在实际比价中也要进行综合考虑。

前面我们提到有些资产需要部分外购或部分自制的情况，也需要用折现现金流模型来计算其预期的收益和支出，然后，才能对整个项目的收益率和投资回报率进行评价。

### 4.1.4 "外购还是自制"的变种：外购还是租赁？租赁还是补贴

1. 外购还是租赁

企业办公所需的办公家具和设备，是外部采购好还是自制好呢？在回答这个问题之前，我们应该考虑到，大部分企业没有这个生产制造能力，毕竟大部分企业都不是家具公司或电子设备公司。所以，这个问题就演变成了：是购买还是租赁？

如果购买，通常情况下，价款是一次性付款或者在短期内按照进度分期付款，而租赁基本上是每月支付相同金额直至合同结束或者设备使用年限已到，需要更新。通常的比较方式是，跟前面提到的类似，先将每个月支出的租赁费用折现现金流模型计算出现值，然后再与采购价进行比较。

【例 4-4】复印机租赁

一台复印机的租金为 700 元/月，合同期为 10 年。设备租赁公司负责日常基本的维护和保养。如果有大件维修，企业需另行支付维修费和零部件成本。同款复印机的市场购买价格是 53 888 元，保修 2 年。那么，是购买复印机合算还是租赁合算？

如果用折现率 10%/年来计算，每月交 700 元租赁费，总共交 120 个月，其净现值为 53 939 元，比市场购买价略高。但是，企业还应该考虑到维护和保养费用。因为 700 元/月包括了日常维护和保养费用，那么这样说起来这个租金价格还是合算的。任何复印机每一年的维护保养，都不止几百上千元钱，更何况是使用了几年以后，每年的维修费用一定会逐步增加。另外，公司还节省了很多在维护保养方面投入的人力、物力，只要一个报修电话，专业服务人员就会上门服务。

2. 租赁还是补贴

租赁还是补贴，通常用于公司使用的汽车的费用核算。这种情况是说，一个人因工作的需要必须使用自己的汽车去不同的工作地点。通常来讲，企业会根据当地市场的汽油价格、停车费以及保养需求等，按公里数补贴一定的金额，即里程补贴（mileage allowance）。车开的线路越长，公司补贴的钱就越多。但是，如果补贴的钱太多，公司会觉得不合算，还不如租一辆汽车给这位工作人员，可能更合算。因为租车通常是每周或每个月以一个固定的价格从租赁公司租车，而汽油费、停车费、过路费等要租车人自己出，维护保养很少需要租车人出钱。一些大的维护费用或每年固定的保养检测等则由汽车租赁公司负责。总的来说，每个月的费用基本上在一个相对比较固定的范围内。因此，租车有的时候比里程补贴更合算，费用的预算和控制也比较容易。

那么，如何进行租赁费与里程补贴的比较呢？我们来举个例子。

### 【例4-5】刘易斯的里程数

加拿大W餐饮企业，有一位区域经理刘易斯负责某个都会区域内的5家餐厅的管理。平时如果没有特别事件（如领导来访、客户投诉、特殊促销活动、节假日人流高峰等），他一般都是每周周一到周五的上午去一家餐厅，下午一般回公司，但有时根据实际需要，在工作日的下午甚至是周末也可能要去某些餐厅拜访。5家餐厅与刘易斯家和公司之间的距离，以及每周临时性去餐厅的里程数如表4-3所示。

表4-3 一周行程及每日里程表（1）

| 一周行程 | 刘易斯家—餐厅（公里） | 餐厅—公司（公里） | 合计里程数（公里） |
|---|---|---|---|
| 周一A餐厅 | 20 | 16 | 36 |
| 周二B餐厅 | 17 | 30 | 47 |
| 周三C餐厅 | 30 | 32 | 62 |
| 周四D餐厅 | 13 | 19 | 32 |
| 周五E餐厅 | 3 | 8 | 11 |
| | 餐厅日常访问合计里程数 | | 188 |
| | 其他时间去餐厅平均里程数 | | 100 |
| | 每周平均里程数合计 | | 288 |

如果公司每公里贴补0.5加元，那么，刘易斯每个月的里程补贴就是

（假设每个月都是22个工作日）：288×22÷5×0.5＝633.6（加元/月）。

最近，W公司在附近城市K开了一家新餐厅，也是该市的第一家，周围没有其他餐厅，离得最近的区域经理就是刘易斯。再加上是新开店，有许多细致的工作需要去现场指导，所以，现在刘易斯每周除了要访问本地的5家餐厅以外，还要去K市的新店两次，一次来回约185公里。刘易斯现在一般周一和周四上午分别去两家餐厅。周二和周五上午专门去K市的新餐厅。

这样，刘易斯每周的行程和里程如表4-4所示。

表4-4 一周行程及每日里程表（2）

| 新开店之后行程 | 刘易斯家—餐厅（公里） | 餐厅—公司（公里） | 合计里程数（公里） |
| --- | --- | --- | --- |
| 周一 A/B 餐厅 | 41 | 16 | 57 |
| 周二 K 市新餐厅 | 89 | 96 | 185 |
| 周三 C 餐厅 | 30 | 32 | 62 |
| 周四 D/E 餐厅 | 27 | 8 | 35 |
| 周五 K 市新餐厅 | 89 | 96 | 185 |
| | 餐厅日常访问合计里程数 | | 524 |
| | 其他时间去餐厅平均里程数 | | 130 |
| | **每周平均里程数合计** | | **654** |

因此，刘易斯每个月的里程补贴也就变成：654×22÷5×0.5＝1 438.8（加元/月）。

然而，该公司几位高级主管每月的租赁车及相关费用，平均每个人也就是800～1 000加元/月，显然，对于公司来说，刘易斯的里程补贴按照这样的标准给下去，有点高。但在没有进行详细计算的前提下，也很难说清楚到底应该租车还是给里程补贴。因为，租赁公司是不管油钱和停车费等其他费用的，跑得越多，各种费用也会越高，由租赁人自行承担。租赁人租车之后，除了每月交的固定费用，加上油钱和其他费用，说不定比里程补贴更多。下面我们就来算一算究竟哪种方式更合算。

租赁车辆的使用成本＝月租费（包括保险＋税费等固定费用）＋汽油费＋其他费用（洗车费、停车费、过路费等）

月租费用很容易知道，将相应的车型报给租赁公司，它们就会给出每月租赁费的报价。据了解，与刘易斯的车类似的车型，月租费用约 700 加元。至于租赁汽车的其他费用，包括洗车、停车、路桥费等，W 公司的会计平均了一下，目前几位租车的高管人员的花费，大致是 150 加元/月，考虑到刘易斯一周要去外地两次，因而将此部分费用估算为 200 加元/月。

对于汽油费的计算，我们首先要知道油耗。汽车行业有一个常用的指标叫每加仑汽油行驶英里数（miles per gallon gasoline equivalent, MPGE）⊖，即每耗费一加仑⊜汽油，汽车能跑多少英里⊜。不同性能的汽车的 MPGE 有高有低，而大部分普通型号的汽车的油耗在 MPGE 20~30⊕，即每加仑汽油可行驶 20~30 英里。我们知道刘易斯的汽车车型 MPGE 是 25。由于加拿大使用的是公制单位，因而可以换算成：每升汽油可行驶约 11 公里（11 公里/升）。另外，刘易斯所住的区域油价一直大约维持在 1.0 加元/升。所以，根据刘易斯一个月的预计里程数：$654 \times 22 \div 5 = 2\,878$（公里），其油费大约是 $2\,878 \div 11 \times 1.0 = 262$（加元/月）。

综上所述，刘易斯如果租车，他一个月的总费用大约是 $= 700 + 262 + 200 = 1\,162$（加元）。因此，由此得出的结论是，刘易斯应该去租车，因为每个月租车费用比里程补贴要节省 270 加元。

## 【例 4-6】刘易斯的里程数：盈亏平衡点

你也许还要问：刘易斯的车开到多少公里，其里程补贴与每月租车费用是一样的，也就是"盈亏平衡点"在哪里？

我们来设一个方程式，假设盈亏平衡的里程数是 $C$，$700 + 200 + C \div 11 \times 1.0 = C \times 0.5$，那么，$C = 2\,200$ 公里。也就是说，如果租赁，每月费用是 $700 + 200 + 2\,200 \div 11 \times 1.0 = 1\,100$（加元）。如果刘易斯开自己的

---

⊖ https://en.wikipedia.org/wiki/Miles_per_gallon_gasoline_equivalent。
⊜ 1 加仑 = 3.785 0 升。
⊜ 1 英里 = 1.609 3 公里。
⊕ http://www.mpgbuddy.com/index.php。

车，里程补贴为 2 200×0.5＝1 100（加元），两者正好相等。

在实际运用中，里程数不可能正好是 100 的倍数，所以，我们要计算出最接近现实的情况。里程 2 200 公里/月与我们前面计算的预计里程 2 878 公里/月相比，少了 678 公里，换算成每周，大约是少了 170 公里/周。从目前的实际情况来看，也就是说，如果刘易斯每周只去一次 K 市，那么，其里程补贴就能少于租车费用，这样就可以继续每月里程补贴，无须租车了。

每月里程数 =（654-185）× 22 ÷ 5 = 469 × 22 ÷ 5 = 2 064（公里）

那么里程补贴 2 064 × 0.5 = 1 032（加元）< 每月租车费用 = 700 + 200 + 2 064 ÷ 11 × 1.0 = 1 087（加元）。也就是说，只要每月里程数接近或低于 2 200 公里这个盈亏平衡点，公司支付里程补贴在费用上更合算一些。

结论就是：如果刘易斯每周除了去目前本地的 5 家餐厅外，每周只去一次 K 市的新店，那么，W 公司支付里程补贴相对合算一些。如果刘易斯每周去两次 K 市，那么租车的费用反而更低一些。解决的方案可以是：目前，刘易斯每周去 K 市两次，就暂时采用租车的方式，为公司节约一些费用。等到 K 市的新店营运比较顺畅，只需刘易斯每周去一次之后，公司可以继续采用里程补贴的方式。

## 4.1.5 影响"外购或自制"和"外购或租赁"决策的其他因素

在现实经营环境里，对于"外购还是自制"或者"外购还是租赁"，我们在选择最终方案时，除了要看资金的投入外，还要考虑很多其他因素，我们下面一起来看看。

在考虑外购还是自制时，首先要看企业有没有足够的技术和生产能力。如果没有，那就谈不上什么自制，当然选择外购。或者，企业虽然技术上没有任何问题，但企业的生产能力有限，已经安排了生产某些产品，还要腾出人手制造新的部件或装置，恐怕无法做到，那么企业就只能选择外购。除非企业经过测算，外购零部件的价格比自制高出很多，因此企业宁愿放弃原先日常产品的生产，转而去生产本应外购的零部件。如果自制零部件所节省的成本比放弃的原产品利润还要多，那么就可以考虑采用自制。

其次，还要看企业所需要的零部件是不是通用规格的，即基本上不需要定制化处理。有时，外购的零部件需要大量的定制化处理才能满足企业使用的需要，如果定制化的人力、物力花费很大，以及日常维护的费用很高，加起来与自制差不了多少，那不如索性完全自制。这样，从某种意义上说，节约了定制化过程消耗的人力、物力，而且企业自己开发的零部件在技术上还具备自主的版权或专利，而且生产出来也与本企业其他产品更配套。

另外，企业无法采用自制，也有可能是因为资金预算不够。企业在年初开始前，就已经将相关的资源进行了分配，比如资金、人员等的使用安排。而自制一个新的零部件，基本上相当于研发自制一个新产品，需要投入大量的人力、物力、财力。因此，不一定是财务上觉得合算就开发生产，而是要考虑企业的预算是否已经有这一块，如果没有，是否需要企业高层专门审批和修改预算。还有另一种选择，就是企业向银行贷款。

再有，就是时间性问题。自制零部件，通常在理论上讲比较费时、费力，而且耗时也会较长。有时候企业为了创新变革，必须尽快将产品推向市场。因此，即使自己有能力、有技术、有资金开发，可能也要为了节省时间而外购现成的零部件。

如果，企业要外购或者自建的是厂房而不是一般的零部件，那么要考虑的方面比自制零部件更多。除了技术、设计、生产能力和时间的及时性等之外，企业还要考虑建造的许可证、审批手续和房地产相关的法律问题等。如果企业觉得这些都太麻烦，不如直接购买现成的厂房，加以简单改造即可使用。另外，企业也要考虑到新的厂房离原先老的厂房有多远，是不是在同一个经济开发区或科技园区。如果新老厂房不在一个地方，那么企业内部的交流是否方便？如果在原来的园区内找不到适合的新厂房，那么企业是否要整体搬迁？如果是的话，那就算是另外一种决策了，与"外购还是自建"没有关系。

说到外购或租赁，它涉及的标的通常是资产。外购的话，企业一般都将新买的设备作为自己企业的固定资产，每月提取折旧，加上日常维护保养、耗材等费用以及一段时间后的大修费用，就是该资产的使用费用。这些业务行为在财务上将同时影响资产负债表和利润表，同时也会影响资产收益率、净利润等以及财务评价的一个重要指标——"息税折旧及摊销前利润"（EBITDA）。

但如果企业偏向于使用"轻资产"的方式经营日常业务，自己不购买很多的资产，而尽量采用经营性租赁方式，那么，在其他条件完全相同的前提下，企业的资产收益率将会提高（因为资产负债表上的资产总额较低），但是 EBITDA 会降低。因为，EBITDA=净利润+利息+税金+折旧+摊销。原本在 EBITDA 计算中未扣减的折旧，变成了租赁费用的一部分，属于净利润的一个减项，从 EBITDA 计算的起点就降低了。而反之，如果是自己购买的设备，那么其折旧在计算 EBITDA 的时候是不包括的，对于 EBITDA 有利，但是资产收益率就减少了。

## 4.2 企业决策支持实务：分析工具

### 4.2.1 成本效益分析模型

成本效益（cost benefit）是财务分析里面最简单和最常用的一种分析方法。这就好像我们经常会问自己：做这件事情对我有什么好处（benefit）？这么做合算（cost effective）吗？其实这就是一种最基本的成本效益分析（cost-benefit analysis），就是衡量做一件事情，自己要付出多少代价，最后又能获得多少好处。这类实际例子在生活中很多，比如下面这个。

【故事中学财务】

小强妈妈的烦恼

小强是个可爱的、3 岁左右的小宝宝。小强妈妈自从生下小强之后就一直在家里照顾它，直到小强两岁左右。大约 1 年前，小强妈妈回到了职场，在一家世界500强公司做行政助理。小强妈妈上班的时候，小强基本上都在外婆家。小强爸爸下班之后，会去接小强回家。但几个月前，外婆突然生病，卧床不起，无法照顾小强。小强爸爸只好把小强送到了日托班，每天早上送，下班后去接，几个月很快就过去了，一下子到了暑假。日托班暑假费用比平时高，而且，由于暑假愿意上班的老师比较少，每天只有两个老师值班，到了下午5点都要准时下班。所以，一到下午4:50左右，如果家长不来接孩子，老师就开始打电话给家长。小强爸爸和小强妈妈都要上班，不但脱不开身，时常还因为上班时间接到电话反而影响了工作。偏偏小强爸爸最近因公司一个项目较忙，每天下午4:50要跟伦敦的同事通电话汇报情况。所以，经常要晚一点去接小强，按日托班规定超过5点每10分钟罚款50元。就这样，一个暑假还没过完，小强爸爸就被罚了上千元。

　　小强爸爸觉得这样下去不行，就跟小强妈妈商量："你重返职场，我当时是支持的，最主要的原因是希望你能多接触社会，有自己的社交圈子。更关键的是你既有学历，又有能力，在家带孩子、烧烧饭太可惜了。你之前两年多没工作，现在能找到这份工作也不容易。但是，现在你看看我们家里的开支，光是小强上日托班平时每个月就要2 500元，现在暑假班每月3 000元。我最近工作忙，不能每天按时去接他，已经被罚了1 000元左右。他每月日托的费用就这么高，还不算周末去上各种兴趣班的费用。再这样下去，费用确实太高，承受不了。我有个建议，你就不要去上班了，在家带孩子，等过段时间看看再说。"

　　小强妈妈问："为什么呀？我上班上得好好的，这么就让我辞职回家？为什么你就不能回家带孩子烧饭，偏偏要我做出牺牲呢？"小强爸爸回答说："你看，你一个月工资5 000元，扣除各种保险和税，剩下也就4 000元出头。你每天上下班的车费、早上雷打不动一杯咖啡以及中午的午餐，一天至少三四十元，一个月也要好几百元。这样算下来，你一个月辛辛苦苦挤公车上下班，最后拿回家的也就3 000多元，刚刚够小强一个月的托儿费。而且你我下班都晚，无人在家烧饭，最近这些日子，接了小强我们都在外面吃,这笔费用也不少啊。"小强爸爸停顿了一下,又继续说:"如果你不去上班,虽然收入是没有了,但各种开销也都省了,包括小强的日托班费、我们在外吃饭的费用,还有接送他的汽油费等。如果你在家里,就可以好好带小强,教育他、陪伴他。另外,你近来工作很辛苦,还老是受委屈,不如在家里也休息调养一阵子。你说呢?""那么,让我好好想想……"小强妈妈说道。这也就是小强妈妈最近几天的烦恼,她到底要不要辞职呢?

事实上,小强爸爸就是用了最简单的成本效益法来分析这个问题。如果小强妈妈不去上班,在家里全心全意带小强,并且当全职太太,那么,其成本效益是这样的(见表4-5)。

表4-5 小强家的成本效益分析　　　　(单位:元/月)

| 事　项 | 加项(有利项) | 减项(不利项) |
|---|---|---|
| 小强妈妈没有收入(按税后收入计算) | | −4 100 |
| 小强妈妈每天上班基本开销的节省 | +700 | |
| 小强不需要去日托班 | +3 000 | |
| 小强爸爸不会因接小强迟到而被罚 | +1 000 | |
| 不必接送小强去日托班而省下的油费 | +200 | |
| 一家人不必每天晚上出去吃饭 | +2 000 | |
| 合计 | +2 800 | |
| 其他非现金因素 | 不必辛苦上班,也不会受委屈 | 如果长期不上班,就可能会与社会脱节 |
| | 在家里好好休养 | |
| | 在家里陪伴小强成长 | |

也就是说,如果小强妈妈不去上班,整体上家庭开支会节约2 800元/月。另外,除了金钱方面的因素外,还有一些家庭、教育、心理等方面的因素也需要考虑。

成本效益分析是将项目的全部成本、花费与全部收益、节约做比较,从而评估项目价值的一种方法。㊀成本效益可以用于分析某个完整的项目,

---

㊀ http://wiki.mbalib.com/wiki/%e6%88%90%e6%9C%AC%e6%95%88%e7%9B%8A%e5%88%86%e6%9e%90。

也可以用于分析一条流水线的投入与产出，或者是企业用于分析将现有设备替换成新的设备，等等。

它在计算方法上与一般的利润表的方式不同，与现金流的计算口径也不一样。成本效益法通常是罗列出该项目在项目周期内的所有加项和减项，两者进行汇总比较。加项就是收入的增加或者费用、成本的减少，或者是避免了某些不必要的开支。减项则是费用、成本的增加，或收入的减少，以及由此引起企业资源的消耗等。在此，我们举例说明。

**【例4-7】项目的成本效益分析：旧设备更换**

甲企业有台大型生产设备，由于设备老化，成品产出率较低，目前的成品合格率只有95%左右。该设备每年生产A产品1 000 000台，直接材料成本50元/台。如果合格率为95%，那么，报废的产成品的材料成本＝1 000 000×5%×50＝2 500 000（元/年）。这还不包括其他分摊的车间费用和人工成本等。所以，生产部门提出要替换新设备。但是，财务总监说，该设备购买后才使用了15年，账面上还有净值。同时，生产部门提出更换的新设备的价格约60 000 000元，太高昂了。15年前买的同类设备的价格只有40 000 000元。假设此类设备的使用年限为20年，残值为5%，则目前账面上的净值还有40 000 000−（40 000 000×95%）×15/20＝11 500 000（元）。那么到底要不要购买新设备呢，财务部门做了如下分析，如表4-6所示。

表4-6 成本效益分析（一） （单位：元）

| 事项 | 加项（有利项） | 减项（不利项） |
| --- | --- | --- |
| 旧设备处理净收入（将设备适当维修翻新，卖给其他公司。收入减去设备维修、拆卸、运输等费用） | +7 000 000 | |
| 旧设备账面净值（预计残值＋剩余5年折旧） | | −11 500 000 |
| 旧设备的折旧不再计提（5年） | +9 500 000 | |
| 新设备的每年折旧（20年） | | −57 000 000 |
| 因使用新设备而减少产成品的报废（20年，由于新设备的损耗，每年节约成本递减−3%） | +38 017 138 | |
| 因使用新设备提高生产效率而节约的人工成本和其他费用（20年，每年500 000元） | +10 000 000 | |
| 效益合计 | −3 982 862 | |

通过成本效益分析，我们发现，如果购买了新设备（60 000 000 元），那么在未来的 20 年里，效益为负数，因此不应该更换新设备，建议通过对现有设备的维修保养，用少量开支，尽量减少报废率。如果减少的产成品报废金额高于维修保养费用，那还是划算的。

另外一种方式是，如果甲企业高层认为确实有必要更换设备，那么新设备的购买价格就不能太高。在功能效果相同的情况下，新设备的价格最好控制在 55 800 000 元以内。假设新设备就是 55 800 000 元，我们重新计算一下成本效益如表 4-7 所示。

表 4-7　成本效益分析（二）　　　　　　　　　　　　（单位：元）

| 事　项 | 加项（有利项） | 减项（不利项） |
| --- | --- | --- |
| 旧设备处理净收入（将设备适当维修翻新，卖给其他公司。收入减去设备维修、拆卸、运输等费用） | +7 000 000 | |
| 旧设备账面净值（预计残值 + 剩余 5 年折旧） | | -11 500 000 |
| 旧设备的折旧不再计提（5 年） | +9 500 000 | |
| 新设备的每年折旧（20 年） | | -53 010 000 |
| 因使用新设备而减少产成品的报废（20 年，由于新设备的损耗，每年节约成本递减 -3%） | +38 017 138 | |
| 因使用新设备提高生产效率而节约的人工成本和其他费用（20 年，每年 500 000 元） | +10 000 000 | |
| **效益合计** | 7 138 | |

这样的话，20 年后公司还可以略有盈余，当然在这里完全不考虑货币的时间价值。如果需要考虑货币的时间价值，那么计算的模型上就不像本节列示的那么简单了，最好使用折现现金流量表的计算模型，这方面我们以后再来详细阐述。

## 4.2.2　产品本量利分析模型

### 1. 本量利的基本假设和公式

本量利（CVP）就是成本（cost）、业务量（volume，或者是销量、产量）和利润（profit）的简称，本量利分析（CVP analysis）也就是三者关系的分析，它是指运用数学模型对这三者与单价、销售额等相关因素之间的依存关系进行量化计算，研究其变动的规律性，为企业的生产、经营决策提供信息。[一]本量利分析模型的基本理论是建立在一种线性关系上的，其主要变量之间的关系可以用 $y=a+bx$ 表示。也就是说，该模型中我们假设总成本（$y$）中的固定成本为一个固定金额（$a$），而变动成本（$bx$）是随着业务量（$x$）的增长而成比例增加的。

在具体分析计算中，本量利模型的基本公式为

利润总额（$P$）= 销售总额（$S$）− 总成本（$TC$） （4-1）

总成本（$TC$）= 固定成本总额（$FC$）+ 变动成本总额（$VC$） （4-2）

变动成本总额（$VC$）= 单位变动成本（$VC\ per\ unit$）× 业务量（$V$） （4-3）

如果把式（4-2）和式（4-3）连接起来，就是 $TC=FC+VC\ per\ unit \times V$，所以，也就是说在线性关系 $y=a+bx$ 中，$y$ 是总成本（$TC$），$a$ 是固定成本总额（$FC$），$b$ 是单位变动成本（$VC\ per\ unit$），而 $x$ 是业务量 $V$。

如果把以上 3 个公式全部连接起来，那么就是本量利 CVP 三者的关系：

利润总额 = 销售总额 −（固定成本总额 + 单位变动成本 × 业务量） （4-4）

$$P = S - (FC + VC\ per\ unit \times V)$$

除了上面提到的线性关系的假设，本量利分析模型还有另两个假设：品种结构稳定假设和产销平衡假设。[二]

品种结构稳定的假设是说，一家企业生产的产品品种单一或者品种不多，而且其结构也基本上不会变化，因此产品的成本结构比较固定，几种产品的加权平均成本也就比较固定，这样变动成本总额（VC）和业务量（V）才能保持线性变化的关系。

如果产品的结构不断变化，即使生产品种不变，每种产品自己的平均单位成本也不变，多种产品的加权平均成本还是会因各个产品在总量中的占比不同而不断变化。也就是说，上述公式中的单位变动成本会变化，从而导致变动成本总额（VC）和业务量不是线性变化的关系。

---

[一] https://baike.baidu.com/item/ 本量利分析。
[二] https://baike.baidu.com/item/ 本量利分析。

产销平衡假设是说，一家企业产品的产量和销量基本平衡，不会因为季节性或其他因素而剧烈波动，而出现产量的过剩或销量的大幅度变化。产量和销量波动变化的结果，很可能导致固定成本的变化。比如，增加市场营销费、销售费用以推动销售量，产量过剩导致仓储、物流管理费用增加等。当产销基本平衡时，固定成本也不会有大的波动。

这几个假设的目的，实际上就是要保证 $TC = FC+VC\ per\ unit \times V$ 的线性关系基本稳定不变，不会因为销量、产量的增长、产品结构的变化等导致本量利三者关系的变化。

2. 边际贡献

在本量利分析理论里面，还有一个重要概念就是边际贡献（contribution margin）。它是用于计算因业务量变化而变化的两个要素（即销售收入和变动成本）之间的差异，其计算方式是这样的[⊖]：

$$总边际贡献（TCM）= 销售总额（S）- 变动成本总额（VC）$$

也就是说，如果企业要盈利的话，总边际贡献就要大于固定成本总额。如果这个公式的两边都除以业务量（$V$），那可以推导出单位产品的边际贡献就是：

$$单位产品边际贡献 = 销售单价 - 单位变动成本$$

另外，产品的边际贡献率（$CMR$）= 总边际贡献/销售总额 = 单位边际贡献/销售单价 ×100%；它是指边际贡献占销售额的百分比，同样，它也是单位边际贡献占销售单价的比率。

3. 本量利分析：单一产品

【例 4-8】单一产品的本量利分析

有一家企业 Y 公司，只生产一种产品 W。W 在市场上很受欢迎，销量基本与产量相同，该产品除了少量半成品及维修用的零部件外，基本

---

⊖ https://baike.baidu.com/item/%E8%BE%B9%E9%99%85%E8%B4%A1%E7%8C%AE/4226530?fr=aladdin。

没有库存，因此我们假设库存成本忽略不计。某月，W产品的产量是500 000件，总成本是5 800 000元，其中固定成本2 360 000元，其余为变动成本。W产品的售价是20元，那么，单位边际贡献又是多少？每件W产品的平均利润是多少？

变动成本总额（$VC$）= 5 800 000 - 2 360 000 = 3 440 000（元）

所以，单位变动成本 = 3 440 000 / 500 000 = 6.88（元/件）

根据上面边际贡献的公式：单位产品边际贡献 = 销售单价 − 单位变动成本，那么，W产品每件的单位边际贡献 = 20 - 6.88 = 13.12（元/件）。

利润总额 = 销售总额 −（固定成本 + 单位变动成本 × 业务量）

$$= 20 \times 500\ 000 - (2\ 360\ 000 + 6.88 \times 500\ 000)$$

$$= 10\ 000\ 000 - 5\ 800\ 000 = 4\ 200\ 000 \text{（元）}$$

所以，W产品的平均利润 = 4 200 000 / 500 000 = 8.4（元/件）

我们根据CVP分析模型中的相互关系，可以用另一种方式来计算W产品的利润。我们先将基本公式等式的左右两边都除以业务量，也就是产量，得到：

每件产品单位利润（$P\ per\ unit$）= 销售单价（$S\ per\ unit$）− 单位固定成本（$FC\ per\ unit$）− 单位变动成本（$VC\ per\ unit$）

其中，销售单价 − 单位变动成本 = 单位边际贡献，所以，用单位边际贡献代入，计算公式就转化为：

产品单位利润 = 单位边际贡献 − 单位固定成本 = 13.12 − 2 360 000 / 500 000 = 13.12 − 4.72 = 8.4（元/件）

结果与上面的计算是一样的。

### 4. 本量利分析：多种产品

通常绝大部分企业都不可能只生产一种产品，因此我们经常要看怎样能分析多种产品的本量利关系。多种产品的本量利分析，原则上使用的方法和公式与单一产品基本相同，不同之处在于多种产品的分析涉及不同产品之间的产品组合，当不同产品在总量中所占的比例既不相同又不断变化时，本、量、利的相互关系和计算出来的相关指标就会不一样。甚至，由于不同产品的占比变化以及产量的变化，也可能导致固定成本的变化。比如，由于市场上产品的销量变化，销售人员向公司总部反映之后，公司采取行动更改了各个产品的产量计划。但是由于更改得不是很及时，导致某种产品的库存积压，因此仓储、搬运、分装等间接成本也会增加。或者，由于某些产品的产量超过了平时的产量，相关的人力投入要增加。虽然，直接人工是变动成本，但是，车间主任和其他生产管理人员的成本是基本固定的，当产量增加时，很可能车间主任或其他生产管理人员需要加班，那么固定费用也就相应增加了。这就是我们上面提到的情况，变动成本总额和业务量不是完全线性变化的关系。

另外，多种产品各不相同，其价格、成本、边际贡献等都不一样，甚至计量单位也不一样，很难用统一的产量进行分析，所以我们通常采用销售总额、总边际贡献和总利润来计算本量利相关指标。⊖具体的举例我们在下一节中讨论。

### 4.2.3 盈亏平衡分析模型

1. 盈亏平衡点

盈亏平衡点（break-even point），也叫"保本点"，是指当利润等于零时，销售总额等于成本总额时的临界点。通常这个临界点，我们用业务量或者销售量表示，有时也直接用销售额表示。以盈亏平衡点为界，当销售量（额）超出盈亏平衡点时，企业盈利；若销售量（额）小于盈亏平衡点，企业就亏损。⊖

盈亏平衡分析模型是建立在本量利分析模型的基础上的，它是通过数学模型的计算找出企业盈亏平衡点，或者是企业盈亏平衡时的产品定价，

---

⊖ http://wiki.mbalib.com/zh-tw/%E6%9C%AC%E9%87%8F%E5%88%A9%E5%88%86%E6%9E%90。

⊖ https://baike.baidu.com/item/%E7%9B%88%E4%BA%8F%E5%B9%B3%E8%A1%A1%E7%82%B9。

或者是分析当某些条件变化时盈亏平衡点的变化,从而帮助企业管理者进行营运分析。

盈亏平衡点分析的基本公式是从本量利分析模型演化而来的。上节我们说的本量利模型是:

$$利润总额 = 销售总额 - (固定成本 + 变动成本)$$

即

$$P = S - (FC - VC)$$

当 $P=0$ 就是盈亏平衡,即利润为零时,$S=FC+VC$,或者 $FC=S-VC$。我们知道变动成本 = 单位变动成本 × 业务量。所以,盈亏平衡点的公式就是:

$$固定成本 = 销售总额 - 单位变动成本 \times 业务量,$$

那么,

$$盈亏平衡点业务量 = (销售总额 - 固定成本) / 单位变动成本$$

另外,盈亏平衡点还可以用边际贡献来计算。我们之前说过边际贡献 = 销售总额 - 单位变动成本 × 业务量,所以,当边际贡献 = 固定成本时,就是盈亏平衡点。那么,盈亏平衡点的公式就可以转化为:

$$固定成本 = 单位边际贡献 \times 业务量$$

所以,

$$盈亏平衡点业务量 = 固定成本 / 单位边际贡献$$

$$盈亏平衡销售额 = 固定成本 / 边际贡献率$$

2. 多种产品的盈亏平衡分析:联合单位法[⊖]

以上我们讲的是单一产品的盈亏平衡分析。通常,企业都有多种产品,我们可以采用联合单位法计算盈亏平衡。它是指企业虽然有多种产品,但是各种产品之间的产销量有固定的比例关系,因此可以将一定数量产品的组合看作一个产品(即一个联合单位),先计算出这个组合的单价和变动成本,从而可以套用单一产品的盈亏平衡公式来计算盈亏平衡点的

---

[⊖] http://wiki.mbalib.com/zh-tw/%E6%9C%AC%E9%87%8F%E5%88%A9%E5%88%86%E6%9E%90。

相关指标。

### 【例4-9】一家化工厂：多产品联合单位法

有一家化工厂，其生产的主要产品为以下4种，包装单位皆为"瓶"。它们的销售单价和单位变动成本如表4-8所示。

表4-8 化工厂产品单价和成本　　　　（单位：元/瓶）

| 项　目 | A | B | C | D |
|---|---|---|---|---|
| 销售单价 | 12.0 | 8.2 | 9.6 | 15.0 |
| 单位变动成本 | 4.2 | 3.0 | 3.6 | 7.0 |
| 单位边际贡献 | 7.8 | 5.2 | 6.0 | 8.0 |

假设A、B、C、D的销量比基本固定，长期以来一直为1.0:4.5:2.5:3.0，而工厂每月的固定成本为351万元，那么这家工厂的每月保本产销量是多少呢？

首先，我们要计算联合单位的销售单价，即

联合单位的销售单价 = 12.0×1.0 + 8.2×4.5 + 9.6×2.5 + 15.0×3.0 = 117.90（元/瓶）

然后，要计算联合单位变动成本，即

联合单位变动成本 = 4.2×1.0 + 3.0×4.5 + 3.6×2.5 + 7.0×3.0 = 47.70（元/瓶）

所以，联合单位的边际贡献 = 70.20元，根据上面我们提到过的公式，保本点业务量 = 固定成本/单位边际贡献 = 3 510 000/70.20 = 50 000（个联合单位），换算成销售总额 = 117.90×50 000 = 5 895 000（元）。

也就是说，保本点业务量是：A产品50 000瓶、B产品225 000瓶、C产品125 000瓶、D产品150 000瓶。我们还可以做一个验算，当各种产品的产销量达到以上的保本点时，

销售总额 = 12.0×50 000 + 8.2×225 000 + 9.6×125 000 + 15.0×150 000
　　　　 = 600 000 + 1 845 000 + 1 200 000 + 2 250 000
　　　　 = 5 895 000（元）

和上面的计算结果一样。

### 3. 多种产品的盈亏平衡分析：综合边际贡献率法

正如我们上节所述，将本量利模型用于对多种产品生产、销售、毛利进行分析时，由于产品的多样性，我们通常是用销售总额而不是销售量来计算相关指标。下面我们来举例说明。

#### 【例 4-10】一家甜品店（一）

利奥（Leo）正在考虑买下 V 市的一家甜品店。该店位于 V 市中心临近海边的一家购物中心一层外围，面对着滨海步道，地理位置非常优越。一年四季可以卖蛋糕、西饼、奶昔、果汁等各种甜品以及咖啡，夏天这里特别售卖各色冷饮和冰激凌，到秋冬季节这里会售卖亚洲特色的甜汤和各类奶茶等。今年 7 月，利奥去现场实地考察了一下，生意还挺不错的。不过，利奥还是不太放心，他请会计师朋友帮他测算一下，盈亏平衡销售额是多少？然后，他会根据测算结果，再加上对周边情况的观察，以及他对 V 市消费市场的了解，做一个综合性的分析考量。

目前经营该店的店主给出了以下基础数据（见表 4-9）。这些数据都是根据上一年度整年和本年度前半年的实际情况，预估的到今年年底为止全年的收入及成本、费用。

利奥有多年制作经营甜品的经验，如果他成功购买该店，他打算改变一下店里的经营品种和特色。他经过几天的观察发现，虽然 V 市是个移民城市，有多元文化特色和多种族居住，但该商场附近的居民大多为西方人。经常到海边散步、慢跑、遛狗的人也大多是西方人或者是比较洋化的亚洲人，同时，总体来说，来店里消费的人群也以年轻人为主。因此，他打算投入 100 000 元用于添置设备及店面翻新，增加西式甜品（如甜甜圈、华夫和松饼等），这样可以供应更多西方人喜欢的早餐品种。

另外，利奥想逐步减少直至取消亚洲甜汤系列产品。该系列虽然很受欢迎，但是品种繁多，标准化非常困难，制作、保存等环节需要大量的人力、物力。最重要的是，为了满足顾客的各种需求就必须保持较多品种的食材和香料，而且各种原料的保存方式和使用方法都不一样，有时因为店员的误操作，导致食材的浪费或过期。而甜品店库存又没有专人管理，通常由当班的经理或副经理兼任，因此库存管理不善。有时会出现有些原料需要紧急采购，而有些原料因过剩而被整包报废的状况，最终造成大量浪费。利奥决定在加强食材的库存管理的同时，逐步减少甜汤的供应。经过以上这些调整，利奥认为产品销售成本将减少 1% 或以上。

表 4-9 本年度收入成本费用预测表

| 项 目 | 金 额（元/年） | 占销售额比重 |
|---|---|---|
| 销售收入（折后、税后净值） | 800 000 | 100.0% |
| 产品销售成本（只要保持目前现有的产品结构，食材、餐具、纸巾等直接成本基本维持在 15% 左右） | 120 000 | 15.0% |
| 房租（按合同规定，每月 16 800 元。明年增长 5%） | 201 600 | 25.2% |
| 物业管理、垃圾清运费（按合同规定，每月 1 000 元） | 12 000 | 1.5% |
| 设备折旧和装修摊销（按现有固定资产和租入固定资产改良支出规模，继续折旧或摊销） | 60 000 | 7.5% |
| 人工费：经理及管理团队（人员已基本固定，明年涨工资 5%） | 94 800 | 11.9% |
| 人工费：店员（6 位小时工，其工作量基本随销售额的增长而增长，但增长率因工作效率提高而略微减少。店员人工费用占销售额的比例为：销售额 75 万元以下，27%；75.01 万～90 万元，26.3%；90.01 万～105 万元，25.5%；105 万元以上，24.5%） | 210 400 | 26.3% |
| 加盟费（按加盟协议规定，销售额的 3%） | 24 000 | 3.0% |
| 水电煤气费（夏天电费略高。秋冬天用煤气烧高炉供暖，因而煤气费略高。但总体而言每月差不多，800 元/月） | 9 600 | 1.2% |
| 保险费（每年 3 000 元，已与保险公司签约，今后几年都不会变） | 3 000 | 0.4% |
| 信用卡及银行手续费（销售额的 1.5%） | 12 000 | 1.5% |
| 手续费、地税、证照管理费等（每年基本固定） | 3 800 | 0.5% |
| 其他费用（每年基本固定） | 5 000 | 0.6% |

根据以上这些变化，利奥请会计师朋友帮忙计算了明年的预计成本、费用表（见表 4-10）。

表 4-10　下一年度成本费用预测表

| 项　　目 | 金额（元/年） | 占销售额比重 |
|---|---|---|
| **固定成本、费用** | | |
| 房租（按合同规定，每月 17 640 元） | 211 680 | |
| 物业管理、垃圾清运费（按合同规定，每月 1 000 元） | 12 000 | |
| 设备折旧和装修摊销（原有的折旧、摊销加上新的设备折旧和装修摊销，即每年 10 000 元） | 70 000 | |
| 人工费：经理及管理团队（人员已基本固定，明年涨工资 5%） | 99 540 | |
| 水电煤气费（夏天电费略高。秋冬天用煤气烧高炉供暖，因而煤气费略高。但总体而言每月差不多，800 元/月） | 9 600 | |
| 保险费（每年 3 000 元，已与保险公司签约，今后几年都不会变） | 3 000 | |
| 手续费、地税、证照管理费等（每年基本固定） | 3 800 | |
| 其他费用（每年基本固定） | 5 000 | |
| **变动成本、费用** | | |
| 产品销售成本（调整后，食材等直接成本降低为 14%） | | 14.0% |
| 人工费：店员（6 位小时工，其工作量基本随销售额增长而增长，但增长率因工作效率提高而略微减少。店员人工费用占销售额的比例为：销售额 75 万元以下，27%；75.01 万～90 万元，26.3%；90.01 万～105 万元，25.5%；105 万元以上，24.5%） | | 26.3% |
| 加盟费（按加盟协议规定，销售额的 3%） | | 3.0% |
| 信用卡及银行手续费（销售额的 1.5%） | | 1.5% |
| 合计 | 414 620 | 44.8% |

我们前面提到过，由于该店销售的甜品饮料品种繁多，所以当我们要推算盈亏平衡销售额时，应该使用综合边际贡献率来计算其销售总额。根据上面的表格内容，其综合边际贡献率 = 1−44.8% = 55.2%。所以，该甜品店下个年度的盈亏平衡销售额是：

$$盈亏平衡销售额 = \frac{固定成本}{边际贡献率} = \frac{414\ 620}{1-44.8\%} = 751\ 123.19（元）$$

但是利奥不满足于盈亏平衡，他认为如果他买下并经营该店，其第一年度的销售额可以增长 10%，达到 88 万元，下一年度销售额至少超过 90 万元，而净利润可达到 10%（即至少 9 万元以上）。利奥的盈利目标能实现吗？

我们可以运用上一节讲过的本量利分析模型来计算：

利润总额 = 销售总额 −（固定成本 + 变动成本）

= 销售额 × 边际贡献率 − 固定成本

= 900 000 元 ×（1−44.8%）− 414 620 元 = 82 180 元

即利润率 = 82 180 元 ÷ 900 000 元 = 9.13%

所以，即使当销售额达到 90 万元时，盈利目标仍未实现。那么要销售额要达到多少，盈利目标才能实现呢？这其实就是我们下面要说的目标利润的保利点分析。

4. 保利点[一]

保利点实际上有两种：一种是用数字金额表示，如我们上面例子中说的"明年净利润至少 9 万元"；另一种是用百分比表示，即类似于上面例子中提到的"净利润率达到 10%"。我们套用上面讲到的盈亏平衡点的公式，就可以得到以下计算公式：

$$净利润保利点 = \frac{固定成本 + 目标利润}{边际贡献率}$$

$$净利润率保利点 = \frac{固定成本}{边际贡献率 + 目标利润率}$$

我们来继续计算上面例子中的保利点。首先，我们来看"净利润至少 9 万元"的销售额。这里有一个很重要的比率就是店员的人工费，由于销售额肯定超过 90 万元，所以，店员的人工费将会降低到 25.5%，减少了 0.8%。所以，其变动成本的比率是 44%，综合边际贡献率 = 1−44% = 56%。

所以，净利润达到 9 万元的销售额 =（414 620 元 + 90 000 元）/ 56% = 901 107 元

其次，我们再来看，净利润 ≥ 10%，那么

$$净利润 10\% 的销售额 = \frac{固定成本}{边际贡献率}$$

---

[一] http://wiki.mbalib.com/zh-tw/%E6%9C%AC%E9%87%8F%E5%88%A9%E5%88%86%E6%9E%90。

$$= \frac{414\,620 \text{ 元}}{56\% - 10\%} = 901\,348 \text{ 元}$$

我们也可以反过来验算一下：

利润总额 = 销售总额 −（固定成本 + 变动成本）

= 901 348 元 −（414 620 元 + 901 348 元 × 44%）

= 90 134.88 元

90 134.88 元 ÷ 901 348 元 = 10%，盈利正好是 10%。

结论：由于 901 348 > 901 107，净利润要达到 9 万元以上，同时满足净利润率 10% 的要求，销售额必须达到 901 348 元或以上。

### 4.2.4 敏感性分析模型

敏感性分析是指利用一定的财务模型，分析、推算出一些不确定因素的变化给其他经济指标带来的影响，从而用以判断当不确定因素变化时，企业或一个投资项目承受风险的能力。[1]

#### 1. 不确定性和风险

说到敏感性分析，就必须提到不确定性（uncertainty）和风险（risk）。不确定性和风险都涉及对未来的无法预测和未知。不确定性是指事先无法准确地知道某个未来事件产生的结果。[2]风险则是指对预期结果有不利影响的事情发生的概率。在企业经营环境中，风险通常是指一个或一系列不利事件产生不良后果或者损失的可能性。[3]因此，不确定性通常是无法衡量的，而风险就是可以匡算出其发生的概率和一旦发生后带来的经济上的后果。

这与我们生活中的某些情况有一定的联系。比如，我们每天出门，无论步行还是选择任何一种交通工具，都有可能在某个时间、某个地方遇到某些危险的状况。但是，我们并不知道危险是否会发生、什么时候发

---

[1] http://wiki.mbalib.com/wiki/%E6%95%8F%E6%84%9F%E6%80%A7%E5%88%86%E6%9E%90%E6%B3%95。

[2] https://baike.baidu.com/item/%E4%B8%8D%E7%A1%AE%E5%AE%9A%E6%80%A7/8250115?fr=aladdin。

[3] https://baike.baidu.com/item/%E9%A3%8E%E9%99%A9/2833020。

生、究竟哪种危险情况会发生，也不知道一旦发生危险其后果会怎样。虽然我们不希望危险情况会真的发生，但我们知道某些危险情况是有可能发生的，这就是一种不确定性。对于这种不确定性的存在，我们能做的就是用自身的行动尽量避免或者预防它的发生，但是它万一发生了，其后果可能是我们无法想象的。所以，我们通常会去买相应的保险，一旦有危险情况发生，保险公司将会赔付给我们相应的损失。保险公司是根据"大数法则"，计算出每一种危险在人群中在一定的时间段内发生的可能性，以及与此相关的损失的预计金额。经过大量统计分析，计算出来的危险发生的概率就是所谓"风险"，因此我们说，风险是发生不幸事件的概率，它是可以衡量的。

2. 敏感性分析与风险

敏感性分析就是通过设立一定的财务分析模型，帮助企业的决策者找到并计算出风险对企业经营的潜在影响。

在日常生产经营、项目投资或企业长期规划中，我们经常碰到的风险大致可以归为以下两大类⊖——客观风险和主观风险，也可以说是外部风险和内部风险。

客观风险就是企业不可控制的风险，所以通常是外部风险，比如自然灾害、因环境变化带来的环境风险、因政局变化和战争等因素引起的政治风险，以及因宏观经济因素变化而产生的经济上的风险等。还有一些原本对企业经营有利的外部因素，因其向企业经营不利的方向变化而转化为风险，比如自然资源、人口数量与结构、外汇汇率、税率等。

主观风险是企业的管理层因经验不足、管理不善或经营能力局限造成的，包括生产风险、营销风险、投资风险以及决策风险等。通常，这些风险都是企业的内部风险，是人为造成的，但通过一定的管理手段，也可以将其尽量避免发生，或者即使发生了其损失也能降低到可控范围内。

以上这些客观或主观风险，就是我们在敏感性分析模型中需要分析的

---

⊖ http://wiki.mbalib.com/wiki/%E7%BB%8F%E6%B5%8E%E9%A3%8E%E9%99%A9。

因素。

3. 敏感性分析在长期规划及投资项目中的应用

我们上面说过，敏感性分析是帮助企业的决策者找到可能发生的风险，并计算出风险造成的经济损失。一般来说我们要通过下列步骤来分析计算。[⊖]

首先，我们要先设立一个财务分析模型或者财务规划模型，计算出在正常情况下，企业或项目在未来若干年内的经济效益是怎样的，包括销售收入、各项成本和费用、利息、税金、净现金流、投资回收期、内部收益率经济效益指标等。另外，还包括有关的关键绩效指标，如毛利率、净利率、平均每年的销售成长率等。这就是我们所说的"基准模型"(the base case)。

其次，当我们预计到某些风险在未来的某个时间段可能会发生，并且知道其发生的概率非常大时，基于"谨慎性"原则，我们应该在基准模型中就直接将它设置进去。通过模型计算出该风险发生导致的后果，包括销售额的减少有多少，或者成本、费用的增加有多少。当然，这些增减金额将成为基准模型的一部分。

当某个风险有可能会发生但发生概率不大时，我们就可以通过敏感性分析模型来计算出它可能的经济影响。计算的方式与原先基准模型没有什么本质区别，唯一不同的是，我们假定基准模型中原有的条件、假设、指标都不变，当与这个风险相关的数据代入后，计算出一套新的现金流量、绩效指标和经济效益指标。我们将这个风险变化后带来的各项指标与原有的基准模型比较，计算出相应差异。

另外，在企业的预算周期或者项目的投资营运周期内，有时候可能不止一个风险会发生，我们就要将这些风险可能带来的经济影响都计算出来。将这些计算出来的数据与基准模型一一比较，我们就能获得一系列的差异，而这些分析计算结果将成为整个财务分析模型的补充。

---

⊖ http://wiki.mbalib.com/wiki/%E6%95%8F%E6%84%9F%E6%80%A7%E5%88%86%E6%9E%90%E6%B3%95。

有时，我们知道某种不确定性因素可能会发生，但如果我们无法预估它发生的概率并量化它带来的经济上的影响，那么，我们就无法计算与它相关的损失金额了。这样，我们在财务分析报告或预算规划文件中只能用文字来简单地描述该不确定性因素及其可能的不良影响。

4. 敏感性分析举例

我们通过继续分析上一节中那个甜品店的例子，来说明怎样使用敏感性分析为决策做支持。

### 【例4-11】一家甜品店（二）

利奥预测他如果买下这家甜品店，第一年的销售额可以达到88万元，净利润大约为7.11万元，加上每年折旧和摊销7万元，那么第一年净现金流入为14.11万元。假设每年的净现金流入的增长率与年折现率（即现金因时间的推移而不断贬值的比率）大致相抵。因此利奥推算，之后每年的净现金流折成现值均与第一年的相同。

如果利奥准备投资50万元买下这家店，投资回收年限就是3.54年。当然，要测算敏感性分析的指标，除了投资回收期以外，最常用的还有净现值、内部收益率和投资收益率等。为简化起见，我们仅用投资回收期长短来帮利奥分析这个项目。

我们还要帮利奥找到有哪些可能风险因素，或者是会影响甜品店的每年净现金流的因素，这包括我们上面提到的客观风险和主观风险两大类。本项目作为一家甜品店，我们能考虑的主要风险因素包括如下方面。

**客观风险**

- 市场大小、规模变化。比如，中长期内，附近的居民会变多还是变少？周边人口结构会不会变化？有没有其他因素带动周围消费人群来甜品店消费？
- 市场格局的变化引起销售额的增减。比如，附近多开了一家零售店，销售与本店类似的甜品或者饮料、冷饮等；或者是甜品店所在的购物中心商业布局改变，将甜品店搬迁至商场一楼内侧，使经过的人流量减少；又或者是商场周围道路维修扩建，因为部分出入口封闭而导致人流量大量减少。

- 宏观经济方面。接下来的宏观经济走势会影响甜品店吗？通常来讲，影响应该不大，但有的时候会有一些间接影响。比如，V市的地产价格一直走高，并且本国货币一直在贬值，目前的房价比起5年前几乎已经翻倍。在这种情况下，房东很可能会涨租金，或者碍于双方房租合同已经签订，无法改变房租，但极有可能会增加物业管理费等其他费用。

- 金融环境及税务方面。相关的汇率、利率和税率等会有变化吗？是往对企业有利的方向还是不利的方向发展？

- 其他外部因素。原材料会涨价吗？供应商的供货价格会涨价吗？会涨多少？普通职工的基本小时工资会涨吗？如果上涨，会涨多少？这些会对甜品店的经营成本带来多大影响？

**主观风险**

- 产品价格水平。甜品店产品的单位价格要上涨还是下调？有时候，销售的增长不是单纯靠涨价，而是通过商品品种的调整、组合的变化、新产品的不断推出以及各种建议销售等，使得客单价（即每位顾客的平均消费金额）增加，从而达到提高销售额的目的。但是，当甜品店的整体消费水平上升时，顾客通过一定时间会感觉到。有些人可能无所谓，但有些人可能对价格的敏感度较高，一旦涨价，他们就不再来购买或者会减少购买的次数。这样，对甜品店的销售收入也会有负面的影响。

- 如果甜品店通过大量促销、减价、打折等手段吸引顾客，虽然来店访客的人流量将大量增加，但客单价反而会减少，相当于拉低了顾客的平均消费水平。那么，甜品店似乎只能走"薄利多销"的经营路线了，而这并不是一般甜品店通常采用的经营模式。

- 营运成本。营运成本有部分会受到外部因素的影响，而有些则是内部因素决定的。比如，如果该店内部能够提高产能和效率，就可以节约不少人力成本。反之，如果该店没有主动通过管理措施去提高效率，也有可能浪费人力成本，使人力成本增加。
- 新固定资产投资。如果甜品店在一定时期内需要改变或增加产品的品种，就有可能需要投入新的设备。新设备投资会减少投资活动净现金流，同时也会影响经营活动净现金流。虽然我们知道折旧不会影响经营活动现金流，但新设备会带来更多的销售收入以及一些维护保养的费用，这最终也会影响净现金流。

通过跟利奥以及甜品店经营管理团队的交流，我们获得以下资料及数据：

- 关于销售额。由于利奥引进了很多新设备，甜品店会售卖更多新产品，所以他之前预测第一年销售额增长10%（即年销售额88万元）可能过于保守。销售额有可能再增加3%，这部分增长的主要原因在于新产品吸引了更多人流量。
- 当然，利奥也有点担心他提出的新的经营理念能否让甜品店周边大多数顾客接受，因为原先该甜品店最具特色的就是亚洲甜品和甜汤系列。如果转型以售卖西点为主，利奥不知道效果会怎样。所以他认为，第一年的销售额也有可能只有85万元左右，即比之前的估计少3万元。
- 关于原材料。有部分原材料来自国外，由于本国的货币持续走低，很可能进口原材的价格要增长5%～10%。但幸好这部分原材料不多，主要是一些香料和特殊食材。所以，对整体毛利率的影响大约是减少0.5%，也就是说原材料从原先预测的14%增加到14.5%。
- 关于物业管理费。利奥听现在的店主说过，商场的业主多次提到要涨物业管理费，但由于商场内绝大部分商户都不同意，因而没有实现涨价。明年，有很多第一批签约的商户租约到期，估计业主再续约或者引进新商户时，会提高每平方米的租费。而对于甜品店这样租约还有3年到期的商户，业主很可能会变相增加管理费。具体增加多少不知道，但我们可以暂时用增长25%来计算。

- 关于小时工。由于 V 市所在的省近年来一直在提高小时工的最低工资，明年很有可能会再将最低工资提高 0.5 元/小时，这对净利润率的不利影响有可能达到 1%。也就是说，小时工占销售额的比率从 26.3% 增加到 27.3%。

我们将以上各项不确定因素分别代入分析模型，得出每个不确定因素给该项目带来的影响如表 4-11 所示。

表 4-11 敏感性分析对照表　　　　　　　　　　（单位：元）

| 项目 | 基准模型 | 年销售额增长 3% | 销售额减少 3 万元 | 因进口材料成本增加，毛利率减少 0.5% | 物业管理费增加 25% | 最低工资增长，人工费占销售比率增加 1% |
|---|---|---|---|---|---|---|
| 销售收入 | 880 000 | 906 400 | 850 000 | 880 000 | 880 000 | 880 000 |
| 销售成本 | 123 200 | 126 896 | 119 000 | 127 600 | 123 200 | 123 200 |
| 房租 | 211 680 | 211 680 | 211 680 | 211 680 | 211 680 | 211 680 |
| 物业管理、垃圾清运费等 | 12 000 | 12 000 | 12 000 | 12 000 | 15 000 | 12 000 |
| 设备折旧和装修摊销 | 70 000 | 70 000 | 70 000 | 70 000 | 70 000 | 70 000 |
| 人工费：经理及管理团队 | 99 540 | 99 540 | 99 540 | 99 540 | 99 540 | 99 540 |
| 人工费：店员（小时工） | 231 440 | 231 132 | 223 550 | 231 440 | 231 440 | 240 240 |
| 加盟费 | 26 400 | 27 192 | 25 500 | 26 400 | 26 400 | 26 400 |
| 水电煤气费 | 9 600 | 9 600 | 9 600 | 9 600 | 9 600 | 9 600 |
| 保险费 | 3 000 | 3 000 | 3 000 | 3 000 | 3 000 | 3 000 |
| 信用卡及银行手续费 | 13 200 | 13 596 | 12 750 | 13 200 | 13 200 | 13 200 |
| 每年各种政府税费、证照管理费等 | 3 800 | 3 800 | 3 800 | 3 800 | 3 800 | 3 800 |
| 其他费用 | 5 000 | 5 000 | 5 000 | 5 000 | 5 000 | 5 000 |
| 税前净利润 | 71 140 | 92 964 | 54 580 | 66 740 | 68 140 | 62 340 |
| 净现金流 | 141 140 | 162 964 | 124 580 | 136 740 | 138 140 | 132 340 |
| 预测情况与基准模型的差异 |  | 21 824 | -16 820 | -4 400 | -3 000 | -8 800 |
| 投资回收期（年） | 3.54 | 3.07 | 4.01 | 3.66 | 3.62 | 3.78 |

分析总结：

- 如果年销售额在 88 万元的基础上再增加 3%，每年净现金流要比基准模型多 21 824 元，投资回收期为 3 年 1 个月。
- 如果年销售额只做到 85 万元，那么，每年净现金流要比基准模型少 16 820 元，投资回收期要 4 年。
- 如果进口原材的价格增长，预计毛利率减少 0.5%。每年净现金流要比基准模型少 4 400 元，投资回收期为 3 年 8 个月。
- 如果物业管理费明年增长 25% 的话，每年净现金流要比基准模型少 3 000 元，投资回收期为 3 年 7 个月。
- 如果小时工的最低工资提高 0.5 元/小时，每年净现金流要比基准模型少 8 800 元，投资回收期为 3 年 9 个月。

总体来说，这是个典型的零售案例。在零售行业里，通常销售额是最大的业务驱动因素（business driver）。销售额有一定的变化，对于净现金流或者净利润的影响最大。正所谓，我们经常说的："没有销售就没有利润"（no top line, no bottom line）。有了一定的销售额作为保证，即便成本费用有些增减，对净现金流或者利润的影响都不是很大，因为经营成本里面有一大半是固定的（如房租、物业管理、大部分的人工费用、公用事业费及各项杂费等）。所以，通常在零售企业，尽可能地增加销售额往往是管理层决策的重点，也是运营中最大的挑战。尤其在宏观经济环境较差、普通消费者购买力不太强的时候，如何促进更多的销售，让管理者伤透了脑筋。

| 第 5 章 |

# 企业预算管理

## 5.1 做有意义的计划

借用我以前公司老板的一句话:"Planning without action it is daydream. Action without planning it is nightmare."(有计划不实施那是白日做梦;没计划就行动那是做噩梦。)确实是这样,如果总是想象或者纸上谈兵而不具体实施,再好的计划也没有用。反之,一个没有周密计划的商业行为的确十分麻烦。一家企业要是没有规划好就飞速地发展扩张,势必会遇到很多因缺乏预测和远见而带来的财务问题,比如资金筹措困难、开支无法控制、无法收回的应收账款和积压存货等不良资产的增加、盲目投资扩张,直至现金链的断裂等。一个好的计划,可以把相应的有利因素和不利因素转化为数字放到财务模型当中,并且利用一些财务分析的手段和方法,将潜在风险可能造成的影响量化,预测有可能出现的问题,从而更好地规避或控制风险。

同时,预算也是企业的一种财务管理工具,它是为企业的战略决策服务的。说到为什么要做全面的计划和预算[⊖],我们一起来看看。

首先,预算是企业经营目标的体现,通过编制预算,可以将目标量化。尤其是对于大型的跨国企业,其多国家、多产业、多部门的经营活动非常复杂。预算可以帮助管理层细化其经营目标,将目标层层分解传达下去给各个生产经营单位。而且,预算不仅是自上而下的,同时也是自下而上的。当各个生产经营部门根据公司总部给予的目标和自己的经验将预算做出来之后,再层层往上合并,公司总部就能看到各种经营活动对最终全公司的财务状况和价值的影响。

其次,也正如上面提到的,预算是企业里上下沟通及各个部门相互协调的工具。通过预算,企业里的各个部门可以知道自己在未来的一段时间内需要做什么。同时,公司总部也利用预算进行资源的分配和调度,有哪些事情或项目需要更多的人力、物力、财力。

---

⊖ http://wiki.mbalib.com/wiki/%e5%85%a8%e9%9d%a2%e9%a2%84%e7%ae%97%e7%ae%a1%e7%90%86。

再次，预算还是企业的控制工具，帮助企业进行成本和费用的控制。在执行预算的过程中，如有相关部门在某些方面即将使用完预算费用时，或者销售部门达不到预期的销售额时，预算系统内就有预警机制。如果费用超过了预算，某些项目可以不准支付。如果确实有需要支付的，就要说明原因，由一定级别的管理人员进行特别审批。

预算也是绩效标准。在很多公司里预算通常是由上而下推行的。比如，公司总经理在预算动员会上说："根据董事会的要求和股东的期望值，我们明年的销售额要提高10%，而净利润要提高15%。"这是一个非常粗略的目标，只是说明了公司预算的大方向。要各部门依此做出部门预算，那就要将这个目标拆分为各个职能部门可以做到的具体指标。

我们以销售部门为例，销售部门的销售额指标要提高10%没错，但销售费用呢？是否略微增加，保持原样，还是减少？销售部门的销售额指标增加了，势必要扩大销售员队伍，增开销售网点。同时，市场部要配合广告促销、物流部门要增加仓储运输量等，那么，势必各个支持部门的人手都会不够。如果每个部门的人手、费用都要增加的话，能实现总经理说的净利润提高15%的要求吗？

所以，在提高销售额的同时，企业还要考虑到成本和费用的降低和控制。例如，采购部门要降低采购成本；生产部门要提高生产效率、降低能耗、降低成本；配送物流部门要提高运输效率；财务部门要监控成本和费用；人事部门要多招人手的同时还要提高各部门人员的协作，减少内耗等。

当公司总部将总体预算目标分解给各个职能部门之后，各部门以此来制订预算。一旦预算的数字确定下来，那么，它实际上就是各部门绩效考核的标准。只有每个部门每个分支机构都达标了，整个企业的预算各项指标才能完成。

最后，预算可以预测风险，将不确定因素变成可以计算出来的。俗话说："世上唯一不变的就是变化。"在现实生活中，各种情况在不断地变化，正可谓世事难料。也正因为如此，有些人会说："计划赶不上变化。"即使我们只是做一个年度预算，也不一定知道今后的12个月内，尤其是大半年后，会发生什么事情。但是，大部分风险是可以预测的。我们可以通过一些财务分析的方法，将预测到的风险量化，并且把这些风险可能造成的影响建立在预算的财务模型里面。

总之，我们不能因为实际情况一直在变化，就消极对待。预算管理就是一种积极应对变化的方法。同时，它也是企业管理体系里面重要的一环。它与信息系统的管理、财务管理对营运部门和企业决策的支持、企业内部控制系统以及生产营运管理等形成了一个密不可分的管理体系。

## 5.2 预算的种类

预算有很多分类的方法，我根据自己的工作经验，把计划预算分成以下几种。

1. 全新企业的规划

一家即将成立或者刚刚成立的新企业，需要做一个整体的中长期（5～10年）预算。它一般包括完整的利润表预算（销售、生产、成本、费用等）；企业今后几年的现金流预算；企业的展业计划（包括新的分公司、新的生产机构、新开的网点、销售点等）和所需资金的投资计划；开业初期和中长期人员计划；开业初期和中长期的资本性投入（capital expenditure，也就是固定资产和长期待摊费用等）的计划和预算。还很有可能企业会因为税务和外汇管理的需要，做相应的税务筹划、涉及不同法律主体设立的进度安排和股权比例的分配，以及融资贷款计划等。

要做好一份完整的预算计划，并不是一件容易的事。我曾经有机会做过一个全套的预算计划，前后花了近半年的时间，才把企业的整体架构、分支机构的设立、人员的安排、资金的安排等因素全面地反映出来。无论从所需的知识、技能，还是从工作的强度等方面来看，制作一个新企业的完整预算，对于财务人员来说，是一种很大的挑战。

2. 企业中长期的预算

内容跟上面的第一种基本类似，只是服务的对象和目的不同。新企业的规划和预算,一般是给潜在的投资人、股东或金融机构看的,以融资为最主要的目的。因此,预期的资金需求量和投资回报率是该计划的重点。当然,对于新企业的管理层来说,它也是行动纲领和衡量其今后工作业绩的标杆。

成熟企业的中长期计划,基本上是指导性的行动计划,是企业战略在财务数据上的体现,同时也是考核管理层工作成果的指标。它也可以作为企业融资的方案,但从金融机构的角度来看,企业前面几年的盈利情况和经营状况才是真正的考核重点。借助中长期计划,我们只是知道企业会把钱和主要的资源用于什么方向。

3. 企业日常的定期预算

对于日常的定期预算,大家应该都很清楚,每家企业每年都要做。很多企业还要做一个季度一次的重预测(re-forecasting),有的企业甚至每个月都要做一次重预测。通常,企业有自己的预算模版,甚至有相应的预算管理软件,财务人员只要将数字收集上来,再填进模板里就可以了。现在企业使用的多半是属于增量预算方法(incremental budgeting)。它是指以当期财务报表中的收入、成本、费用、资产、现金流等指标为基础,预测下一期的销售水平和企业经营管理、投融资等可能出现的影响财务状况的变化因素,通过增减有关项目的金额而编制预算的一种方法。⊖对于比较成熟的企业,这也是最基本、最安全的方法。

4. 项目预算

企业在进行一定的项目决策之前进行的一种预算、评估。这里说的"项目",可以是设立一家分厂、投资一家新公司、收购兼并其他企业、进入并开拓一个全新的市场领域等大项目,也可以是一个市场推广计划、办公室装修、设备购买置换等相对比较小的事件。大项目的预算,由于涉及大笔投资,因此跟新企业的预算类似,也需要制作利润表预算和现金流预

---

⊖ http://www.baike.com/wiki/%E5%A2%9E%E9%87%8F%E9%A2%84%E7%AE%97%E6%B3%95。

算，还包括根据项目的需要做出投资回报的评价，如净现值、内部收益率等指标。小项目的预算，根据项目的性质和考核的需要，重点放在其对企业整体利润表的影响（financial impacts on P&L），或者是不同选择之间的比较上。

5. 特殊目的预算

特殊目的预算是指那些不需要完整利润表的预算，如成本预算、存货周转计划、采购计划、费用控制预算、人员招聘计划及人力成本预算等。它有时是整体计划的一个部分，有时是一个独立的预算，用于财务评估，为一定的管理决策服务。

最后，计划预算的意义是为管理层的决策服务。企业可以将预算作为管理决策目标的一种分解。我们将企业的管理目标做在计划预算里面，各部门才知道自己应该完成的指标。各部门完成了指标，企业才能完成整个计划。如果有些指标没有办法完成，管理层就要考虑怎样来弥补或者是调整策略，同时调整计划。这样，各部门跟着计划走，计划跟着战略走，而战略又根据实际的情况适时地调整，从而使企业的管理形成一个良性循环。从长远来看，计划预算最终还是为了企业健康、稳固地发展。

## 5.3 企业财务预算实务：新企业

### 5.3.1 规划新企业的未来

作为一家新企业的创始人或者是领导人，不仅要勇于推出庞大的战略，还要善于规划未来的蓝图。但是，一家新企业的规划要从无到有地做出来，确实很不容易。它既需要制作人对企业的业务相当熟悉，对市场环境和走势清晰地把握，还要具备丰富的财务知识和一定的推算、判断能力。这通常需要一个团队来做，但往往新的企业没有那么多的时间和人力分配到计划上。因此，财务主管就需要自己来做这些计划。更麻烦的是，企业的创始人可能只有一个大致的想法或者产品概念，如何将这些看似简单粗糙的概念、想法、灵感,变成一个庞大而系统的财务计划,往往让财务人员伤透了脑筋。我想在这里给大家一些大致的思路和方法。

1. 收入的预测

我们经常说,"No top line, no bottom line"。这里的 top line 就是销售收入,而 bottom line 就是利润(无所谓是"毛利"还是"净利润"或类似的概念)。所以,销售收入的预测是关键,是利润表的起点。但问题是,作为一家没有历史财务记录的新企业,销售收入又是最难预测的。同样规模的企业,有可能每月的销售收入是三五百万元,但是如果遇到大订单,做到上千万元也是有可能的。那么,全年收入就可能从千万元到上亿元都不一定,上下相差好几倍或者十几倍。销售额的多少取决于很多因素。我们到底要怎样预测一个还没有任何历史记录的新企业的销售额呢?教大家一招——掌握"关键变量",即决定企业销售额多少的最关键的驱动因素(key drivers)。这是我和一位老同事在做了很多不同行业的商业计划书之后自己总结得出的。我们一起来看看,各种类型企业销售收入预测中最关键的因素是什么。

(1)**企业的生产能力(主要适用于制造型企业、工厂)**。企业可以根据生产产能和原料供应量来预期产量,减去最低库存量以及可能的库存损耗,估计出某个产品的销售量,再用平均销售价格及预计的产品销售组合计算出销售额。

(2)**容量指标(主要适用于服务业和零售,如发廊、餐厅、卡拉 OK、酒店、旅游景点)**。这里的关键性因素是指这种行业在一定的时间和空间内可接待的顾客数量,这个数量通常是有限的、数额固定的。我们可以按关键性因素的使用率或利用率进行估算,从而计算出总收入。

以一家发廊为例。发廊一共有 10 张理发椅。如果每位客户的平均理发时间需要 0.5 小时,每次理发收费 50 元,该发廊的开业时间是每天早上 10 点到晚上 10 点,那么这家发廊的一天收入最多就是 =10 人 × 12 小时 × 2 人/小时 × 50 元/人 =12 000 元。但实际上,10 个座位不是每时每刻都坐满的，不同的时间段，"上座率"不同。所以，根据每个时间预估的大致上座率，就可以预估出该发廊的单日收入。另外，我们还需要考虑一些变化因素，如周末比平时上座率一般要高些。如果发廊有促销活动，人流量和上座率应该也会高一些。

依次类推，如果是餐厅就要看有几张餐桌，翻台率高不高；酒店就看有几间客房，以及酒店的客房租房率是多少；旅游景点就要看其1年（或1个月或1天）的接待量是多少。

**（3）工作量（主要适用于传统的专业服务咨询行业，如会计和税务、法律、设计、翻译等）**。专业服务咨询公司的销售总额 =Σ（每位工作人员的收费费率/小时 × 收费小时 × 调整因素（如果有的话））。因为这些行业基本上是按照小时收取服务费的。所以，把所有人的小时工资 × 工作小时，然后再汇总，就是该企业的总收入。还有些服务是计件制的，比如翻译一页A4纸收费多少等，但万变不离其宗，销售收入 = 工作量 × 单位工作量收费标准。

**（4）其他特别的容量/工作量。**

1）运输工具的容量和利用率（行业：交通运输、公共交通）。

2）电话销售/访问量（行业：会员俱乐部、汽车交易、消费品直销、人寿保险等），结合交易的成功率和每个交易的估计收入。

3）杂志或报纸中广告的页面和空间（杂志、报纸等依赖广告收入的媒体行业）。总销售额 =Σ（可用广告位 × 每个广告的单价）。电视广告销售可以通过类似的概念来估计（以时间段替换版面）。

4）人流量、游客或观众的量（行业：主要是零售业，包括餐厅、咖啡厅、专卖店、百货公司、超级市场，也包括人流较多的娱乐设施，如电影院、游乐场等）；如果可以估算出平均客单价（也就是每个客户每次消费多少），那么销售收入 = 平均客单价 × 客单数量 = 平均客单价 × 来店访客数 × 转换率。其中，来店访客数可以通过现场考察、统计来获得。转换率是指客人进店后，真正买单购物、消费的人占进店人数的比例有多少。全新企业对于转换率高低的估算，基本上只能凭经验。如果以前有相似的商业模式、规模大小相似的店，其转换率历史数据可以拿来参考。

同时，还有像我们上面提到的，用容量指标来验证一下收入的合理性。收入再高，不可能超过最高的接待容量。

5）玩家、用户、读者、订阅者（行业：软件、网络游戏、书籍和印刷品、电子媒体等）的人数。一般来说，此类商品的定价相对比较固定，收入是随着用户数量的增长而增长的。同时，企业还要考虑有没有其他周边衍生产品（网站广告、纪念品、其他捆绑服务等）的收入。

（5）**基于盈亏平衡的收入估算**。这种方式比较适合难以估量收入的行业，特别是专业服务行业中提供无形产品或服务的企业。比如，广告创意/策划、公关服务、金融投资咨询等，可以先用盈亏平衡法计算出基本收入；然后根据市场、经济环境、人员状况等各种因素进行调整。

（6）**市场份额（market share %）**。如果我们知道行业的总市场规模以及我们计划获取多少市场份额，那么销售额的估算就很容易了。但问题是，市场份额多少不是那么容易估计的。预算编制者不但要对宏观经济环境很了解，还需要具备丰富的专业知识和富有洞察力的专业判断。

（7）**代理费/中介费率（主要适用于保险经纪、房产经纪、艺术画廊、拍卖或其他代理）**。这类代理机构的收入=总合同金额的百分比。当总的合同成交量达到一定数量时，可以使用这个方法。如果你刚刚创业，交易量不多，也可以考虑用"盈亏平衡法"估算出企业需要的最基本的销售额。

（8）**类似于目标成本法的估算方式**。先看产品能卖什么价格，然后看成本能做到多少。用目标成本+目标毛利计算出销售额，比较适合业务简单、产品比较单一，同时成本结构也比较简单的项目，如街头小贩、自由职业者等。

另外，有些其他因素还要考虑，比如：

第一，在不久的将来，当企业的生产经营规模需要扩大时，企业如何增强生产能力或经营能力？尤其是当企业通过外部渠道，如通过特许经营扩大企业业务、外包或代工生产来扩大生产、销售规模时，企业如何增强生产能力或经营能力？这些决策将在很大程度上决定最终的生产经营规模有多大，生产量、销售量有多少。

第二，行业竞争对手的生产经营能力、销售量、价格定位、市场份额等对企业未来收入、成本的影响。

第三，新创立的企业，虽然没有历史数据，但创始人团队成员通常也有其他同类公司的经验。

总的来说，新企业的销售收入确实很难估算，财务人员在编制预算时需要了解很多背景资料以及新公司业务的情况。

2. 成本和费用的预算

成本和费用的预算要比收入模型简单得多。在收入方面，由于可变因素较多，变化幅度也较大，所以要准确预测的难度也较大。而在成本和费用方面，都是一些实实在在的东西，可变因素较少。一旦企业运作的模式和规模基本确定了，就比较容易估算了。以下我们将简单举例说明，大家根据情况可以灵活应用。

**（1）主要成本。**

1）直接成本。它是根据每个产品的成分、原料来计算的。如果我们知道了单个产品的原料组成、比重，用料多少，每种原料的单价，以及产品的产量，就很容易出计算总成本。这个成本基本上就是我们通常讲的"标准成本"。

$$\text{该种产品的总成本} = \sum \text{每种原料单价} \times \text{单个产品该原料耗量} \times (1+\text{可能的损耗率}) \times \text{产量}$$

对于制造型企业，这是最直接也是大家普遍认可的计算方法。唯一的缺点就是可能产品种类很多，用到的原材料也多种多样，原材料价格说不定还有季节性波动，这样，在建立计算模型的时候就会感觉复杂且烦琐。当然，在得出总成本之前需要知道总产量和各个产品之间的"产品组合"（product mix）。

2）间接成本。根据以往经验或实际情况估算，如电费，一般情况下，一条流水线满负荷工作一天需要耗用多少电费,有经验的生产经理根据设备的设计用电量、预估的产量以及其个人经验应该就可以估算出来。比如,对于一些不是直接原材料但是在生产中必须使用的工具和耗材的使用成本,我们根据经验判断也可以估算出来。对于与资本性支出相关的折旧或者摊销,那就根据原先确定的折旧、摊销方法和年限来预估。

我们这里说的是计算出总成本,没有涉及分摊。如果预算中要将间接成本分摊到不同产品上,就必须采用一定的分摊办法。而这种分摊往往是为了预估每一种产品的价格、成本和毛利等各是多少。间接成本分摊是根据产量、生产耗用的时间来分摊的,或者是使用我们以前说过的 ABC(即作业成本法),根据企业的实际情况(或假定的可能情况)来判断。

3)比率成本。比率成本是一种比较简单易行的估算成本的方法,尤其适用对于业务形态、产品结构比较稳定的行业或者是服务性行业,如餐饮业、零售业。餐饮业一般都有一个比率成本的经验值,这在预算中可以直接使用。另外,零售业的商品定价,通常是在商品采购价基础上加一个毛利(margin),即所谓"批零差价",而零售企业赚的主要就是这个差价。因此,同类或某个大类产品的销售成本通常有比较固定的经验比率。

如果没有其他数据可以参考,制造业也可以用比率成本估算的方法。比如,某工厂生产的产品主体都是橡胶的,一共就几个大类十多种产品。产品的原料结构基本相似,仅仅是成品的最后形态略有不同,因此,加工工艺在最后的步骤略有不同。如果这样的话,直接成本可以只需估算一个比率,而在间接成本的部分只需将设备折旧、工具消耗和人力成本的不同因素考虑进去就可以了。

4)计时成本。有些行业的成本基本上就是人力成本,几乎没有原材料,如专业服务行业的会计师事务所、律师行、咨询公司、培训公司等,那么它的成本就是人员的工资和各种福利了,再加上培训、人力资源管理等人力资源成本。这些人力资源成本的计算基础主要是时间。我们可以根据每一个人的工资、福利、培训的费用等先确定一个平均的每小时费率(hourly rate),然后根据参与项目的有哪些人,每一个参与项目的人员预计会使用多少时间，来计算出项目的"标准成本"。有时，这一计算过程还应包括将项目分包给其他专业公司或者自由职业个人的劳务费用。

5）研发成本、费用。⊖作为新创立的企业一般都有一些研发项目成本和费用（research & development，R&D），通常会涉及新技术、新工艺、新材料等很多方面。还有一些有自主研发能力的企业，在设计开发某个科技产品或者软件过程中，也有相当一部分的研发费用。

研发费用通常包括：研发使用的材料成本，研发人员的工资、福利，外包人员的劳务费用，研发使用的设备房屋折旧和维修费用，研发中使用的工具、模具，研发样品的制造费用、检测费用、办理各种审核、验证等相关手续费用，另外还有研发项目小组相关的差旅、培训、会务、办公费用等。这部分费用在一定的项目下归集之后，符合一定的要求才可以资本化，不符合要求的，直接做当期费用。具体的规定，大家可以参考相关的《国际会计准则》和中国的《企业会计准则》。

资本化的研发费用，需要在一定的时期内，按比例分摊这些费用，记录到成本中。比如，当我们制作软件开发公司的预算时，我们可以简单地说：软件开发公司的成本＝前期开发费用摊销＋直接人力成本＋系统维护费用等。

除了以上这些，在说到成本的估算时，还有几个因素需要考虑。

（2）成本估算需考虑的相关因素。

1）生产的产量和设备的维护、更新、升级。通常来说，一条生产线或一个固定生产流程的产品产量是有限的，也是我们上面也提到过的"生产产能"（volume capacity）。它是不可能无限制增长的，这就是前面第4章4.1节讲过的企业生产的限制因素（constraints）。所以，在做预算的时候，我们要考虑到当生产的产量达到一定规模时，设备往往需要更新、升级，这需要大量的资金投入，并会在一定程度上影响成本、费用的预算和现金流的预算。即使产量稳定增长且未达到产能的极限，企业也要注意设

---

⊖ https://baike.baidu.com/item/%E4%BC%81%E4%B8%9A%E7%A0%94%E5%8F%91%E8%B4%B9%E7%94%A8/4196671。

备的维护成本，因为产量和维护成本并不是同步增减的。可能在总产量累计达到一定数量后，如果产量还要增加，设备就需要另外增加维护成本。这样，总成本就会增加。

2）产品组合变化。不同的产品组合不仅会影响总成本的金额，以及总体利润的水平，可能还会影响生产的效率、人员的配备等因素，从而影响不同产品的成本。比如，企业生产A、B两种产品，原先可以使用企业现有的资源完成生产。但由于B产品的销量很好、售价高、毛利也很高，企业决定扩大生产。而原先A的生产计划又不能放弃，这样为了多生产B产品，B产品的员工需要加班，而晚上上班使得原料损耗增加很多，同时原先的生产设备还需要一些改造来满足增产需要等。那么，增产部分的B的成本就不能用原先生产B的成本来替代了。

3）限制和约束。这方面需要考虑生产或销售有什么因素可能会成为瓶颈。比如，某种产品的生产需要一种稀有金属，而这种金属的产量极其有限。所以，在做生产计划的时候就要考虑到制约带来的影响。再比如，虽然中国人口众多，但是企业在计算所需要的劳动力时，不能认为人力可以无条件、无限量地供给，要考虑招人、培训的周期，当地可提供的合格人力资源有多少等。还有其他很多因素可能成为约束，如原材料产地的远近、运输能力、气候条件等。对于具体的一些计算方法，我们可以参考之前第4章的"限制因素分析模型"。

除了客观因素，还有主观因素，涉及企业的营运模式和管理模式。比如，劳动力密集型的企业通常承诺包吃、包住，当流水线需要大量扩招工人的时候，住房和吃饭问题怎么解决呢？如果像一些大规模企业有自建的宿舍和食堂，而当企业的销量产量并未达到预期，不需要大量临时工的时候，那些闲置的住房、餐饮、文化娱乐设施又该怎样处理？

（3）**其他费用**。除上述主要的成本和费用之外，还有一些其他费用，它们的估算跟前面提到的间接成本类似。这些费用包括：管理人员的工资福利、办公室设备折旧和装修等租赁物改良支出的摊销、办公室租金、市场费用、差旅费交通费、通信费用，以及办公用品消耗品等。

1）人工费用。一般来说，人事部根据企业的人员配备计划、招聘计划来确定公司需要多少员工，员工的职级和大致的工资水平，来估算人工费用，包括各种福利。通常，人工费用预算由人事部门来计算和提供，同时，人事部可以顺带预估人员的培训费用、招聘费用等其他跟人事管理有关的费用。

2）租金、办公等一般费用。大部分费用都可以比较直接地估计出来，一般只要根据实际情况或者可能会遇到的情况凭经验估计就可以了。比如，差旅费，一般我们根据业务的实际需要，每年估算一下出差的次数和出差的地点，就可以大致估算出差旅费用。再比如，租金，一般来说根据大概有多少人需要多少办公面积、办公室要设在其他什么地段还是放在工厂内部等因素来判断。折旧和摊销要在确认了资本性支出（参见 5.3.2 节资本性支出的预算）的金额之后再来计算。

3）市场费用的估算。

第一，比率法。作为一家全新的企业，在没有以前年度的数据做参考的前提下，市场费用可以用销售额的比率来预算。一般各个行业都有自己的经验比率，该比率可能未必能完全满足新企业的需要，但可以作为参考。特别是在做长远规划时，比率法比较好用。

第二，根据市场推广计划来估算实际可能发生的市场费用。这是比较稳妥的方法。首先，了解市场部的计划，比如它的计划是：下一年度内投放两次电视广告，十次新产品推广，建立用户 VIP 俱乐部，加上暑假期间的特惠促销和圣诞节期间的假日促销。那么，只要知道各类广告的大致投放成本、产品推销的范围和动用到的资源等，我们就可以计算每次活动所需的费用了。

第三，比率与实际费用相结合的方式。预算人员既要考虑所有产品的平均市场费用比率，又要将可能的大型市场活动的费用作为专项费用放进预算。

4）费用的分摊。如果费用要在不同部门、不同项目之间进行分摊，我们可以用一些很主观判断性的（judgmental）方法，如人事管理类的费用、办公室杂费，可以用各部门人数来分摊。如果我们能找到适当的费用驱动因素，也可以用作业成本法分摊。另外，我们还要考虑这个部门是成本中心还是利润中心，如何分摊费用，才可以使其分摊结果趋向合理，否则，年底考核绩效时，预算时设立的所谓考核指标可能变得没有意义。

3. 利润表"完整的图像"

"A whole picture"，即完整的图像。如果你在外资企业工作，可能会经常听到外籍同事用这个短语。做一份完整的报表或者报告，可以全面地反映企业的方方面面。我借用这个短语是想告诉大家，一个完整的利润表预算还需要很多东西。

我们上面讲了收入、成本和费用的预测，这只是利润表的主体部分。收入减成本是毛利，毛利减费用本来是营业利润（或经营利润）。但不要忘了，我们还没有说财务费用和其他支出。所以，严格地讲，我们只做出了"息税前营业利润"而已。我们都知道，在一个利润表的预算当中，收入和成本费用是最重要的部分。其他项目，我就拣最主要的简单说一下。

（1）财务费用。财务费用并不完全是利息收支，还有一些融资成本，当然还有汇兑损益。通常来说，对于利息收入部分，财务人员一般不做预算。除非企业的预期利息收入较高，并且有定期存款、债券等比较固定且容易匡算的利息收入来源。

利息支出和融资成本，一般主要是贷款或其他融资方式的利息支出，这部分根据资金需求量预算和融资方案、利率水平，应该很容易预测。对于汇兑损益，财务人员一般也不做预算，除非利率的升降是可以预测的。财务人员还要匡算企业所需的外汇币种及其使用量。这对外贸出口型企业或者原材料大部分进口的企业来说，可能是很重要的部分。

（2）投资收益。新创企业一般不会有这个部分。新创企业在没有正常营运到一定阶段，尤其是没有积累一定的留存收益的前提下，通常是不会对外投资的。但如果有的话，按照一定假设来估算，如对外投资需要多少资金，预计的回报期和收益率大概是多少。如果不是固定收益（fixed income）的投资，那就应该把针对收益所设定的假设做得相对保守一些。

（3）**营业外的收入和支出**。通常这个也不会专门做预算。一方面，这些收入支出比较少，对企业利润的影响不大；另一方面，即便有数额较大的补贴收入之类，通常也是企业无法预测的。但如果我们在做预算时已经知道有一些或有事项会有较大的财务影响，就要把它们放进去，以免影响预算的整体效果。比如，数额很大的未决讼诉，如果已经基本上肯定会败诉赔款，那么就要放入支出的预算（营业外支出——罚款支出或赔偿支出等）当中。

（4）**所得税**。通过上面的一些处理，基本上利润总额已经出来了，就要测算所得税了。所得税要根据相关的税收法规、条例来计算，包括减免税、退税政策、不同税率的使用等因素。这样，应该可以计算出净利润了。

（5）**企业管理报表上的其他内容**。企业管理报表和税务局要求的正式利润表通常在格式表达上有所不同。管理报表的目的是考核企业的高层领导的管理水平。因此，有些项目可能就会放在营业利润的后面，比如财务费用或者是融资成本。很可能融资贷款在这家公司看来是一种利用财务杠杆的战略性决定，但并不一定需要外部资金支持。因此，融资成本不必包括在考核指标里。

很多企业会把息税前利润（earning before interest and tax，EBIT）作为利润衡量分支机构的指标。这是因为，不同的分支机构分布在不同国家或地区，它们的资本结构和税率都有所不同。企业用 EBIT 可以相对容易地在它们之间进行业绩比较。更进一步，企业可以将税息折旧及摊销前利润（earning before interest, tax, depreciation and amortization，EBITDA）作为考核指标，就是进一步从中剔除非现金的费用。

还有一些企业作为跨国公司的分支机构，它们会有一些总部的分摊费用。正常的利润表当然把它放在管理费用项目中。但是，有些管理报表，就把它单独列示在营业利润后面。因为这些属于分支机构不可控制的费用，不应该计算在它们的利润考核指标当中。

## 5.3.2 资本性支出预算

一般来说，资本性支出预算是比较容易做出来的。通常，这类支出都是比较大的支出，企业领导一般都比较重视，因此前期准备、商业调研、决策分析等也会做得比较充分。同时，资本性支出的方案一旦确定，其可变性、不确定性、突发性因素都比较小。不像销售收入、成本、费用，计划得再好，可变性还是很大。

资本性支出通常是指通过这种支出所获得的财产或劳务，其效益可以在以后的多个会计期间体现出来。[⊖] 从企业实践的角度，一般包括以下几个方面，但不仅限于：

- 外购的生产、经营设备（包括购价、运费、安装等）。
- 自建设备、装置、模具等。
- 固定资产改良支出要符合一定条件的才可以作为资本性支出。
- 办公室装修、办公家具和设备，及相关网络、电脑设备。
- 资本性项目投资（如设立一家新厂、新店、新分公司等）及相关递延资产（如开办费）。
- 无形资产，包括管理软件、应用软件、专利、商标、土地使用权等。

要做好一个资本性支出预算，首先要知道的信息就是支出的成本金额以及支出的具体时间和进度。一般来说，无论是新企业还是老企业，大笔的资本性支出通常都有一个计划，这个计划根据不同的内容由生产部门、设备管理部门、IT部门、行政管理部门或者营运部门来负责制定。预算中支出的时间和进度，就应该根据这个计划来做。

举个简单的例子：比如，要装修办公室，计划3月初开工，4月底结束，5月1日验收。工程初步报价50万元。装修公司要求先付20%，然后开工；开工后3周内支付50%；工程结束验收后付清实际工程总额的

---

[⊖] https://baike.baidu.com/item/%E8%B5%84%E6%9C%AC%E6%80%A7%E6%94%AF%E5%87%BA/9899951?fr=aladdin。

95%（还要减去前面已付的工程报价的 70%）；最后的 5% 到工程结束 3 个月后，根据实际使用情况，如果使用下来没什么问题就付，如果有任何装修方面的遗留问题就暂时扣下不付。如果我们做的是下一年的月度资本支出预算，应该是这样的：

2 月：支出 10.0 万元

3 月：支出 25.0 万元

5 月：支出 12.5 万元

8 月：支出 2.5 万元

这里，说明两点：

第一，虽然 8 月这笔钱不一定要付，但保守起见，我们还是要把它放到预算里面。

第二，5 月和 8 月的这两笔钱实际支付有可能会超过预估的数字，但在做预算的时候我们还不知道最后的决算数字是多少，因此，以初步报价为准。如果我们有经验、有能力也有依据可以判断出最后决算会达到多少，那就在预算中适当地反映出来。这也就是所谓的"Estimation according to the best of our knowledge"，即以我们最佳的认知，根据我们当前知道的全部情况来判断应该放多少在预算里面。另外，我们可以在整体预算里面放一些所谓"或有支出"（contingency），比如，整个工程报价的 5% 或者 10% 作为万一实际支出超出整个预算金额的缓冲。

其他的资本性支出，很多与以上的类似。比如、购买安装大型流水线、自建设备或机组、建造新厂房、修缮老厂房等，都要有一定的工程期，因此它们的支出也是按照进度支付的。可能只有办公设备、家具和一些简单软件（只需安装，无须实施的）的资本性支出是一次性支付的，只需在预算中直接放入那个预计支出的月份就可以了。

比较麻烦的资本性支出预算，就是支出的成本金额或者具体的时间进度无法确定的那种。

- 购买设备的价格。某种设备的价格因生产厂商、原料使用等的不同而差异很大，或者由于购买者所需的是非标准型号的，因此找不到一目了然的价格资料。在这种情况下，保守起见，我们通常都会选用能找到的最高价格或者偏高价格。

- 一些工程性质的支出。比如，自用软件开发、自制设备的制造、自建厂房等，整个造价也很难一下子确定。这就需要先针对这项工程本身做一个项目费用、成本预算，然后再拿出其中可以资本化的部分放到资本支出预算里面。

- 进度与企业的整体战略计划有关。比如，企业要大举开拓西部市场，两年内在西部开设5个办事处。如果我们假定每个办事处的办公室大小均为500平方米。要测算一个500平方米的办公室装修费用、家具、基本办公设备的总体成本并不太难，基本上可以标准化。唯一的区别可能是由于各地方的房地产价格、劳动力成本差异导致了一些费用和成本的差异。对于这些部分，企业只要认真做一些调查研究，就很容易弄清楚。问题可能是，到底要将5个办事处开在哪里？按怎样的顺序进度来开设这些办事处？这就影响到企业的战略布局以及其他很多相关的问题。当企业整体的战略还没有确定的时候，这个资本性支出的计划就无从谈起了。

- 确定一项固定资产，是外购、自制，还是要租赁。通常，企业需要做一些比较，通过比较它们相应的成本费用、未来收益以及对现金流的影响来做出决定。只有决定做出来了，我们才可以将资本性预算制作出来，否则，资本性预算就不准确了。比如，一家公司原先使用的仓库是租用的，因此每个月固定支付租金。如果公司明年打算自己建造一个仓库，而不再使用租赁的仓库，还将自建仓库中多余的空间再出租给其他公司使用，收取一些租金。那么，租金和物业管理就不再支付了，每月却有租金收入和折旧费用。这就先要计算该项投资的回报是否合算，公司才能做出投资与否的决策。财务人员才可以确定是否将其放入明年度的预算中。

另外，资本性支出的预算通常不仅会影响利润表（如折旧和摊销）的预算，也会影响现金流（投资活动）的预测和资产负债表（固定资产、递延资产）的预算。因此，财务人员在做预算时，要考虑方方面面的影响，而不能单一、割裂地看问题。

### 5.3.3 新创企业的现金流量表预测

新创企业的现金流预测和成熟企业的制作方法与目的略有不同。成熟企业的现金流量表通常是以当前的现金流量表为基础，再根据利润表的预算来计算出各项目的增减变化，从而获得预测的现金流量表。新创企业的现金流预测则有很多不确定因素，很多方面只好用经验判断。不过，基本大方向还是有章可循的。以下简单说明一下，希望能给大家一些启发。

1. 经营活动产生的现金流

大家应该都知道现金流量表本身有两种编制方法：直接法和间接法。新创企业的现金流要用什么方法比较好呢？应该说，两种都可以用。但相对来说，间接法做出来的可能会让人感觉不是很靠谱，因为，这中间要使用太多的假设，而这些假设本身又带有太多的不确定性。

间接法的基本原理，就是要将影响利润形成的"应收""应付""预提""待摊"等非现金收付项目和影响资产负债表的"预付""预收"等项目的变化还原成真正的现金收付实现，然后在"净利润"的基础上做调整，具体怎样做我就不再赘述了。这里，仅仅举一个例子，说明其不确定性。

比如说针对应收账款的调整。我们知道：期初应收余额 + 本期销售额 − 期末应收余额 = 本期收款的现金流入。如果是新创的企业，期初数为零。有了利润表的预算之后，要预测本期销售额是多少，也不太难。但要确定本期现金收款和期末应收款的水平到底有多少，就有点难了。这里就涉及很多不同的假设方法，要按照销售额的一个统一比例预测期末应收款余额，如5%或10%，还是有其他的方法？

另外，企业销售策略方面的变化也是导致期末应收余额变化的因素。

对于新创企业来说，可能一开始的时候给客户的付款条件会更宽松一些，但营运走上正轨之后，付款条件逐渐收紧，应收款余额会趋于行业的正常水平。但是，这只是我们在预算时的假设，实际情况会比这复杂得多，各种不确定因素的影响就更加明显了。

而且，期末余额是一个时点数，由于业务流程或现金收付的时间差等很多因素会导致其大幅度的变化。比如，我们假定 A 企业销售额每月平均约 1 000 万元，行业正常的平均应收账款水平是 10% 左右，那么，我们暂时可以预估 12 月 31 日 A 企业有 100 万元的应收账款。但如果销售额中的 10% 来自一家客户 B 公司，A 企业是 B 的主要供应商之一，B 公司每两个月订一批货，一次 200 万元。正好有一笔 12 月的大订单要在 12 月 31 日交付送货给 B 公司，那么我们计算的 10% 应收账款就显然不够了。那么，12 月 31 日当天的资产负债表上的应收账款余额 = 800 × 10% + 200 = 280（万元）。而在我们做预算的时候，这种情况，我们不一定能预见到。也就是说，一两个大客户或者几个大订单，就有可能在很大程度上影响应收账款的期末余额。但这种影响因素会带来很大的不确定性，在预算中是一个难点。

直接法就相对比较容易，按部就班地去做，尤其是针对新创企业。如果已经有了一个较为完整的利润表预算，那么现金流量的预测就相对简单了。我们只要搞清楚有哪些现金项目的流入和流出，都在什么时点上进出，然后根据利润表数据来计算出金额。至于现金流进出的项目大家也用不着自己编造，完全可以根据《企业会计准则第 31 号——现金流量表》的规定。[⊖]让我们以准则中规定的"经营活动现金流"的各项目为例，看看怎样计算其金额。

**（1）销售商品、提供劳务收到的现金**。这项其实就是销售收入中实际收到的钱款。如果没有特殊的情况，一般我们用比例法。通常根据这个行业或者类似规模的企业资金回笼的状况是怎样的，估算出一个比例，如

---

⊖ http://www.chinaacc.com/new/63/64/77/2006/3/ma6994585416183600210092-0.htm。

90%，然后和销售收入相乘就可以了。

**（2）收到的税费返还**。对于这个部分，新创企业一般应该是没有的。如果有，作为这么特殊的项目一定有一些特别的缘由（比如，地方税部分返还、补贴收入、作为优惠政策的所得税返还等），根据实际情况直接估算出来应该不成问题。

**（3）收到其他与经营活动有关的现金**。这个部分如果有的话，应该不是很多，基本上有点像营业外收入中的现金收入部分和一些其他应收款中的特殊项目。一般来说，如果在预算时没有足够的证据表明特定项目一定要放入其中的话，通常我们不会在预算中估算这个部分。

**（4）购买商品、接受劳务支付的现金**。这个基本上就是成本。我们可以将成本中预提或尚未支付的部分剔除就可以了。我们通常也可以用比例法，将该比例乘以营业成本（或销售成本），简单估算一下。

1）支付给职工以及为职工支付的现金。支付职工的现金，当然就是工资、奖金、四金及各个部分的福利开支。唯一要注意的是将"预提费用"（如年后才发的"年终奖"）等非现金部分剔除出来就可以了。

2）支付的各项税费。税费支出也很清楚，财务人员根据实际情况进行估算就可以了。其中"应付税金"年末余额，年后才会真正支付，和上面提到的预提费用一样，也要剔除出来。

3）支付其他与经营活动有关的现金。它主要就是除了上述成本费用以外的其他费用（管理费用、营业费用等），以及营业外的支出等，同样地，也要剔除非现金的部分。

2. 投资活动产生的现金流

正式现金流量表分成三块：经营活动、投资活动和筹资活动的现金流量。其中投资活动的流量，和我们上面说的"资本性支出的预算"相关。要注意，这里的投资不仅仅是"对外投资"，它是包括"企业长期资产的购建和不包括在现金等价物范围的投资及其处置活动"[一]。因此，正好和我们的"资本性支出"相对应。这个部分，基本上把我们前面做好的直接复制过来就可以了。我们在项目上可以简化归纳一下，并且按照《企业会计准则第31号——现金流量表》规定列示。

3. 筹资活动产生的现金流

这个部分要和之后章节提到的"资金需求计划"挂钩。当现金流的前面两个部分都做好以后，如果有资金缺口，就很容易看出来了。很有可能经营活动的现金流无法满足投资活动的现金流，甚至有可能经营活动的现金流本身就是负数，这样企业就需要借贷或者融资了。所以，资金需求计划是想表示，企业在什么时候需要多少资金。尤其是在实施大项目时，投资活动在很大程度上要靠外部资金的支持。

企业可以单独做一个"资金需求计划"，让高层决策者知道企业的资金状况，或者是直接在现金流量表的"筹资活动"当中的现金流入部分中表现出来。我们只是假定，当企业缺钱的时候，可以通过融资得到这么多的投入资本或者融入资金。也就是说，在做新创企业的现金流量这个部分时，我们假设现金流入就是企业缺口的那部分资金，并能通过一定渠道及时到位，不影响企业的日常运营。

另外，"筹资活动"的现金流量还包括偿还债务、支付股息和利息、分配利润等的现金流出，而这些现金流出的部分比较一目了然：

- 如果企业有贷款、融资的合同，还款进度根据合同的规定放入现金流出中。
- 如果企业自身经营有多余资金，可以偿还债务，而又没有明确的还款进度规定，偿还的金额和进度可以由预算者自己来假设。
- 股息、利息可以用融资的金额乘以资金成本的比例来计算。
- 利润分配要在企业有税后利润后才能进行，所以要根据利润表的预测结果来定；然后查看股东会通过的企业章程或其他决议当中有没有相关的分配方案。

---

[一] http://www.chinaacc.com/new/63/64/77/2006/3/ma69945854161836002l0092-0.htm。

## 5.3.4 资金需求计划

对于一家新创立的企业来说，成立初期通常有大量的资金需求，因此现金流预算和资金需求计划就显得特别重要，尤其是在企业创立后的2～3年。等企业生产运营各方面都运转得比较成熟了，特别是当企业找到了适当的商业模式，自己的"造血功能"比较完善之后，就不一定需要很详细的资金需求计划了。

当企业发展到一定规模之后，如果需要大力拓展业务，如开设新的分支机构、分店，拓展新的市场或者是购买大型设备以增加生产规模等，那么，企业自身的经营活动产生的现金流可能不够，这时就需要一定数量的融资或银行贷款，需要制作较详细的资金需求计划。资金需求计划与现金流量表有很大的关系。

- 如果我们制作某个期间（每年、每季度、每月，甚至每周）的资金需求计划表，就必须以上一个期间末的现金流量净额作为起点，来计算下一个期间所需的资金。
- 现金流量表中筹资活动产生的现金流量是指一定期限内的现金流，如一年或者一个月。但"资金需求计划"是比较灵活的，可以是短期的、一年的或者中长期的，也可以根据企业资金的需要或者大型投资项目的周期，来确定计划时间的长短。"资金需求计划"可以按年、季度、月甚至按周列示。所需资金可以考虑一次性融资或者根据每年或每月、每周资金缺口大小分期融资。但万变不离其宗，"资金需求计划"中的资金缺口的总量和融资借款的总量应该与同期的现金流量表相关科目相匹配。

另外，我们还要根据现金流量表中计算出来的资金缺口来安排我们的资金需求计划。下面我们来举例说明，为简化起见，我们只计算某一个季度的资金计划。如果要计算一年的，基本的方法和形式都是一样的。

【例5-1】季度资金需求计划

某零售企业 S，目前旗下只有一家门店。该公司正在编制下一年度的预算，我们已知该公司的下一年第一季度利润表预算如表5-1所示。

表5-1 S公司第一季度利润表

| 项　目 | 金　额（元/月） | | |
|---|---|---|---|
| | 1月 | 2月 | 3月 |
| 门店利润表 | | | |
| 销售净收入 | 213 681 | 189 675 | 200 329 |
| 减：产品采购成本 | 85 472 | 75 870 | 80 132 |
| 　　物流成本（仓储、运输、包装等） | 15 856 | 16 032 | 15 570 |
| **门店销售毛利** | 112 353 | 97 773 | 104 627 |
| **门店毛利率** | 52.6% | 51.5% | 52.2% |
| 房租 | 50 000 | 50 000 | 50 000 |
| 物业管理费和物业税 | 1 500 | 1 500 | 1 500 |
| 人工成本 | 36 400 | 33 970 | 35 100 |
| 培训费 | 500 | 430 | 286 |
| 水电等公用事业费 | 1 000 | 900 | 950 |
| 设备折旧和资产摊销 | 5 890 | 5 890 | 5 890 |
| 设备维修保养 | 345 | 510 | 923 |
| 证照许可、各种手续费 | 2 400 | 2 200 | 2 300 |
| 其他费用 | 5 000 | 6 000 | 7 000 |
| **费用合计** | 103 035 | 101 400 | 103 949 |
| **门店净利润** | 9 318 | -3 627 | 678 |
| 门店净利润率 | 4.4% | -1.9% | 0.3% |
| 公司总部 | | | |
| 　　总部各部门工资 | 45 870 | 46 930 | 45 382 |
| 　　其他管理费用合计 | 85 672 | 78 921 | 82 815 |
| 　　公司借款利息 | 4 000 | 4 000 | 4 000 |
| 　　所得税 | 0 | 0 | 0 |
| **公司税后净利润（亏损）** | -126 224 | -133 478 | -131 519 |

跟S公司的资金收付有关的数据信息还包括：

（1）根据S公司的现金流量表预算，S公司今年12月31日的预计现金和现金等价物的期末余额为36 985元。

（2）由于S公司是零售行业，全部是现金和信用卡收入，没有任何应收账款。

（3）产品采购成本、物流成本一般都需在1个月内支付，因此当月支付的货款通常是上个月的采购成本和物流成本。该公司今年12月预计的货款和物流成本分别是：78 120元和15 326元。

（4）除人工成本、共用事业费外，我们假设所有其他在店内发生的费用（当然，非现金支付项目除外）都在当月支付。该公司今年12月门店的人工成本预计33 180元，将于明年1月5日支付。12月门店公用事业费预计1 200元，将于明年1月20日支付。另外，根据租赁合同，房租、物业管理费必须在当月1日支付。

（5）总部的各部门工资，也是在每个月的5日支付上个月的工资。S公司总部人员今年12月的工资预计43 872元。另外，每年年初，公司会根据各部门人员以及门店经理、副经理等的本年度表现，发放年终奖金，通常在春节前支付。明年春节是2月16日，所以奖金必须在2月15日前支付到账。我们假设需支付的奖金总额为50 000元。

（6）总部的各种费用，有部分也可以延后支付，有部分费用不是当月现金支付的（如折旧和摊销），所以，我们假设当月现金支出是：上半个月支付上个月总费用的50%，下半个月支付本月费用的40%。该公司今年12月总部的管理费用预算为76 523元。

（7）S公司打算明年再开一家门店，预计在明年4月10日左右正式开业。所以，有关设备投资、装修等支出总计50万元将于第一、二季度支付，支付的进度是：

1）明年2月初：装修费用35万元的60%。

2）明年3月：装修费用的30%以及设备15万元的90%，共计24万元。假设上下半月各支付一半。

3）明年5月（开业之后一个月左右）：装修费用及设备的10%。

4）开店之初门店需要大量的库存备货，所以，在开业之前两周要支付10万元的采购库存商品。

（8）S公司决定聘请W咨询公司进行一次市场调研，以充分了解目前市场上的消费者收入水平、消费习惯、产品喜好以及对购物体验的要求等。预计调研费 10 万元，具体金额要据调研公司实际花费时间确定。该调研将在明年第一季度进行，因此 1 月初支付 50% 的调研费，3 月底再支付 50%，以及相关税金（调研费的 5%）和调研团队的相关差旅费用等，后两者合计约 12 000 元。该费用已经在今年的利润表中预提，总计 112 000 元，并且将会体现在今年 12 月 31 日资产负债表的预提费用中。

（9）S 公司目前向银行借款 100 万元，每月 1 日支付利息 4 000 元。S 公司准备再向银行借款 50 万元用于新店的投资。该笔资金将在 1 月上半月到账。

（10）由于公司刚起步，仍属于亏损状态，营运资金尚有较大缺口，无论日常营运还是新店投资都需要更多的资金。所以，公司股东决定追加投资用于门店营运和总部各种日常开支。但是还不知道究竟要投入多少，需要什么时候投入，这要根据资金需求计划来确定，并且投资金额以万元计算。

（11）公司管理层要求将各种资金支出与入账细化到每半个月计算一次，除以上提到具体日期的以外，其他支出均以上、下半月各支付该月总额的 50% 来计算。与支相配比，现金收入中的销售收入也分成上、下半月各一半来计算。由于零售企业的门店没有应收账款，假设所有销售收入的现金都在当天收到。

（12）另外，公司管理层要求 S 公司从明年初开始，现金余额在任何时候都不得低于 5 万元，以保证日常营运的需要。

经计算（具体计算过程不再赘述），S 公司第一季度的资金需求计划如表 5-2 所示。

根据以上计算结果，S 公司大约再需要 57 万元的资金投入，以满足公司日常亏损带来的资金短缺、新开店和市场调研的需要。经董事会和公司高层主管讨论之后，公司股东同意在 2 月初直接投资 60 万元，以解 S 公司资金短缺的燃眉之急。

表 5-2　S 公司第一季度资金需求表

| 项　目 | 金　额（元/月） | | | | | |
|---|---|---|---|---|---|---|
| 日期 | 1月<br>1～15日 | 1月<br>16～31日 | 2月<br>1～14日 | 2月<br>15～28日 | 3月<br>1～15日 | 3月<br>16～31日 |
| 现金期初余额 | 36 985 | 372 166 | 392 692 | 51 690 | 58 726 | 51 824 |
| 现金收入 | | | | | | |
| 　销售收入 | 106 841 | 106 841 | 94 838 | 94 838 | 100 165 | 100 165 |
| 　银行贷款 | 500 000 | | | | | |
| 现金收入小计 | 606 841 | 106 841 | 94 838 | 94 838 | 100 165 | 100 165 |
| 现金支出 | | | | | | |
| 　产品采购 | 39 060 | 39 060 | 42 736 | 42 736 | 37 935 | 37 935 |
| 　物流 | 7 663 | 7 663 | 7 928 | 7 928 | 8 016 | 8 016 |
| 　门店人工成本 | 33 180 | | 36 400 | | 33 970 | |
| 　门店公用事业费 | | 1 200 | | 1 000 | | 900 |
| 　房租和物业管理 | 51 500 | | 51 500 | | 51 500 | |
| 　门店其他营运费用 | 4 123 | 4 123 | 4 570 | 4 570 | 5 255 | 5 255 |
| 　总部工资 | 43 872 | | 45 870 | | 46 930 | |
| 　总部员工奖金 | | | 50 000 | | | |
| 　公司借款利息 | 4 000 | | 4 000 | | 4 000 | |
| 　总部其他管理费用 | 38 262 | 34 269 | 42 836 | 31 568 | 39 461 | 33 126 |
| 　市场调研费 | 50 000 | | | | | 62 000 |
| 　新店装修及设备 | | 210 000 | | 120 000 | | 120 000 |
| 　新店存货采购 | | | | | | 100 000 |
| 现金支出小计 | 271 660 | 86 315 | 495 840 | 87 802 | 347 067 | 367 232 |
| 股东追加投资（最低要求金额） | | | 60 000 | | 240 000 | 270 000 |
| 预计现金期末余额 | 372 166 | 392 692 | 51 690 | 58 726 | 51 824 | 54 757 |

## 5.3.5　新创企业的资产负债表预算

我们在完成了一家新创企业的利润表、资本性支出、现金流量表预算和资金需求计划之后，已经基本完成了该新创企业下一年度的财务预算和计划。如有需要，我们可以制作一份资产负债表预算。但是，资产负债表是一种体现"时点数"的报表，截止日当天的情况会比一个月或者一年这样的"期间"发生数更具有不确定性，因而更难预测。这与我们上面提到的预测现金流量表项目的期末余额类似,有任何重大事项的时间差异,就会导致资产负债表完全"变脸"。

举个例子来说明。

**【例 5-2】新企业资产负债表的不确定性**

有一家新创企业 Y 公司预测某年第一季度末的资产总额为 12 350 000 元。短期负债 2 350 000 元,长期负债为 5 000 000 元,所有者权益(全部为公司股东投资)5 000 000 元。资产负债率为 = 59.5%。看上去负债状况还比较健康。

这里需要说明的是,Y 公司需要向银行借款以维持企业的日常营运,借款总额为 500 万元,该笔贷款预计将于第二季度初到位。所以,在其 3 月 31 日资产负债表的短期负债中未包含这个数字。但是,如果公司急需该笔资金,向银行申请提早放款,希望在 3 月 31 日前到位。如果银行也同意的话,那么 Y 公司第一季度末的短期负债预计将达到 7 350 000 元,总负债将达到 12 350 000 元。那么其资产负债率将达到 71.2%。虽然说这个负债水平不至于非常危险,但对于一家新创企业来说,当报表阅读者要使用这个预测报表来评价该企业财务状况时,其评价将会有所不同。

我们只能说,资产负债表的预算虽然是有章可循的,但是不确定因素太多。对于一家新创企业来说,并不是不需要它,但是即使做出来多半也只能起到参考的作用。因此,有没有必要花时间编制,只能由公司管理层和财务人员的专业判断来决定了。如果确实需要编制,基本的方法跟一般成熟的企业差不多,我们在后面的章节中将会阐述具体的方法。

## 5.4 企业财务预算实务:成熟企业

成熟企业的预算具体编制方法与新创企业没有本质区别,不同的地方主要是:

首先,预算的基础不同。新企业是从无到有,完全从零开始,而成熟企业通常有往年的财务数据作为参考。关于企业做预算到底应该是用零基预算法还是增量预算法，我们将在第 5.6 节中讨论。

其次，预算的目的不同。新创企业刚刚创立，其预算的目的：一是为了投资人的资本金额和公司资本结构的安排，在一定程度上，它也是一种商业可行性的分析和投资回报的预测。二是为公司长期发展做规划、准备。中长期的预算也相当于为对外融资或者吸引其他投资人而编制的商业计划，它还可以给予公司今后几年的工作一个方向性的指导。

成熟企业的预算，基本上就是为了更好地配置公司资源，达到一定的商业目标，同时将这些商业目标进行层层分解，分配给公司各个部门作为业绩考核指标。一些比较具体的计划，如生产计划、销售计划、人员计划、资本性支出计划等也是日常业务的执行方案。

再次，预算的模式方式不完全相同。新创企业，通常先从确定企业经营模式（business model）开始，到底公司的业务驱动是什么？生产、销售什么样的产品？怎样定价？怎样才能盈利？公司营运规模多大？需要多少人员？什么级别？什么专业的？公司需要多少资金投入？投于哪些资本项目？等等，要回答的问题很多。这些问题不解决，就无法进行预算。

成熟企业通常是不同部门、各大主管同时平行交叉进行预算，最后由财务人员汇总。这样做的原因是成熟的企业已经有成熟的经营模式和盈利模式，加上有往年的数据作为预算的基础，因此各部门主管应该清楚如何做预算。一般来说，公司管理层会用预算来作为公司经营目标的分解工具，将公司的销售指标、利润指标和成本费用控制指标等通过预算分解到各个责任部门。所以，各个部门都需要参与预算的编制，尤其是各部门的主管领导，当预算最后定稿时，要签字确认自己部门负责的数字。

又次，参与预算人员的专业水平可能不同。成熟的企业，各大部门主管通常已经参与过企业往年的预算过程，同时对公司的业务也比较了解，因而，做起预算来大多驾轻就熟。财务人员只要提示一下未来年度项目、业务或人员等方面的变化，随时提供帮助即可。

新创企业，一方面人员未必齐整，有些部门主管并未完全到位；另一方面主管人员的专业度可能不够，或者有些新主管可能对财务知识了解不多，又或者企业高层本身对企业的经营模式和发展方向都没有完全确定下来。这样的预算过程可变因素太多，加之预算完全是从无到有，因此，需要财务人员投入大量的精力，以及企业高层对财务预算重视。

最后，预算的侧重点有所不同。成熟企业的预算，更看重企业生产销售规模的稳定增长，以及获利能力的增长。通常，它们注重于利润表、资产负债表和现金流量表三大表的预算，辅以销售预算、生产成本预算、资本性支出预算、人员招聘计划等具体的营运计划。

新创企业通常考虑的是生存问题和企业的发展延续，以及如何让企业运转起来，并将品牌、声誉、社会地位等建立起来，还要保证资金来源充足等。因此，新创企业不仅要做利润表、现金流量表预算，还要做企业营运方面的各种预算或计划，如研发计划、生产计划、营销计划、人员计划、各种资本性支出和资金需求计划等，根据需要还要做资产负债表预算、企业中长期财务规划、展业计划、融资计划及其他一些营运方面的计划等。

### 5.4.1 利润表预算：成熟企业

下面我们就从成熟企业的利润表预算开始讲起。实际上，成熟企业的利润表预算与新企业并没有什么本质区别，基本理念大致相同。但就像我们上面提到的，预算的模式可能有些不太一样，成熟企业大多编制增量预算（incremental budgeting），即在本年度财务数据的基础上加减明年可能出现的业务上的变化，来预测出明年的利润表。

通常来说，为了做出更准确的预算，企业会将利润表预算各个部分分解成以下几个方面。[一]

1. 销售预算

销售预算一般是由公司的销售部门来进行的，如果是零售公司，多半是由营运部门或门店自己来做销售预算。如果有本年或前几年的销售数

---

[一] http://wiki.mbalib.com/wiki/%E9%A2%84%E8%AE%A1%E6%8D%9F%E7%9B%8A%E8%A1%A8。

据，只要在此基础上加减下一年度可能发生的变化，就可以得到下年度的销售额，这就是最基本的增量预算。但问题是，一家企业不可能仅限于目前的生产销售规模和业务范围，肯定要不断地发展。因此，在做预算时，销售或者营运部门要考虑如何来扩大销售规模和范围，即找到新的销售增长点在哪里。这通常与新市场或新产品有关，我们可以用"安索夫矩阵"㊀（见图 5-1）来帮助我们做分析。

| 市场＼产品 | 现有产品 | 新产品 |
|---|---|---|
| 现有市场 | 市场渗透 | 新产品开发 |
| 新市场 | 拓展新市场 | 多元化 |

图 5-1 安索夫矩阵

在现有市场和产品不变的前提下，新的销售增长来源于新的客户，通过广告、促销等方式吸引更多的客户购买产品，或者是想办法占有更多的市场份额。

企业要长期生存和发展，还要拓展新的市场和开发新的产品。更多的新产品可以将客户的需求更加细化和深化，让同样的客户愿意购买更多的产品。新产品也可以创造新的消费习惯和生活习惯，让客户消费得更多。另外，开发新产品往往没有原先的产品作为价格参照物，在价格制定上，企业有更多的话语权。

新市场的拓展通常通过不断开设新的销售网店、销售办事处、在不同的地方设立销售团队，或是代理、分销机构来拓展新的市场，也可以通过与其他公司合作、进行业务联盟、互换资源等来拓展新市场。更多的大型跨国企业是通过在不同市场（国家或区域）投资建厂、成立分公司、合资企业或兼并收购当地企业来拓展销售领域。零售、餐饮、服务、培训等企业可以通过发展特许经营加盟商来开发新的市场。

如果一项新业务既是新市场又是新产品，那么我们可以把它看作企业

---

㊀ https://en.wikipedia.org/wiki/Ansoff_Matrix。

的多元化发展。这样的例子有很多。比如，某时尚行业的企业在某地区经营一个主体品牌的同时，还经营或者收购一些其他品牌，并在原先市场领域以外的区域经营，这样可以使不同产品种类、品牌档次、经营地域发挥互补作用，从而扩大企业的业务范围。食品业、零售业、消费品业等也有很类似的例子。所以，企业销售或营运部门首先要搞清楚明年公司的销售战略是什么、有什么新的展业计划，再根据这些找到新的销售增长点，并且将新业务量化，才能在预算中体现出来。

2. 生产预算

生产预算⊖是跟着销售预算走的，它既必须满足销售的需要，又要考虑到销售之后还有最低限度的安全库存。如果没有一个适当的生产预算，有可能最终导致有客户想买，但是没有现货，而无法实现销售，错过了最佳时机，或者也有可能出现生产产量过剩卖不出去，最终导致库存积压，资源和资金的浪费。

具体生产什么产品，每个月、每周甚至每天生产多少，需要多少原材料和生产人员，都要有一个和销售预算相配合的计划。这样才可以在生产上给予生产部门、车间一些指引的方向，提高生产效率，减少原材料不必要的损耗。

生产预算包括原材料预算、人员及人力成本预算、间接费用预算。对于具体的预算方式，我们在此不再赘述。

3. 采购及存货的预算

采购或存货的预算是为生产预算服务的，包括原材料采购预算和产成品库存两个部分。很多人都知道ERP财务管理系统，这里的ERP是指企业资源计划（enterprise resources planning）。而实际上，它是从20世纪70年代的物料需求计划（marterial requirements planning，MRP）及80年代的制造资源规划（manufacturing resources planning，MRP Ⅱ）的基础

---

⊖ https://baike.baidu.com/item/%E7%94%9F%E4%BA%A7%E9%A2%84%E7%AE%97。

上发展起来的。⊖由此可见，采购、存货的预算对企业的重要性。在下个年度开始之前，企业就要考虑买哪些材料，一次采购多少，是批量采购还是需要时才采购，采购的成本是多少，从采购到材料入库需要多长时间（lead time），仓储运输采用什么方式和成本多少，库存保持怎样的水平等，都需要非常详细的计划和测算，因为采购和存货计划很大程度上会影响企业的生产成本。

有些公司为了能够更准确地进行采购预算，还采用滚动预算（rolling forecast）的方式预测采购。比如，2017年11月制作2018年1～12月的采购预算，2017年12月制作2018年2月～2019年1月的采购预算，2018年1月制作2018年3月～2019年2月的采购预算，依此类推。这样做的目的是企业可以随时根据当时的情况调整采购计划和采购成本，随时评估、掌握影响生产进度和成本的一些不确定因素（如原料短缺、原料涨价等），从而保证生产、销售计划的顺利实施。

采购及存货计划不仅仅针对生产制造型企业，也适用于其他行业。完善的采购及存货预算可以保证企业不断、及时地提供物美价廉的产品或服务。

4. 成本预算

有了销售、生产、采购和存货的预算，成本预算就很容易搭建起来了。成本预算理论上应该包括直接材料成本、直接人工成本和制造费用3个部分。

（1）直接材料成本。首先我们要知道每种产品的直接材料有哪些，原料的配方是怎样的。然后，如果我们已经做好了采购和存货的预算，基本上每一种直接材料的预计采购成本就很清楚了。有了每种产品的单位成本之后，再根据生产预算获得每种产品生产的产量，就可以得到每种产品的总材料成本。

---

⊖ https://en.wikipedia.org/wiki/Enterprise_resource_planning。

$$\left[\sum\left(\begin{array}{c}\text{材料采}\\\text{购成本}\end{array}\times\begin{array}{c}\text{某产品的单位}\\\text{材料用量}\end{array}\right)\right]\times\begin{array}{c}\text{某产品}\\\text{年产量}\end{array}=\begin{array}{c}\text{某产品总材}\\\text{料年成本}\end{array}$$

最后，将每种产品的总材料成本相加在一起，加上适当比率的材料损耗和一定数量的仓储、搬运、包装成本等，就是该企业的总材料成本了。

（2）直接人工成本。企业可以根据产量或销售量多少来决定需要多少人手，工作多长时间，这些员工技能要达到怎样的水平，再根据不同级别确定人工费的平均水平。将这些因素相乘再相加来计算就可以了。

如果下一年度生产销售规模与本年度基本相同，只要在原先人工成本的基础上加上多增加的产量的影响因素以及工人工资的增长率。

如果生产销售规模有很大变化，那么要先将该变化（新市场、新产品、新公司、新项目等）带来的新增人工成本计算出来，再与本年度的成本相加。

如果企业的销售收入是以项目核算为主的，如房地产企业、律师、会计师、咨询服务业等。下一年度的业务量与本年度的有类似之处，可能有些还是定期反复出现的经常性项目，但每一年的项目、业务内容、时间进度不尽相同，有的甚至很难预测，因此下一年度业务与本年度的很难一一对比，找出增减因素。我们一般是根据目前和以往项目的花费时间和人工成本多少，来推算和预测下一年度业务规模，以及所耗费的时间和人工成本。

（3）制造费用。制造费用（即间接成本）包括间接材料、间接人工、折旧摊销、低值易耗品、物料消耗、房租水电以及车间的管理费用（如培训、差旅、办公费用）等。制造费用通常的预算方式是，先在本年度费用的基础上进行各科目的预算，统一归集之后再分摊到每个产品上，作为成本的一部分。至于分摊多少及怎样分摊，一是可以用传统的分摊方式，即使用产量、业务量、直接成本的金额等指标来分摊；二是可以用作业成本法（activity based costing，ABC）来分摊。

### 5. 营销及市场费用的预算

营销及市场费用的预算通常是从先确定企业的市场营销年历（marketing calendar）开始的。它同时也是市场费用的全年计划。市场营销年历通常包括全年的各种广告和促销活动名称、日期、活动范围等信息。根据这些信息，市场部门可以估算出大致的费用，并且按计划实施进度将费用分配到每一个月中。但由于具体广告和促销活动的周期、进度往往和预算不尽相同，加上由于市场环境的时刻变化，企业的营销实施方案也在不断调整和变化，如果完全按照市场营销年历来做预算，最终与实际对比时会有很大差异，因此，另外一种方式是用比率法进行预算。也就是说，先按照市场营销年历将全年市场费用匡算出来，然后除以预算销售额，得出市场费用占销售额的比率，再将比率乘以每月的预算销售额即可。这样做预算的好处是：①简单直接；②减少因营销活动的各种变化而带来的营销预算的不确定性。市场营销部基本上知道自己下一年度的市场费用预算总额大致是多少，只要实际销售额不低于或超过预算，那么市场营销费用总量基本上不会有太大增减，营销部门只要在这个范围内按部就班地实施具体营销活动就可以了。但这样做的缺点也显而易见。当每月我们要分析市场营销费用的增减变化时，可能就无从下手了。因为实际的费用发生和每月预算金额的计算基础完全不一样，无法判断公司在当月实际是多用了还是少用了营销费用。因此，比率法通常只能用于每月市场营销活动内容比较固定，其花费也与销售额的季节性周期基本同步的企业。

如果企业的销售业务没有什么季节性变化，每月销售额水平又基本相同，而且广告和促销活动的周期也相对比较固定，企业也可以采用固定金额做预算，先计算出全年市场营销费用总额，然后平均放入每个月的预算中。

### 6. 人员计划及工资的预算

人员计划和工资的预算其实非常简单直接，通常由各个部门自己来提交。每个部门在现有人数、职级、薪资水平等资料的基础上，根据业务的需要，制订来年人员招聘计划和工资预算。由于人员工资福利水平在企业中通常属于保密信息，所以，人员计划和工资预算通常由人事部门或者财务部中专管人工成本的人员来汇总。最后，企业只要将各部门每月的工资福利总额交由预算人员放入利润表就可以了。

### 7. 管理费用的预算

对于有关费用的预算，我们在前面的章节中都已经讲过了。成熟企业的费用与新创企业基本上没有什么差别，预算方法也基本相同。我们在此就不再赘述了。

### 8. 资本性支出的预算

关于资本性支出的预算，我们在本章前面已经讲过了，在此不再重复。

通过以上这些预算的编制，利润表主要内容的预算都已经有了，只需要由专人将其汇总整理，做成全公司的利润表就可以了。汇总时，我们要注意以下几个方面：

- 汇总之后的整个公司的销售收入、成本、毛利、费用等相关指标是否与公司高管或股东提出来的整体预算目标一致。如果不一致，需要怎样调整？
- 如果预算需要调整，应该调整哪个方面，由哪个部门来做？比如，如果销售额不够，销售部门就要重新审核销售预算，挖掘潜力，找到新的销售增长点。如果是费用太高，要看是哪个部门费用高了，要怎么砍掉一些？是该部门自己来调整，还是经过沟通之后由财务部帮其调整？
- 将下一年度预算初稿与本年度及以前年度的利润表对比，找出差异和不合理的地方，分析造成差异的原因，并做出适当调整。比如，某个部门预算的差旅费跟本年度比翻了一番。如果是由于公司下年度业务拓展和扩张等商业因素引起的，那也许是合理的。如果不是，那就要看该部门为什么会出现这些差异。

通常，以上过程需要反复几次，公司的预算最后才能定稿。然后，财务人员再将整个公司的预算按部门分解开来，给每个部门的负责人签字确认。

## 5.4.2 现金流预测：成熟企业

一家成熟的企业，整体的生产经营规模已经基本上固定，如果没有什么特殊的营运项目或者投资、融资行为，一般来说，其现金流的规模也比较稳定。所以，常规性的现金流预算，通常只做年度的，也有些企业会做月度或季度的现金流滚动预测。相比较而言，它们会比较重视特殊或重点项目的现金流预测，如对外投资、合资开厂、新流水线上马、自建项目、开设分公司、开辟新市场、开设新店等。因此，一家成熟企业的现金流预测，通常是根据现有现金流的情况，加上下一年度预计将会发生的新业务或项目带来的现金的增减变化，得出下一个年度的现金流。我们来举例说明。

### 【例 5-3】现金流量表预测

有一家企业某年度的现金流量表如表 5-3 所示（为了简化起见，本表只反映主要的现金流项目）。

根据公司下一年度的商业计划和营运计划，我们认为会影响现金流的主要项目如下（为简化起见我们这里只讨论现金流量表的最主要的项目）：

- 明年的销售额计划为 1 500 万元，该公司的收款周期平均为 1 个月，所以约 90% 的销售额在当年内能收回货款。而本年度 12 月的销售额为 120 万元，也会在明年 1 月收到。
- 由于明年的全年销售额将比今年增长 20%，所以经营活动产生的各项现金流支出都将同步增长 18%。
- 投资收益收到的现金很难预测，跟企业投资的项目和风险有很大关系。我们在这里假设明年取得的收益与今年相同。
- 根据公司明年的固定资产预算，公司将购买设备 127 万元，并继续向目前的投资项目投入 58 万元。

表 5-3　　　　　　　　　　　　　　　　　　　　（单位：万元）

| 项　　目 | 金　　额 |
|---|---|
| 一、经营活动产生的现金流量： | |
| 　销售商品、提供劳务收到的现金 | 1 235 |
| 　　　　　现金流入小计 | 1 235 |
| 　购买商品、接受劳务支付的现金 | 189 |
| 　支付给职工以及为职工支付的现金 | 532 |
| 　支付的各项税费 | 123 |
| 　　　　　现金流出小计 | 844 |
| 　经营活动产生的现金流量净额 | 391 |
| 二、投资活动产生的现金流量： | |
| 　取得投资收益所收到的现金 | 55 |
| 　　　　　现金流入小计 | 55 |
| 　购建固定资产、无形资产和其他长期资产所支付的现金 | 368 |
| 　投资所支付的现金 | 203 |
| 　　　　　现金流出小计 | 571 |
| 　投资活动产生的现金流量净额 | 516 |
| 三、筹资活动产生的现金流量： | |
| 　吸收投资所收到的现金 | 102 |
| 　借款所收到的现金 | 350 |
| 　　　　　现金流入小计 | 452 |
| 　偿还债务所支付的现金 | 125 |
| 　分配股利、利润或偿付利息所支付的现金 | 50 |
| 　　　　　现金流出小计 | 175 |
| 　筹资活动产生的现金流量净额 | 277 |
| 四、现金及现金等价物净增加额 | 152 |

- 根据公司的展业计划，公司将在某省设立新的分公司，借此进入该省市场，争取更多的市场份额。该分公司的期初投资为 50 万元。由于业务刚刚开始，销售额并不太高，因此，前 3 个月的营运资金需要总公司再投入 30 万元 / 月（工资 15 万元，其他费用支出 15 万元），之后 9 个月，基本能做到销售收入和营运资金支出平衡。
- 由于明年公司没有大量的资本性支出，因此公司将不再吸收任何投资，也无须向银行借款。
- 虽然没有进一步的借款，但公司仍需向银行归还之前年度借款 125

万元/年,以及支付借款利息 20 万元/年。

- 公司根据其利润表预算,计算出来预计的股利分配额为 25 万元。

所以,该公司下一年度的现金流量表预测如表 5-4 所示,具体的计算方式不再赘述。

表 5-4  该公司下一年度的现金流量表预测    (单位:万元)

| 项目 | 金额 |
|---|---|
| 一、经营活动产生的现金流量: | |
| 销售商品、提供劳务收到的现金 | 1 470 |
| 现金流入小计 | 1 470 |
| 购买商品、接受劳务支付的现金 | 232 |
| 支付给职工以及为职工支付的现金 | 627 |
| 支付的各项税费 | 141 |
| 现金流出小计 | 1 001 |
| 经营活动产生的现金流量净额 | 469 |
| 二、投资活动产生的现金流量: | |
| 取得投资收益所收到的现金 | 55 |
| 现金流入小计 | 55 |
| 购建固定资产、无形资产和其他长期资产所支付的现金 | 127 |
| 投资所支付的现金 | 108 |
| 现金流出小计 | 235 |
| 投资活动产生的现金流量净额 | 180 |
| 三、筹资活动产生的现金流量: | |
| 吸收投资所收到的现金 | — |
| 借款所收到的现金 | — |
| 现金流入小计 | — |
| 偿还债务所支付的现金 | 125 |
| 分配股利、利润或偿付利息所支付的现金 | 45 |
| 现金流出小计 | 170 |
| 筹资活动产生的现金流量净额 | 170 |
| 四、现金及现金等价物净增加额 | 119 |

下一年度现金流量表的每一个项目建立在详细的假设和计算基础上。而基于这些假设和计算要求,财务人员既要对利润表和利润分配表的预算、资本性支出的预算非常清楚,又要了解公司的重点项目(包括对外

投资、新店开设、市场拓展等）的计划，以及产品生产、销售、营运的变化。另外，财务人员还要知道或预测对外融资的方式、利率、还款方案以及税率的变化等。有些项目可以基于以前年度或当前年度的营运状况来预测，有些要根据实际可能发生的变化来预测。

由于篇幅有限，举例非常简单。而实践中，现金流量表预测是一个非常复杂的工程，尤其是如果要预测每个月末的现金流量，那就需要更多的分析和假设。

## 5.5 资产负债表预算

通常，很多企业是不做资产负债表的预算的。最主要的原因就是其不确定性，预算出来的资产负债表很可能无法反映企业在某个时间的真实财务状况。就像我们在之前的章节中说过，资产负债表是体现一个"时点"的概念。要确定每个资产负债项目在期末那个"点"上的水平，不是一件容易的事。不仅因为其中所使用的假设有很大的主观性，而且，就像我们之前举的银行贷款和应收账款的例子，某些特殊事件会使得今天的科目余额跟明天的余额很可能有天壤之别。资金是不断流动的，很难确认接下去的某个时点会发生怎样的事情。

资产负债表的预算也不是没有规律可循的，特别是一些业务比较稳定的企业，一般来说，除非有特别的投资项目或者业务调整，资产负债表各个项目的规模及结构应该基本稳定。即使是全新的企业，也可以做一个较完整的资产负债的预算，只是在假设的选取和设定方面要特别小心。

下面根据资产负债表从左到右、自上而下的顺序，举一些最基本的资产、负债项目加以说明，仅供参考。

- 现金及银行存款：这个最后才做。
- 存货：一般可以根据销售额的一定比例（产成品）加上产品销售成本的一定比例（原材料）来估算。产成品也可以用：期末数 = 期初数量 + 预算生产量 − 预算销量来计算。如果是全新企业，期初数当然就是"零"。而原材料的期末水平，企业通常是根据经营的需要，将保留生产量的一定比例。

存货要计算得更仔细一点，就要先将每一种生产成本计算出来，再将每一种产品销售成本计算出来，然后再推算出所有产品的存货库存量和库存余额。计算生产成本时，财务人员要将所有原材料每个品种的最佳采购量、每批采购量的使用时间（或者一定时间内的消耗量）、单价、库存仓储成本等因素考虑进去。产品销售成本不仅要和企业的销售计划挂钩，还要考虑与销售有关的其他因素（如退货、损耗、销量达不到预期而滞销引起的其他成本）。除此之外，财务人员还要考虑各个品种产品的保底库存量等。

- 应收账款、应收票据：通常是用销售收入的一定比例，主要参考本行业以及企业本身的应收账款的平均周转天数和平均坏账的水平。这样计算的主观性很强（judgemental），但似乎没有更好的办法。有了应收账款预算后，财务人员再根据经验和业务特点，估算一个坏账准备金的比率。
- 固定资产、在建工程和递延资产：这个部分比较容易。如果是已经完成的资本性支出的预算，可以将固定资产期初数加上新增的资产，再减去来年有可能要处置掉的资产，就是我们所需要的期末固定资产原值的余额了。根据利润表预算中的数字，减去折旧或者摊销，就是期末的固定资产净值了。
- 无形资产、商誉：这个部分根据实际情况预测就可以。通常，这些资产会涉及一些企业投资开发的项目、自主研发的技术产品、专利或者是兼并收购项目等。
- 长期应收款、长期投资：这一项也是非常直接的。如果企业有对外投资、对外借款的话，根据实际情况，估算出金额应该不难。与此相联系的还有流动资产项目"应收利息"和"应收股利"两项，财务人员根据有关合同中的相应规定和以往收款的情况就可以估算出来。
- 其他应收款、其他应付款：以期初余额为基础加减实际可能发生的情况，就可以推算出期末余额。比如，其他应收款包括各类保证金、房租押金、为员工或其他企业垫付的款项。其他应付款包括向其他企业或个人暂收的款项，其他单位存入的保证金、押金等。有时，这两个科目也被作为调节流动资产和流动负债金额、比率的科目。

- 应付账款、应付票据：这个可以根据产品销售成本和除工资、税金、折旧等以外的其他成本、费用的一定比例估算。其基本的预估方法跟应收账款的计算差不多。

- 应付职工薪酬（工资、福利费）：一般用一个月的人工成本/费用来列示，但是要扣除代扣代缴的个人所得税，因为个人所得税是计算在应交税金里面的。

- 应交税费：税金可以根据销售额（用于计算"营业税""增值税"销项）、成本和毛利比率（增值税）、人工成本及费用（个人所得税）、净利润（企业所得税）、进出口金额（关税）等以及企业的一些特定事项（印花税、车船使用税）来计算，总的来说不是很复杂。相关证照费用一般也是根据上一年度实际缴纳情况来预估的。

- 银行借款（长期、短期）：根据企业的融资政策和计划，按预计还款期限估算。

- 实收资本、股本：按照企业的资金机构和来源，股东投资的进度等来列示。如果是初创企业，还没有明确股东/股本的机构，可以用所需全部资金扣除预计银行融资的部分来列示。而所需全部资金要多少，就是通过前面章节所讲的"资金需求计划"计算出来的。基本的数字应该是企业的初始资金投入＋经营中的资金缺口。资金缺口可以用股东的进一步投入或者银行金融机构融资来填补。

- 未分配利润和资本公积、盈余公积等：实际上就是期初余额加减利润表上的净利润，只是要看期末余额要不要被分配，以及分配到哪些项目上。这是利润表和资产负债表的钩稽关系所在。

整个资产负债表上有50多个项目，我们在这里只重点讲了一半左右，有些项目本来就不重要，在预算中可以被简化，或者是与其他科目预估方法类似，在这里就不说了。

另外，有的时候我们为了达到一定的资产负债比率、流动比率或者负债权益率，也可以适当地调节资产及负债的总量、资产负债的短期与长期之间的比例等。这就需要用到其他应收款、其他流动资产、其他长期资产、其他应付款、其他流动负债、其他长期负债等科目。我们通过对这些科目的适当调节来达到财务指标要求的一定比率。

至于第一项的现金和银行存款，等所有的科目都放好了之后，余下的平衡数，就放在现金里。唯一的要求是：不可以出现负数，因为在中国是没有现金/银行存款账户会出现亏空的。在国外，如果跟银行谈妥相关融资协议，在一定的范围内出现银行账户的亏空、透支，银行可以视其为一种短期借款。

## 5.6 零基预算、增量预算和全面预算

### 5.6.1 零基预算

前面章节我们花了很大的篇幅讲如何为一家新创企业或者还在创业阶段的企业做一个预算，或者说是一个中长期的规划。从预算的方法上讲，这叫作"零基预算"（zero based budgeting，ZBB），即没有任何基数的预算，或者说，可以参考的基数、历史数据很少，制作者必须从零开始，根据自己的经验和判断，加上对周围环境变化的预期来做预算。这对于财务人员来说，有很大的挑战性。

零基预算[⊖]的起源开始于 20 世纪 70 年代的美国德州仪器公司（Texas Instrument），它首先在人事部门启用了零基预算的方法，再将其推广到全公司。后来，美国许多私营企业和政府部门也采用零基预算，于是，这种预算方式就逐渐在世界上流行起来了。

由于零基预算是从零开始的，因而，它有利于企业更合理地分配资

---

⊖ https://baike.baidu.com/item/ 零基预算。

源。这有点像我们生活当中说的"有多少钱办多少事",量力而行。企业在了解了自己有多少资源(人力、物力、财力)的基础上,根据下一年度计划要做的事情来合理配置资源。

零基预算的另一个好处是,有利于发挥各部门的积极性和创造性。让各个部门一起参与预算的过程,对于零基预算尤其重要。在很多企业,财务人员可能是预算项目的引领者。但很多业务人员会以为,预算就是财务的事情,和自己无关。要改变这样的局面,财务人员应该尽量让更多的业务部门参与预算的制作过程,让更多具有行业经验的人贡献他们的想法和判断。同时,在预算成形过程中,财务人员还要让各个部门自己"认领"各自的预算,让它们觉得自己才是预算的"主人",这样,做出来的预算才会有人关注,有人执行。不然的话,预算报表就是废纸一张。

### 5.6.2 增量预算

和零基预算相对的,是"增量预算"(incremental budgeting)的预算方式。增量预算的重点在于找出财务报表各个项目的变动值。注意,这里说的"变动值"不是只能增加不能减少。虽然名称叫"增量预算",并不是说只有增加。

增量预算[⊖]方法主要适用于那些业务模型比较成熟的企业。在做预算的时候,企业已经有 3～5 年的全面财务资料可以作为参考,如果经营战略上没有什么大的改变,只要加减可能出现的变化就可以了。增量预算的基础叫作"基期数据",下一期的预算就在基期数据的基础上,逐一分析预测销售额、业务量、采购成本、仓储费用、人员结构数量、人工成本、营销费用、管理费用等相关因素的变化对财务数据的影响,从而编制出下一期的财务预算。

作为一家成熟的企业,是否必须使用增量预算的方法呢?也许有些会计人员会说,增量预算的前提假设是在原先财务数据的基础上增加一些内

---

⊖ https://baike.baidu.com/item/ 增量预算。

容，因此实施效果就是每个部门的费用预算总是有增无减，最后无限量扩大。另外，销售额预算也是只能做多不能做少，销售部门就在本年度销售额的基础上，随便加上几个百分点，就当是下一年度的预算了，并没有根据市场变化和自身实力去挖掘潜力，找到真正的销售增长在哪里。采用零基预算，销售部门会根据本公司的战略、资源、生产能力、销售布局等，结合市场的变化、竞争对手的情况、新的销售增长机会等很多因素来测算并支持它们对销售额的预测。

不管怎么说，增量预算还是大部分企业采用的比较有效的预算方法。虽然零基预算有很多优点，但是缺点也十分明显，就是耗时、耗力。增量预算总体来说比较稳妥，而且有以往年度数据作为基础，对于每个业务部门来说，在预算的时候，也不至于感觉"无从下手"。

增量预算通常要考虑下一年度的很多变化因素，我们在之前的章节中已经讨论过很多类似内容。这里再举一些例子，这些变化因素具体如下。

- 影响销售额变化的因素：企业拓展新的销售渠道增加销量、在原有的品种基础上增加新的品种、销售单价改变、销售方式改变等。
- 影响产品销售成本的因素：原材料涨价、工人生产效率提供、原材料或生产设备的来源方式、渠道改变等。
- 影响费用的因素：通货膨胀、企业组织结构变化、人员变化、企业搬家到新的地方、企业有新的投资融资等行为。
- 影响资产变化的因素：赊销条款改变（应收账款）、企业决定投资其他项目（长期投资）、引进新设备（固定资产）等。
- 如果企业的资产增加了，势必有负债或者权益的增加。资产负债表右边项目的变化，要看企业希望采取什么样的方式（即资产负债表左边的项目）来融资或者吸引资金。同时，这些变化还会影响财务费用的增减。

零基预算和增量预算也可以同时使用。比如，一家企业已有两个事业部，营运模式已经非常成熟，但明年准备再发展一个新的事业部，几乎相当于是一家完全新创企业。这样就可以同时使用两种方法来做预算，先用增量预算做好现有两个事业部的预算，再用零基预算做出新事业部的预算，然后将结果再合并起来。除此之外，如果企业有一些新的投资项目或新的产品线等，都可以用零基预算的方法先做出项目预算，然后再与现有业务的增量预算相加。

### 5.6.3 全面预算

整个预算是一个相互钩稽的整体。虽然我们最后看到的只有三大报表——利润表、资产负债表、现金流量表，但实际上要做的基础工作还有很多。简单来讲，有以下几个方面。

- 销售部门先做销售预算，根据销售预算，生产部门做生产预算，采购部门再根据生产预算做出采购预算，而运输、仓储部门再根据采购预算做物流方面的计划或预算。这样才可以将销售额、产品销售成本的数字放入利润表。然后，财务人员再根据我们上面提到的方法，计算出期末存货量、应付账款等放入资产负债表。

- 人事部门根据生产规模、销售规模等方面的因素，做出各部门人数和招聘计划，再根据每个人可能的薪水水平、每年的薪资增长率等计算出人员成本费用。其中，成本费用进利润表。如果工资是先提后发，别忘了贷方要放在资产负债表的应付工资、应付福利、应交税金等科目。而且，现金流量表上的"支付给职工以及为职工支付的现金"也要因此有所调整。

- 市场部门根据销量、单价、产品品种等信息，结合企业文化、目标、价值观等因素，制订市场推广计划，计算出市场营销费用预算，列入利润表。

- 业务拓展部门、生产部门、设备管理部门、系统和计算机管理部门等要制订资本性支出的方案。例如，要不要设立新的事业部门，要采购怎样的设备，是不是要引进新技术扩大再生产，有没有扩大办公室或装修的计划等。实打实的设备、资产被列入资产负债表的固定资产、在建工程、递延资产项。相应的折旧、摊销被列入利润表。当然，资本性支出还要被列为现金流量表的"投资活动现金流量"。

- 司库或对外投融资部门要根据利润表预算、资本性支出预算的大致情况，制订资金需求计划。如果是全新企业或者企业正在大力拓展业务阶段，还需要专门的投融资计划。有多余资金可以投资的，投资项目放在资产负债表，以及现金流量表的"投资活动现金流量"中。如果需要融资的，融资金额放在资产负债表的负债或权益，以及现金流量表的"筹资活动现金流量"中。另外，投融资涉及的投资收益或利息支出，要放在利润表中，还要放在现金流量表的适当科目中。

- 各个部门对本部门可能发生的费用做出预算。其中，工资、福利、折旧/摊销已经有了。各个部门的预算主要集中在本部门可以控制的费用，如差旅费、通信费、办公费等。

通过这样的一个大致过程，所有的资产、负债、权益、收入、成本/费用、利润都已经差不多有了，各个部门也用不同的方式参与了预算制定的过程。而且，在整体预算中各个分部预算项目的钩稽关系也很明显。

最后，财务部需要做的工作是：汇总并且适当平衡各大报表的预算，同时，计算出税收等方面的数据；有些成本、费用等还需要在不同部门、不同产品或项目之间进行分摊；然后，再计算一些关键绩效指标以供公司高层审查。第一轮预算初稿出来之后，可能还需要几个来回的修改，让每个部门修改预算，然后再汇总再修改，直到预算相对比较完美为止。

## 5.7 把不确定变成利润

以前看过一本书，名叫 *Profiting from Uncertainty*⊖，讲的就是怎样在计划预算中将不确定性转变成可以预见的利润。我觉得这个题目不错，所以就拿来做这个章节的小标题了。关于风险和不确定性，我们在之前第4

---

⊖ https://www.amazon.com/Profiting-Uncertainty-Strategies-Succeeding-Matter/dp/0743223284。

章的"敏感性分析模型"中已经讲过很多了。我们在这里主要讲讲预算中遇到的风险和不确定性。

1. 不确定性和风险

企业的经营为什么有风险？这是因为有很多决策都是根据"预测模型"的计算结果来决定的，而所有预测结果又取决于不同假设，而这些假设就是我们对不同程度的不确定因素的一种判断。人类对未来的预知是极其有限的，我们不可能知道未来的几个月、1年甚至几年后会发生一些什么事情。更何况有很多事情是我们无法控制的，如市场条件的变化、经济大环境的变化、汇率和股市的变化、人们观念的变化等。因此，我们很难知道在未来年度销售额应该是怎样增长变化的。比如，我们预测明年销售额会增长5%，这是基于我们对企业以往数据的了解，以及对未来可能状况的分析。而最终，下一年度销售额是多少，必须等到下一年的12月31日晚上营业结束后我们才会真正知道。

举一个很简单的例子，我们如果在1995年做企业的10年计划时，完全不会想到没过几年，互联网对商业模式、经营模式、消费观念以及人们的日常生活会产生如此大的影响。具体来讲，我们那时肯定不会想到，在不用开设实体店铺的情况下，可以在网络虚拟商店里销售产品，不但可以卖给本地本国的客户，还可以将产品卖给许多国外的客户，从而大幅增加销量。我们那时也不会想到在市场费用中要预估一部分电子媒体的促销和广告费用，甚至不会想到发优惠券和促销单还可以通过电子邮件的形式发送，而根本不需要印刷费用和派送成本，如此等等。

从如今的社会状况来看，现在互联网经济、智能手机、无纸化支付等技术更加日新月异、一日千里，这些让我们的消费习惯、理念等正在发生革命性改变。我们不知道在不久的将来，我们的业务会发展成什么样子，业务量会做到多大，盈利模式会怎样变化。

那么，又有哪些因素是在预算时无法确定的呢？或者说，有哪些因素会在日后发生从而使我们对业务的预先判断变得不太肯定呢？用比较文绉约的话来说就是：经济学意义上的不确定性。[1]其实也就是我们通常说的：

- 市场环境的变化引起的收入和成本的变化。
- 特定的环境变化导致资产价值的变化。
- 汇率、税率、利率、通胀等外部因素的变化。
- 社会因素变迁导致人们消费习惯、观念的变化带来的不利影响等。
- 企业管理方面的不确定性，尤其是人为的因素是最不能确定的。

但是，如果过分地强调不确定性，那么预算就没有办法做了，因为不确定性是不可以计量的。而会计讲的是"货币计量"的原则，不能计量的东西在报表上是无法反映的。但也不是完全没有解决的办法，在经济学上，"风险"通过一定的预测和计算方式是可以计量的。那么，怎样将不确定性变成可以衡量的风险呢？从会计概念上来说，风险大致体现为以下一些形式：营业收入中的"水分"、营运成本增加的潜在可能性、利率和汇率变化引起的汇兑损失和财务费用增加、短期投资的减值、不良存货的计价、陈旧设备的重估和减值、长期投资的不实、土地的重估增减值、未决诉讼、承诺事项、环境负债与成本、期后事项、或有负债等。财务人员找出这些方面的变化因素及其财务影响，就可以估算其价值并反映到预算中了。

2. 将不确定性变成数字

我们用于衡量风险，评估风险影响的方法有很多[2][3]，归纳起来主要有：

- 假定情景计划（scenario planning）。
- 或有事件计划（contingency planning）。
- 推断预测（extrapolative forecasting）。
- 敏感性分析（sensitivity analysis）。
- 情景模拟（simulation）。
- 决策树（decision tree）。

这些相关的概念和方法我在这里就不赘述了，大家可以去查阅一些

---

[1] https://baike.baidu.com/item/不确定性/8250115?fr=aladdin。
[2] https://www.cgma.org/resources/tools/essential-tools/scenario-and-contingency-planning.html。
[3] http://www.statpac.org/research-library/forecasting.htm。

战略管理类的书籍，或者网上讨论关于预测与不确定性的文章。这些方法的基本理念都差不多，就是将可能发生的事件、发生事件的时点和先后顺序、发生事件的可能性大小（即概率），以及这些事件的财务影响（financial impact）高低等预测出来，并通过以上因素的相互组合计算，将不确定性数字化，然后放到相应的预算项目里。再复杂、再难预测的事件，通过这样的推演和模拟分析，都可以最终化成数据，变成可以衡量的结果（最终体现为利润的减少、现金流的减少、资产的贬值、投资的增加、回报率的降低等）。

有些读者可能会说，这些未知的事件太复杂了，我们怎样来预测、推断呢？我在这里教大家一个模式，将复杂问题简单化。大致的步骤如下。

- **分解/解构**：将复杂的问题分解成一些相互关联的小问题、小事项，分步逐个地进行推断、模拟、预测，再将它们合并起来。
- **假定**：大胆假设，小心求证。
- **常识和经验**：再复杂的问题都有一定的规律，所以要借鉴一些基本常识、已知事实和以往的经验。
- **估算**：将风险化成数字的过程很痛苦，需要会计师有很好的职业判断力，适当时，可以借助一些数学模型、Excel报表工具、财务软件等。

### 3.风险的控制和影响

我们不是为了计算风险而去计算它。关键是，我们认识到了风险的所在及其对企业经济效益的相应影响，就应该要考虑怎样去尽量避免或降低风险对财务结果的影响。甚至，我们在控制风险的同时要能够将不利因素转换为有利因素。

控制风险的方式有很多，比较普遍使用的是风险的回避、转嫁和损失控制。[一]风险的回避，就是避开可能的风险。如果企业知道某个新市场开拓会给自身带来巨大的风险，很有可能整个投资都无法收回，那么企业为什么要在那里投资呢？

---

[一] https://baike.baidu.com/item/ 风险控制。

风险的转嫁通常也就是保险。企业可以通过购买相应的财产保险、第三者责任险、董事及高级管理人员责任险等来转移风险，从而减少企业的经济损失。另外，企业也可以利用套期保值等金融工具来规避汇率、利率、股价等方面的金融风险。

但是，有些风险是无法避免的，那么我们就要想办法尽量减少风险发生可能带来的损失。损失控制一般来说是应该先做好各种预案，一旦风险发生时，每位相关人员以及各个部门要执行怎样的步骤才能将风险产生的后果控制在最小的范围内，而不是让可能的损失无谓地扩大。比如，一家公司的原材料主要依靠进口，它已经预测到未来一年内外汇汇率会朝着不利于企业的方向发展。那么，企业除了利用金融工具适当降低这方面的风险之外，还需要有一套风险损失控制方案，明确一旦本国货币出现大幅度贬值，采购部门、财务人员等应该在第一时间采取怎样的措施。企业可以在外汇汇率比较稳定时购入一些比较坚挺的货币，一旦出现本国货币贬值的情况，就用较坚挺的货币直接对外付货款。

另外，我们之前也提到过财务的"稳健性原则"。这一原则也可以用在预算的风险控制上。比如，我们在考虑风险的金额影响时可以略微"稳健"一些，将有可能的不利影响估算得大一些。这样，以后如果没有发生该事件，当然最好，这就好像我们"捡回"了一部分利润。就算该事件真的发生，如果其不利影响比我们预估的少，我们也会感到庆幸。即使该事件的实际影响大于我们的预估，但至少我们已经预估到了相当一部分损失，总归比完全没有估计到要好。

预算不可能十全十美，我们要尽量做到最好，就像前面说的"according to the best of our knowledge"。无论如何，总还是会有缺失。所以，我们有时还可以在罗列数字之后加上一些文字描述，对于可能发生却无法衡量的不确定性和当前认知的局限性加以说明。

## 5.8 预算的修正和再预测

做完年度预算之后，我们将其作为全年绩效评估和财务报表分析的依据，上传至财务系统中，通常这些预算数字是不可以改变的。但是，预算作为指导企业全年工作方向的指南，不可能一次性做完，然后放在那里不动了。外部环境、市场竞争等不断变化，使得企业的年度预算也需要不断地修正。一般是一个季度一次，我们叫它"再预测"（re-forecasting）或者"季度预测"（quarterly forecasting）。当然，这种再预测不会像年度预算那么详尽，其过程也不可能像年度预算那么长。通常，企业会根据市场或环境的变化，调整预算的数字，使得预算尽可能地接近现实。

从预算的方法上说，这是一种典型的"增量预算"，只要考虑各种变化因素给原先的年度预算数字带来的影响，并将这些影响匡算出来后放入再预测的利润表中。甚至，有些企业在此时只做一些高层面的调整，而不会非常具体到预算的所有细节。

再预测的过程通常包括以下几个方面。

1. 实际财务数据的收集和回顾

这是指企业将前面已经发生的月份的相关财务数据收集起来。这些数据包括：实际的利润表、资产负债表和现金流量表，以及各部门每个月的利润表、销售数据、各种项目的费用支出、资本性支出等表格和数据。将这些数据汇总之后，企业要简单回顾一下前几个月各部门的业务表现，如销售的表现如何、成本控制到位了吗、费用正常吗、各部门的绩效指标达标了吗等。后面的再预测在一定程度上要基于这些业务数据和分析结果。

2. 分析数据变化背后的原因

这些原因通常包括：经济大环境的变化、一些不确定因素的变化不像我们原先预期的那样，市场和竞争对手的变化等，以及这些因素对企业的影响是否会继续持续下去，或者是否还有其他一些因素需要考虑。

3. 公司策略的调整和业务上的改变

如果知道有一些因素影响企业的业务表现，企业就会根据情况做出一些改变。比如，企业在第一季度销售情况不是很好。是产品的质量问题、定价问题，还是市场营销的问题？找到问题的关键后，企业势必会做出调整。比如，优化生产流程提高产品质量，加强产品检测和质控，进行市场调查，加大市场营销的力度，招聘能力更强的高层管理人员等。因此，企业在这方面就要多花一些钱。再比如，企业的毛利不如预期那么高，是定价的问题，还是原材料涨价了？如果是原材料涨价，企业能否找到其他供应商或者替代原料，以消减涨价带来的不利影响？如果不能，企业的产品是不是必须涨价？这些数字上的变化，都可以测算出来并且反映到利润表中。

有时，企业的业务也会有方向性的变化。比如，原先企业预计今年要开10家新店，但一季度开的3家新店表现均差强人意，并未达到原先的销售额预算。因此，公司可能会放缓开新店的速度，用更多的时间找到最合适的开店地点。这样，原先的开店计划、资本性支出计划、资金需求计划、人员招聘计划等都会有所改变。再比如，企业在年度计划中没有打算开设新的分支机构。但是，企业前几个月的销售异常火爆，大大超过了原先的预期。因此，董事会决定今年第三季度在周边城市再设立一个新的生产基地。这样，相应的资本性支出预算、采购计划、生产计划、销售计划、人员计划、费用预算等都将会增加。同时，企业的仓储运输、存货管理、日常的营运管理、管理人员的培训、差旅等费用等具体事项都需要更新，甚至需要重新预测。通过再预测过程，企业会将自身相应资源进行重新分配，以配合新的分支机构的建立。最终，三大报表预算中的销售、毛利、费用、存货及流动资金、固定资产、现金流等很多项目也会随之改变。

### 4. 汇总再预测

当各方面因素都考虑到了，而且相关的影响也匡算出来了，就要体现在预算报表里面了。关键是，不能只顾修改利润表而忽略了预算资产负债表、现金流量表等其他表格的更新。另外，还有其他相应预算的更新，如资金需求计划等。

如果企业有某些项目的独立预算，还需要专门的项目预算再预测。因为企业整体再预测涉及人员、资金等方方面面，企业有限的资源势必须重新分配。因此，各个项目的进度、可利用的资源也会受到影响，需要重新调整。

再预测的最后呈现往往使用实际＋预算的方式来体现，尤其是利润表。也就是说，前面几个月的利润表数据是实际的财务数据，而后面几个月的数据使用的是再预测。这样，全年的再预测数字就要比年初之前做的全年预算更接近于实际情况。

我们在做企业每个月的分析报表时，不仅要将实际数与去年数、今年预算数进行比较，还要跟再预测进行比较。通过这种比较分析，我们可以为下次再预测或者下一年度的全年预算做一些准备。

| 第 6 章 |

# 财务分析与预算管理综合案例

在前面的章节中,我们说了很多关于财务分析的理念、方法、工具等。本章我们以一个具体企业的案例来做分析,看看经营方面出了什么问题,如何解决这些问题,并以此为基础来做下一年度的预算。

## 6.1 背景介绍

私营企业主钱先生拥有世界知名连锁经营零售品牌 W 的加盟店共 5 家,全部位于 T 市,代号分别为 A、B、C、D、E。门店主要经营化妆品、化妆工具、清洁护理用品、洗涤用品、健康保健品等。T 市共有 15 家 W 品牌店,除了钱先生的店以外,还有 W 公司的直营店 4 家,以及由其他经营者特许经营的加盟店 6 家。由于这是一家世界知名品牌,所有门店都售卖同样的产品,其销售的产品由 W 品牌指定的供应商供货。特许经营者和门店管理团队是不可以私自改变经营品种和销售价格的。相关的定价以及广告、促销、打折、积分等活动,都必须与 W 公司的其他门店完全一致。门店不得自主降价或折价,只能就某些特定的清仓或过季产品,在适当范围内给顾客一些价格优惠,而且必须经过店长或者副店长的批准,并且记录在当月的销售报表中。另外,经 W 公司中国总部同意,每家门店根据其所在地点的环境、商圈特点等,可以适当进行一些本地促销活动,包括送礼券、发优惠券和个性化设计的打折卡,或者和本地其他商家联合促销等。

门店 A 是钱先生拥有的第一家加盟店,该店位于 T 市的闹市区,位置很好,人流量高,生意一向不错。但最近几个月门店的销售额一直在下滑,即使是在夏季的消费旺季,以及中秋、国庆期间的销售额也不太理想。与此同时,门店的利润也不尽如人意,从原来的 10%～11% 下降到了 5%～6%。这么低的门店利润,无法完全承担公司的分摊费用(包括钱先生和十几位后勤、采购、营运管理人员的工资、差旅费、办公费、办公室租金等)。如果这样持续下去,这家店势必因不断亏损而关闭。

钱先生知道其中的部分原因可能是最近 W 公司在 T 市及附近区域改变了经营品种和经营方针,更换掉了部分销售量较低的产品,同时增加了很多新品种。但是按照常理，更多的产品变化会带来更多的销售，加之新产品的销售毛利一般比老产品略高，门店应该利润更高。到底问题出在哪里呢？

## 6.2 门店报表分析

钱先生虽然不是专业财务人员，但是作为一名高层决策者，他一直都在认真研究公司的各种报表，以此来管理他的 5 家门店的业务。他也经常对公司财务所提供的数据和报表提出一些管理上的要求。因此，公司里除了企业通用的三大报表外，还有专门的各门店财务报表、销售毛利分析表和库存周转盘存表等管理报表。为了更好地了解门店 A 的财务状况，钱先生让自己公司的财务人员将门店 A 最近 6 个月的报表发给他看一下，包括前 3 个月更换产品之前的，后 3 个月更换产品之后的。其报表如表 6-1 所示。

另外，钱先生还让公司财务人员将这家门店最近两个月的报表与去年同期以及预算数字进行了比较。比较的结果如表 6-2 所示。

通过以上报表的比对分析，钱先生发现了一些问题：

首先，门店的销售收入在换了新产品之后确实有所下降，尤其是最近这两个月。每年 9 月、10 月有中秋、国庆、重阳等多个节假日，加上天气秋高气爽，因此销售额通常都不错。而今年（201X 年）9 月、10 月实际销售额不仅比预算销售额少了一大截，还不及去年的同期水平。10 月的销售额同比比率（sales comp %）甚至降到了 -10%，这是门店 A 开业以来从来没有过的。

其次，钱先生发现，门店 A 的退货率最近几个月比其他门店略高。W 品牌对退货条件有很严格的规定，一般化妆品、清洁护理用品和洗涤用品等，一旦出售是不能退货的，除非客户在店内买单之后，尚未离开门店，因特殊原因决定不要已购买的某个产品，可以当场退货。其他产品必须是在出售两周内，发票齐全，没有拆封的情况下才可以退货。因此，一般来说，每个月每家店退货的金额都只有三五千元，这在大多数门店占销售额的 1.0% ~ 1.5% 或更少，而这家门店近几个月退货金额已经超过了销售额的 2%。

表 6-1 201X 年门店 A 每月财务报表（一）

(单位：元)

| 201X年 | 5月 | 6月 | 7月 | 8月 | 9月 | 10月 |
|---|---|---|---|---|---|---|
| 销售收入 | 308 560 | 316 052 | 321 782 | 293 509 | 287 741 | 276 259 |
| 减：销售折扣折让 | 5 927 | 5 391 | 4 691 | 4 039 | 4 041 | 5 028 |
| 减：营业税金及附加 | 15 132 | 15 533 | 15 855 | 14 474 | 14 185 | 13 562 |
| 减：退货 | 4 839 | 4 827 | 5 558 | 6 562 | 6 410 | 5 809 |
| 销售净收入 | 282 662 | 290 300 | 295 678 | 268 434 | 263 105 | 251 860 |
| 产品采购成本 | 67 771 | 70 590 | 70 507 | 64 887 | 64 594 | 62 052 |
| 采购成本率 | 22.0% | 22.3% | 21.9% | 22.1% | 22.4% | 22.5% |
| 加：运输费用 | 7 780 | 8 010 | 8 040 | 8 800 | 8 800 | 8 000 |
| 加：库存盘亏和损耗 | 8 230 | 8 075 | 7 692 | 6 412 | 8 571 | 7 869 |
| 产品销售成本 | 83 781 | 86 675 | 86 239 | 80 099 | 81 965 | 77 921 |
| 产品销售毛利 | 198 880 | 203 625 | 209 439 | 188 335 | 181 139 | 173 939 |
| 产品销售毛利率 | 70.4% | 70.1% | 70.8% | 70.2% | 68.8% | 69.1% |
| 销售费用 |  |  |  |  |  |  |
| 特许经营费 | 18 514 | 18 963 | 19 307 | 17 611 | 17 264 | 16 576 |
| 广告促销费用 | 20 960 | 21 155 | 22 509 | 19 105 | 22 135 | 21 274 |
| 销售费用合计 | 39 473 | 40 118 | 41 815 | 36 716 | 39 399 | 37 850 |
| 管理费用 |  |  |  |  |  |  |
| 工资——管理组 | 15 000 | 15 000 | 15 000 | 15 000 | 15 000 | 15 000 |
| 工资——奖金 | 1 500 | 2 000 | 2 000 | 1 000 | — | — |
| 工资——门店员工 | 29 580 | 29 749 | 29 800 | 27 276 | 27 268 | 24 415 |
| 工资——临时工 | 2 940 | 1 365 | 2 130 | 2 325 | 2 310 | 2 450 |

第6章 财务分析与预算管理综合案例

| 项目 | | | | | | |
|---|---|---|---|---|---|---|
| 培训费 | 466 | 268 | 50 | 1 332 | 1 383 | 827 |
| 员工福利费 | 8 916 | 8 950 | 8 960 | 8 455 | 8 454 | 7 883 |
| 门店租金 | 40 000 | 40 000 | 40 000 | 40 000 | 40 000 | 40 000 |
| 物业管理费 | 3 000 | 3 000 | 3 000 | 3 000 | 3 000 | 3 000 |
| 水电费 | 8 475 | 9 627 | 10 046 | 7 606 | 7 494 | 8 012 |
| 设备折旧 | 2 821 | 2 821 | 2 821 | 3 134 | 3 134 | 3 134 |
| 无形资产摊销 | 5 356 | 5 356 | 5 356 | 5 356 | 5 356 | 5 356 |
| 低值易耗品 | 532 | 237 | 621 | 458 | 348 | 391 |
| 维修费 | 1 032 | 583 | 672 | 667 | 380 | 452 |
| 办公用品费 | 230 | 108 | 154 | 120 | 107 | 182 |
| 电话、电信费 | 1 583 | 1 569 | 1 595 | 1 500 | 1 601 | 1 588 |
| 银行手续费 | 6 591 | 6 245 | 6 498 | 5 927 | 6 069 | 5 741 |
| 专业顾问费 | 1 000 | 1 000 | 1 000 | 1 000 | 1 000 | 1 000 |
| 垃圾清运费 | 300 | 300 | 300 | 300 | 300 | 300 |
| 保安保险费 | 572 | 572 | 572 | 572 | 572 | 572 |
| 其他 | 3 340 | 3 324 | 3 169 | 2 879 | 3 059 | 2 696 |
| 管理费用合计 | 133 232 | 132 073 | 133 744 | 127 907 | 126 835 | 123 000 |
| 门店费用合计 | 172 705 | 172 191 | 175 560 | 164 623 | 166 234 | 160 850 |
| 门店利润 | 26 175 | 31 434 | 33 879 | 23 712 | 14 905 | 13 089 |
| 门店利润率 | 9.3% | 10.8% | 11.5% | 8.8% | 5.7% | 5.2% |

表 6-2　201X 年门店 A 每月财务报表（二）

（单位：元）

| 项目 | 今年9月 | 去年9月 | 差异 | 今年预算9月 | 差异 | 今年10月 | 去年10月 | 差异 | 今年预算10月 | 差异 |
|---|---|---|---|---|---|---|---|---|---|---|
| 销售收入 | 287 741 | 304 582 | -6% | 319 811 | -10% | 276 259 | 308 574 | -10% | 303 505 | -9% |
| 减：销售折扣折让 | 4 041 | 4 873 | -17% | 5 757 | -30% | 5 028 | 5 374 | -6% | 4 856 | 4% |
| 减：营业税金及附加 | 14 185 | 14 985 | -5% | 15 703 | -10% | 13 562 | 15 160 | -11% | 14 932 | -9% |
| 减：退货 | 6 410 | 5 787 | 11% | 7 036 | -9% | 5 809 | 6 867 | -15% | 6 070 | -4% |
| 销售净收入 | 263 105 | 278 936 | -6% | 291 316 | -10% | 251 860 | 281 172 | -10% | 277 646 | -9% |
| 产品采购成本 | 64 594 | 67 617 | -4% | 70 830 | -9% | 62 052 | 67 089 | -8% | 67 075 | -7% |
| 采购成本率 | 22.4% | 22.2% | | 22.1% | | 22.5% | 21.7% | | 22.1% | |
| 加：运输费用 | 8 800 | 6 400 | 38% | 6 720 | 31% | 8 000 | 6 270 | 28% | 6 584 | 22% |
| 加：库存盘亏和损耗 | 8 571 | 7 894 | 9% | 8 315 | 3% | 7 869 | 7 643 | 3% | 7 891 | 0 |
| 产品销售成本 | 81 965 | 81 911 | 0 | 85 866 | -5% | 77 921 | 81 003 | -4% | 81 549 | -4% |
| 产品销售毛利 | 181 139 | 197 025 | -8% | 205 450 | -12% | 173 939 | 200 170 | -13% | 196 097 | -11% |
| 产品销售毛利率 | 68.8% | 70.6% | | 70.5% | | 69.1% | 71.2% | | 70.6% | |
| 销售费用 | | | | | | | | | | |
| 特许经营费 | 17 264 | 18 275 | -6% | 19 189 | -10% | 16 576 | 18 514 | -10% | 18 210 | -9% |
| 广告促销费用 | 22 135 | 22 062 | 0 | 24 585 | -10% | 21 274 | 22 819 | -7% | 23 370 | -9% |
| 销售费用合计 | 39 399 | 40 337 | -2% | 43 774 | -10% | 37 850 | 41 333 | -8% | 41 580 | -9% |
| 管理费用 | | | | | | | | | | |
| 工资——管理组 | 15 000 | 14 400 | 4% | 15 000 | 0 | 15 000 | 14 400 | 4% | 15 000 | 0 |
| 工资——奖金 | — | 1 000 | | 1 500 | | — | — | | 1 000 | |
| 工资——门店员工 | 27 268 | 27 717 | -2% | 28 783 | -5% | 24 415 | 27 170 | -10% | 27 012 | -10% |
| 工资——临时工 | 2 310 | 2 010 | 15% | 2 000 | 16% | 2 450 | 1 890 | 30% | 2 000 | 23% |

| 项目 | | | | | | | | | | | |
|---|---|---|---|---|---|---|---|---|---|---|---|
| 培训费 | 1 383 | 1 235 | 12% | 1 200 | 15% | 827 | -19% | 1 024 | -17% | 1 000 | -17% |
| 员工福利费 | 8 454 | 8 423 | 0 | 8 757 | -3% | 7 883 | -5% | 8 314 | -6% | 8 402 | -6% |
| 门店租金 | 40 000 | 40 000 | 0 | 40 000 | 0 | 40 000 | 0 | 40 000 | 0 | 40 000 | 0 |
| 物业管理费 | 3 000 | 3 000 | 0 | 3 000 | 0 | 3 000 | 0 | 3 000 | 0 | 3 000 | 0 |
| 水电费 | 7 494 | 7 241 | 3% | 7 300 | 3% | 8 012 | 15% | 6 987 | 14% | 7 000 | 14% |
| 设备折旧 | 3 134 | 2 821 | 11% | 2 821 | 11% | 3 134 | 11% | 2 821 | 11% | 2 821 | 11% |
| 无形资产摊销 | 5 356 | 5 356 | 0 | 5 356 | 0 | 5 356 | 0 | 5 356 | 0 | 5 356 | 0 |
| 低值易耗品 | 348 | 396 | -12% | 400 | -13% | 391 | -13% | 448 | -2% | 400 | -2% |
| 维修费 | 380 | 253 | 50% | 300 | 27% | 452 | 96% | 231 | 51% | 300 | 51% |
| 办公用品费 | 107 | 87 | 23% | 100 | 7% | 182 | 184% | 64 | 82% | 100 | 82% |
| 电话、电信费 | 1 601 | 1 235 | 30% | 1 300 | 23% | 1 588 | 16% | 1 365 | 22% | 1 300 | 22% |
| 银行手续费 | 6 069 | 6 518 | -7% | 6 716 | -10% | 5 741 | -11% | 6 449 | -10% | 6 374 | -10% |
| 专业顾问费 | 1 000 | 930 | 8% | 1 000 | 0 | 1 000 | 5% | 955 | 0 | 1 000 | 0 |
| 垃圾清运费 | 300 | 300 | 0 | 300 | 0 | 300 | 0 | 300 | 0 | 300 | 0 |
| 保安保险费 | 572 | 572 | 0 | 572 | 0 | 572 | 0 | 572 | 0 | 572 | 0 |
| 其他 | 3 059 | 2 315 | 32% | 2 500 | 22% | 2 696 | 20% | 2 256 | 8% | 2 500 | 8% |
| 管理费用合计 | 126 835 | 125 809 | | 128 905 | | 123 000 | | 123 602 | | 125 437 | |
| 门店费用合计 | 166 234 | 166 146 | | 172 678 | | 160 850 | | 164 936 | | 167 017 | |
| 门店利润 | 14 905 | 30 879 | | 32 772 | | 13 089 | | 35 234 | | 29 080 | |
| 门店利润率 | 5.7% | 11.1% | | 11.2% | | 5.2% | | 12.5% | | 10.5% | |

再次，产品的采购成本也有少量的增加。尤其是在销售额相对较少的10月，采购成本率比去年增加了0.8%。至于增加的原因，钱先生和他的采购团队能想到的，大概是由于最近推出的新产品售价较高，成本可能也比较高，因此在一定程度上影响了毛利率。但是，这是否属实，需要用毛利率分析的报表来做专门的分析。

又次，运输费用的增长幅度较大。虽然运输成本在间接成本中所占的比重不大，与销售额之比大致为2%～3%。但是，9月、10月两个月其绝对数值要比预算分别超过31%和22%，甚至在9月，一下子比去年同期增加了38%。W品牌将产品物流运输外包给一家专业物流公司负责，其费用水平的高低对于作为加盟商的钱先生而言是无法完全控制的，因此其真正大幅增长的原因还需要进一步调查分析。

最后，钱先生还发现门店A的库存盘亏和损耗有点偏高。一般门店的存货盘亏、损耗大约是每月四五千元，约占门店销售额的1.5%～2.0%。即使销售额最高的门店D，其月平均销售额在50万元以上，存货盘亏、损耗也只有每月七八千元。而门店A最近几个月的存货盘亏、损耗金额已经接近了门店D的水平。钱先生特地找出了前面12个月门店A的库存盘亏和损耗的数字，其增长幅度虽然不是很明显，但是最近12个月，从平均占销售额的2%上升到了现在的2.5%～3.0%。这让钱先生一下子警觉起来。门店A现在的盘亏、损耗真实状况究竟是怎样的呢？

以上几个方面的变化直接导致了产品销售成本的增加和销售毛利率的减少。今年9月、10月的实际毛利率比去年同期减少了2%左右。

除了产品销售成本以外，门店的销售费用和管理费用相对比较固定。尤其是特许经营费、广告促销费用、人员工资和福利、房租及物业管理、水电费等几项，加起来要达到每月十四五万元，占销售额的50%左右及以上。所以，当销售额相对较少时，整体的门店利润和利润率就下降了很多。

所以，要提高门店A的实际盈利水平，关键在于提升销售额和控制产品销售成本，从而增加销售毛利。为此，钱先生让财务人员专门做了一套 10 月销售及成本分析报表，并且与去年同期以及销售额最高的 9 月做了对比。

## 6.3 销售及毛利数据分析

### 6.3.1 销售指标分析

我们之前在关于销售收入的预算编制（参见第 5 章 5.3.1"规划新企业的未来"）就说过，零售门店的销售收入通常是由来店访客数（visitors，or traffic）、转换率（conversion rate %）和平均客单价（SPC sales per customer，or SPT sales per ticket）3 个因素组成的，即

$$销售收入 = 平均客单价 \times 来店访客数 \times 转换率$$

其中，来店访客数是指一段时间（如一天或一个月）内走进店里的顾客数量，一般是由专门的感应装置自动计数的。通常来讲，来店的访客数越多，说明该店受欢迎的程度越高或者是该品牌产品的知名度越高。增加访客数的方法主要是通过广告宣传、促销打折、培养发展忠诚客户等吸引更多的人光顾门店。另外，店铺所在的位置也很重要，要开在有足够多的人流量的地方才行。

转换率通常用一个比率表示，是指走进店的顾客中有百分之多少是最终购买商品的。来店访客数 × 转换率的结果就是所谓的"客单数"（tickets）。增加转换率的方法有很多，最主要的是要让顾客在店里有很好的购物体验，也要让他们能找到自己喜欢的产品，这样才能让他们真正买单消费。

平均客单价是总销售额除以客单数得到的平均值。在一定程度上，它既反映了消费者的消费能力、消费意愿，也反映了商家的产品定价策略。要提高客单价，不能一味地提高价格，而要在价格适当的基础上，掌握顾客的消费心理，激起顾客的购买欲望。比如，店里的营业员要善于推销，掌握建议销售（add-on sales）的技巧，在顾客有意购买某件商品时，向他针对性地介绍、推荐一些与之相关的其他产品；或者是在商品摆放时，将

那些功能上相关或者互补的商品放在一起，顾客就会很自然地一起购买；也可以从商品的功能、颜色及气味的搭配等方面着手，加强产品组合营销，让顾客在已经选购了某个产品之后还想买更多的相关产品。再比如，像W公司这样，一定阶段更换一些升级换代的新产品，这样商品的定价空间就更加灵活一些。总之，要增加这部分的客单金额，一方面店里的产品性价比要高，价位适当；另一方面也要在成列、推销、商品营销等环节上下功夫。

销售相同或类似产品的商家做一个平均客单价比较，就可以大致知道每一家的产品定位和定价。假设有两家餐馆，一家的平均客单价为256元，每单平均1.8人用餐，另一家平均客单价为1 520元，平均一单5.5人用餐，那么，基本上我们可以判断前一家是经营中高档简餐的小资餐厅，而后一家则是以亲朋好友圆桌聚会为主的餐厅。

下面是门店A今年10月的相关指标与今年7月和去年同期的比较（见表6-3）。

表6-3 门店A销售指标比较表

|  | 今年10月 | 今年7月 | 今年10月与7月相比 | 去年10月 | 去年10月与7月相比 |
| --- | --- | --- | --- | --- | --- |
| 来店访客数 | 21 170 | 22 257 | −4.9% | 23 022 | −8.0% |
| 转换率 | 9.0% | 9.3% | −0.3ppt[①] | 8.9% | +0.1ppt[①] |
| 客单价（元） | 145.0 | 155.5 | −6.7% | 150.0 | −3.3% |
| 销售额（元） | 276 259 | 321 782 | −14.1% | 308 574 | −10.5% |

① 当我们比较两个比率的差异时，我们通常使用百分数之间的直接加减值作为其差异。并用"百分比"（Percentage Point，ppt）作为单位。像以上这个比较表，我们应该这样描述：今年10月的转换率比今年7月的少了0.3个百分点，比去年同期的增加了0.1个百分点。

从上面的比较我们可以看到，与去年10月同比以及与更换新产品之前的今年7月相比，今年10月的来店访客数和客单价都有不同程度的下降。钱先生与市场推广部和营运部门的主管讨论了一下，他们初步的分析是：

- 在更换了新产品之后，W公司整体上的广告宣传方面力度不够，导致来店访客数下降。
- 新产品的销售单价虽然略高于老产品，但是顾客对新产品的功效、性能等不太熟悉，所以更倾向于购买老产品和价格较低的产品，属于"保守型消费"，因此客单价反而下降了。
- 门店的销售员对于新产品也不是很熟悉，所以没有办法向顾客多做更详尽的推销，这也导致了顾客消费意愿的下降，也就体现为转换率和客单价的下降。
- 整体上，虽然转换率的变化不大，但仍然存在进一步下降的隐患。如果加强客户服务，让顾客有更好的消费体验，那么转换率可以更高，哪怕是提高1个百分点的话，也可以增加超过10%的销售额。

有些数据除了做纵向的比较之外，钱先生和他的团队还可以做一些横向比较，比如与钱先生公司的其他门店或者是W品牌在T市的其他门店进行比较（如果相关数据可以获得的话）。就拿"来店访客数"来说，要看看来店访客数的下降是该品牌所有专卖店的普遍现象还是门店A自己的问题。如果不是所有门店的来店访客数都有明显下降，那么，是不是门店A所在的位置，其可视性（visibility）和可接近性（accessibility）受到了一定的影响？比如，门店A所在的商场或商圈整体改造，或者因物业管理或其他客观原因店铺在商场内搬迁，或者是周边正好有大型的市政建设导致车辆和行人绕行等。另外，也可能是商场内或商场外不远处有同类型品牌、价位接近的其他化妆品店开业吸引走了一部分客源，这就是所谓的"自身蚕食"效应（cannibalization）。

但实际情况是：门店A地处闹市区，又在T市一家高档商场内。钱先生既没有听说过在商场附近有任何的市政建设或者改造工程等，也没有其他品牌化妆品店最近新开业。因此，理论上人流量应该不存在问题。那么，来店访客数的下降基本上应该是由广告促销方面的原因造成的。

## 6.3.2 产品销售组合与毛利率分析

除了分析以上3个因素以外，钱先生还要看产品的销售组合信息，即每个大类产品在销售额中的占比以及它们对整体毛利率的影响。销售额及毛利相关数据分析如表6-4所示。

表 6-4 门店 A 产品销售毛利比较表

| 201X年 产品大类 | 今年10月 销售额(千元) | 销售占比 | 采购成本率 | 采购成本率(与今年7月相比) | 采购成本率(与去年10月相比) | 今年7月 销售额(千元) | 销售占比 | 采购成本率 | 去年10月 销售额(千元) | 销售占比 | 采购成本率 |
|---|---|---|---|---|---|---|---|---|---|---|---|
| 化妆品 | 115.2 | 41.7% | 22.71% | 1.48% | 1.68% | 133.5 | 41.5% | 21.23% | 127.1 | 41.2% | 21.03% |
| 化妆工具 | 22.9 | 8.3% | 27.88% | 0.33% | 0.68% | 33.5 | 10.4% | 27.55% | 35.8 | 11.6% | 27.20% |
| 清洁护理用品 | 71.3 | 25.8% | 21.23% | 0.39% | 0.55% | 86.6 | 26.9% | 20.84% | 84.9 | 27.5% | 20.68% |
| 洗涤用品 | 32.9 | 11.9% | 20.68% | 0.13% | 0.29% | 38.3 | 11.9% | 20.55% | 33.3 | 10.8% | 20.39% |
| 健康保健品 | 24.6 | 8.9% | 23.59% | -0.12% | 0.08% | 28.6 | 8.9% | 23.71% | 24.1 | 7.8% | 23.51% |
| 饰品配件 | 9.4 | 3.4% | 18.81% | 0.26% | 0.65% | 1.3 | 0.4% | 18.55% | 3.4 | 1.1% | 18.16% |
| 合计 | 276.3 | 100% | 22.46% | 0.55% | 0.72% | 321.8 | 100% | 21.91% | 308.6 | 100% | 21.74% |

从以上数据可以初步得到下列分析结果：

- 从表面上看，各大类商品的销售额和销售占比基本变化不大。但实际上，占销售额比重最大的两个大类化妆品和清洁护理用品都有所减少。化妆品的销售占比变化不大，还略有上升，但是销售额比去年同期减少了约 12 000 元，而比今年销售额最高的 7 月减少了 18 300 元。对于每月销售额 30 万元左右的店来说，减少的这一金额其实不算小。清洁护理用品不论是销售额还是销售占比都有较大幅度的减少，比去年同期减少了 13 000 元和 1.7 个百分点，而与今年 7 月相比，更是减少了 15 300 元和 1.1 个百分点。

- 以上两大类的成本率也有所上升，化妆品的采购成本率比去年同期和今年 7 月分别增加了 1.68 个百分点和 1.48 个百分点，清洁护理用品的采购成本率比去年同期和今年 7 月分别增加了 0.55 个百分点和 0.39 个百分点。以上两个方面应该是毛利率下降的最主要原因。

- 由于化妆品销售额的减少，化妆工具的销售额也相应地减少。而且，其销售额与化妆品的销售额比例关系从去年的 1∶4 下降到了 1∶5 左右。这使得销售至少损失了五六千元。

- "饰品配件"类，包括一些年轻女性喜欢的小饰品、小挂件和小摆设等，其销售额和销售占比都有所提高。与今年 7 月相比，销售额增加了 1 000 元，销售占比增加了 3 个百分点。虽然其毛利率比其他几大类高，但由于其在总销售额中的比重很小，对于提升毛利率水平起不了很大作用。

- 其他两个大类，即洗涤用品和健康保健品，或是销售额占总销售金额的比重变化不大，或是成本率基本保持一致，表现比较稳定。

从以上这些初步的分析判断，我们可以看出产品销售结构的变化和成本的变化对毛利率的影响。通过进一步对产品小类直至各个产品的分析，钱先生相信这些变化实际上与 W 公司近期的销售战略变化有极大的关联。比如，化妆品和清洁护理用品是 W 公司的重要产品系列，最近更换了很多新产品，看来并不是所有的新品种都受欢迎，有很多新产品的销量不是很高。这与新产品的知名度、广告宣传、促销力度有关，也与产品的性价比、产品质量等因素相关。因此，销售额不如预期那么好，产品成本增加的同时，产品销售毛利也减少了。在钱先生看来，一方面，W公司要增加广告宣传力度，另一方面，顾客培育也需要一定的时间。

还有，"饰品配件"类的销售增加，也与W公司近期增加了很多新品种有很大关系。以前这部分只是零零星星几十种产品，顾客可挑选的余地不多。由于销量小、单品价格低，供应商还经常断货。现在，采购系统上可订购的产品种类极其丰富，而且有越来越多的趋势。接下来两个月，钱先生可能会让各家门店再多进一些货品来卖。但是，正如前面说到的，W公司是以化妆品和清洁护理用品为主打产品，毕竟不是卖饰品和小配件的品牌，这类商品只能是顺带销售一些。所以，销量可能还会有所增加，但不可能由此大幅度地提高毛利率水平。

### 6.3.3 相关性分析

相关性[1]是指两个或两个以上财务或非财务指标的相互关系，它试图通过计算指标之间的相关系数来表明它们之间的关系程度，找出它们之间可能的联系。

计算出来的关联系数在 −1 ~ 1：

- 当相关系数为 +1 时，两个指标之间的关系为完全正相关，即A指标增加时，B指标将同比例地增加，而完全没有例外。
- 当相关系数为正数时，代表两个指标之间正相关，一部分B指标随着A指标的增加而增加。
- 当相关系数等于 0 的时候，说明两个指标完全没有相关关系，即A指标的变化与B指标的变化之间没有任何联系。当A指标按一定方式变化时，B指标的变化是杂乱无章的，或者A指标基本没有变化，而B指标的数据看上去更像是完全随机产生的。
- 当相关系数为负数时，代表两个指标为负相关，即当A指标越大

---

[1] https://www.djsresearch.co.uk/glossary/item/Correlation-Analysis-Market-Research。

时，一部分 B 指标就越小。
- 当相关系数为 –1 时，两个指标之间完全呈负相关，即 A 指标增加时，B 指标反方向同比例减少。
- 无论相关系数正或负，当相关系数的绝对值越接近于零，说明指标间的相关度越低。当相关系数绝对值靠近 1 时，说明指标间的相关度很高。

钱先生一直以来既关注财务指标的分析，也很关注其他非财务指标与财务指标之间的关系。他觉得分析销售数据不能光看来店访客数、客单价这些指标，他还想看看其他关键绩效指标（key performance indicator，KPI）与销售额的关系。他把这项任务就交给了财务主管李经理。李经理与销售团队和财务部的同事商议之后，决定看一下门店 A 最近几个月来店访客数与公司派发的促销广告传单数量（flyer numbers）、神秘顾客评分值（mystery shopping score）、顾客店内投诉（customer compliants）以及每单购买产品数（unites per transaction, UPT）、员工流失率（staff turnover rate）等几个指标的关系。李经理收集到的 201X 年前 10 个月的相关数据如表 6-5 所示。

为了简化起见，且容易作图，李先生将销售收入和广告传单数量变成以万为单位，然后其他指标都相应转换为 0～20 以内的数字，如表 6-6 所示。

李先生用柱状表示销售收入，用点线表示其他指标，画出来的图形如图 6-1 所示。

然后，李先生又计算了指标之间的相关系数，结果如表 6-7 所示。

李先生从图 6-1 和表 6-7 发现：

- 每个月促销广告传单派发的数量都差不多，基本上都在 20 万份上下。数量的变化主要是配合 W 公司的促销计划和各种营销活动。但仔细观察会发现，当传单派发得比较多的时候，销售收入往往也比较高，反之则较低。通过计算两者的相关性发现，两者的相关系数高达 0.87，由此可见其相关性极高。这说明，促销传单对于吸引更多的顾客来到店里购物起到了很大的作用。因此，如果门店 A 要增加销售额的话，适当增加传单派发的数量将会是十分有效的方法。

表 6-5　201X 年前 10 个月销售收入与各项指标对照表

| | 1月 | 2月 | 3月 | 4月 | 5月 | 6月 | 7月 | 8月 | 9月 | 10月 |
|---|---|---|---|---|---|---|---|---|---|---|
| 销售收入（元） | 295 680 | 327 798 | 287 650 | 293 316 | 308 560 | 316 052 | 321 782 | 293 509 | 287 741 | 276 259 |
| 促销广告传单数量 | 207 468 | 216 316 | 202 740 | 208 376 | 215 808 | 217 300 | 216 295 | 199 589 | 198 350 | 203 236 |
| 神秘顾客评分值（满分100） | 89.5 | 93.4 | 92.4 | 92.33 | 91.5 | 95.6 | 93.27 | 91.9 | 88.2 | 90.15 |
| 顾客店内投诉数量 | 14 | 8 | 12 | 15 | 12 | 9 | 11 | 14 | 12 | 18 |
| 每单购买产品数 | 3.74 | 3.44 | 3.59 | 3.53 | 3.48 | 3.68 | 3.43 | 3.37 | 3.21 | 3.83 |
| 员工流失率 | 32.0% | 56.2% | 15.1% | 24.8% | 46.0% | 77.2% | 62.3% | 91.0% | 56.9% | 109.3% |

表 6-6　各项指标对照表（简化版）

| | 1月 | 2月 | 3月 | 4月 | 5月 | 6月 | 7月 | 8月 | 9月 | 10月 |
|---|---|---|---|---|---|---|---|---|---|---|
| 销售收入（万元） | 29.57 | 32.78 | 28.77 | 29.33 | 30.86 | 31.61 | 32.18 | 29.35 | 28.77 | 27.63 |
| 促销广告传单数量（万） | 20.75 | 21.63 | 20.27 | 20.84 | 21.58 | 21.73 | 21.63 | 19.96 | 19.84 | 20.32 |
| 神秘顾客评分值（满分10） | 8.95 | 9.34 | 9.24 | 9.23 | 9.15 | 9.56 | 9.33 | 9.19 | 8.82 | 9.02 |
| 顾客店内投诉数量 | 14.00 | 8.00 | 12.00 | 15.00 | 12.00 | 9.00 | 11.00 | 14.00 | 12.00 | 18.00 |
| 每单购买产品数 | 3.74 | 3.44 | 3.59 | 3.53 | 3.48 | 3.68 | 3.43 | 3.37 | 3.21 | 3.83 |
| 员工流失率（10ppt） | 3.20 | 5.62 | 1.51 | 2.48 | 4.60 | 7.72 | 6.23 | 9.10 | 5.69 | 10.93 |

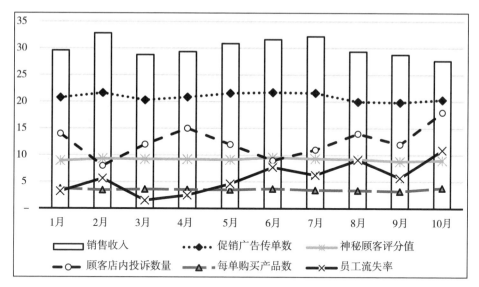

图 6-1　销售收入与其他 KPI 对比图

表 6-7　各项指标相关系数计算表

| 相关系数 | 销售收入（元） | 促销广告传单数 | 神秘顾客评分值 | 顾客店内投诉数量 |
|---|---|---|---|---|
| 促销广告传单数 | 0.87 | | | |
| 神秘顾客评分值 | 0.67 | 0.69 | | |
| 顾客店内投诉数量 | −0.84 | −0.60 | −0.57 | |
| 每单购买产品数 | −0.23 | 0.16 | 0.14 | 0.39 |
| 员工流失率 | −0.07 | −0.09 | 0.03 | 0.22 |

- 神秘顾客评分值这个指标与多个指标都有一定的关联性。一方面，它与销售收入正相关，相关系数为 0.67。另一方面，它与促销广告传单数也正相关。但是，后者其实是因为促销传单数与销售收入正相关引起的。实际上，它与顾客投诉数负相关，相关系数为 −0.57。数值不算太高，但绝对值已经超过了 0.50。因此，它们有较强的相关性。这说明，当神秘顾客评分值较高时，销售收入也较高，同时顾客店内投诉数量则较低。
- 在销售额相对较高的月份，顾客投诉的数量也会较少，反之则较多。经计算，两者的相关性系数为 −0.84。也就是说，当客户投诉

越多的时候,销售额就相对比较低。由此可见,当顾客对店内服务和购物体验较满意的时候,消费意愿和消费金额都会略多一些。

- 每单购买产品数,总体上没有什么太大变化,在图中几乎是一条直线。它与销售额的相关性只有 −0.23,相关性不是很强。但适当加强促销,增加顾客每单购买产品的数量,应该会在一定程度上增加销售额。

- 员工流失率。它虽然与销售额的关系不大,相关系数仅为 −0.067。但是,最近四五个月的员工流失率明显升高,这是因为一方面老员工流失了不少,另一方面原先预计夏季的来店访客数和销售额都会比较高,招收了一些临时工,而这些员工因工作量和收入不如预期,大部分都离职了。员工的流失在一定程度上对销售额也有负面影响。

## 6.4 门店实地考察

### 6.4.1 实地考察发现的问题

上面这些只是一些报表数字的简单比较分析。为了充分了解门店 A 的销售情况。钱先生亲自到店里工作了一周。通过在店里观察,以及进一步与部分新老顾客、门店管理组和员工交流,钱先生还发现了以下问题。

1. 新产品销售

虽然门店推出了很多新产品,而且大部分新产品都在功能上替代了撤换的老产品或者是老产品的升级换代产品,但很多老顾客不太了解。不少老顾客来购物,找不到原来想买的产品,以为是暂时缺货,不买任何东西就直接就走了,而并不像 W 公司市场部门在新产品沟通会上所说的那样,经过市场调查,大部分老客户在没有看到自己原先想买的产品的时候,会考虑购买新的替代产品。

新产品推出前,W 公司在 T 市举行了新产品发布沟通会,但是钱先生的公司只有他和手下几位得力助手,以及 5 家门店的店长前往参加。之后,新产品的销售说明书、宣传文案资料等,都还没有完全及时地下发到位。门店的员工对于新产品的了解不够,即使有顾客询问,店员也无法直接回答,更不用说主动推销了。店内员工需要加强培训,并且能与 W 品牌的相关宣传、促销相互配合,以更好地推销这些产品。

2. 新产品的运输费用

新产品的价格虽然略高,但产品的毛利率不高,这主要是由于新产品的采购进店价格较高造成的。钱先生开始也不太明白为什么,后来他主动与每天送货到店里的卡车司机小王聊天,这才逐渐知道,原来新产品大部分是从外省长途运输过来的。东西先运到 T 市郊外的 W 公司自己的产品仓储中心,然后再根据出货单将货物运到店里。之前老产品基本都在本地生产,有些需要运到仓储中心分装之后再运到店里,而有相当一部分产品是从生产厂家直接运到店里的,成本自然低了不少。

钱先生以前在 W 公司举行的特许经营研讨会上专门了解过运输成本的计算问题。货物运到仓储中心所产生的货运成本要被计算在产品采购成本中。另外,货物在 W 公司仓储中心还有存放、整理、分装的费用以及包装物成本等。W 公司开给各门店的销售发票包括了产品出厂价以及所有以上这些货运仓储成本,门店则以此为据,入账为"产品采购成本"。而从仓储中心运到门店,由专业物流公司运送并出具发票,因此这部分相关的费用应作为门店的运输费用入账,并作为"产品销售成本"的一部分。

由于运输路线的增加,新产品采购成本中的货运仓储成本比原来的老产品要高不少。同时,所有货物都先集中到仓储中心,再运到每个门店,因此运输费用也增加了不少,导致整个产品销售成本增加,销售毛利减少。

另外,通过跟司机小王的谈话,钱先生还了解到,物流公司现在的运输费用的计算与原先的略有不同。在更换新产品以前,物流公司的运输费用要按照实际的人工、油耗等成本,先核算出货车每跑一公里大约需要花多少钱,加上公司的最低毛利率要求和相关税费,按公里数计算出每一次出车应收取的运输费,再以每车运送的产品的市场销售价格分摊费用给每一家门店。这种做法不尽合理,一直以来备受各家门店和加盟商诟病。哪家门店订货的销售单价越高,订货数量越多,那么本周的运输费用发票金额就会越大,而不论其货物的实际体积、重量多大。也许某家门店周一只订购了 3 小箱东西,但由于是售价较高的高端化妆品,周三运到店里后,发现其运费金额就要比订购 3 大箱子便宜的化妆工具要多得多。

最近,物流公司正式全面实施"作业成本法",将每趟出车的费用按照货物的包装体积平摊到每一个箱子上。有特大、大、中、小 4 种规格的标准箱,最后换算出每家门店每箱货物应收取的运输费用。这看似比较合理,但钱先生不明白为什么运输费用反而大幅度上升了呢?小王说:"没办法,运输成本(包括司机工资、汽油价格、过桥过路费、汽车维护保养等)全面上涨,运输费用当然要涨啦。不然,我们老板要去喝西北风啦。"另外,钱先生通过观察发现,W 品牌新产品的包装大多都改成了大盒包装,总体来说,运输公司每次出车运送的货物量其实要比原先少一些。这样,最后平摊到每个产品上的运输费用实际增加了不少。

3. 库存盘亏损耗和现金短缺

钱先生来店里之前在报表上发现这家门店的库存盘亏和损耗有点偏高,所以他特意观察了这方面的问题。但是,当他在店内不停地走动时,他基本上没有观察到任何异常现象。他还注意到,每天晚上打烊结账后,现金总是会有些短缺,只是每天缺少的数量有多有少。钱先生在店里的那几天,如果他一直在店里上班待到关店,和店长、店员一起盘点和结账,那么那天的现金短缺和库存盘亏与损耗就会少一些。反之,当他前一天先下班,第二天一早来到店里看现金结账、库存盘亏和损耗日报表的时候,他就会发现缺失的现金和盘亏的存货略多。

钱先生为此特地询问了公司的现金出纳和门店 A 的店长。出纳告诉他,80% 以上的顾客都使用信用卡支付,所以每天现金收入不多,像门店

A这样的店一天也就是2 000元左右的现金收入。每家门店晚上结账时，将本门店自己的现金收入调平，如有缺失的话，在现金结账日报表上注明是"现金收入差异"，并由店长签字即可。按照W公司的全球标准报表要求，现金短缺的部分没有专门科目记录，就直接放在利润表的"其他费用"项目里。一直以来，门店A的现金短缺不多，所以也没有发现什么问题。门店A的店长小赵说："自从我一年前加入这家店以来，我们店的现金短缺一直是在一天30元左右，占销售收入的0.2%～0.3%，属于公司规定'低于销售额0.3%'的正常水平。公司对于现金短缺没有明文规定要处理员工个人，但是，在我们门店如果确实发现较大的短缺，比如一天下来少50元以上，或者是收到了假钞，第一次对员工口头警告，第二次在每天早上的例会上通报批评，第三次如果再出现就会罚款10元，并调离收银岗位1～2周。"

但钱先生认为，销售收入0.3%的标准是很早以前设立的。那时，一方面W品牌刚刚引入T市，知道的人不多，销售额也一般。另一方面，T市这样的中等城市，信用卡消费还未普及，销售额当中约80%～90%都是现金消费。也就是说，每天销售收入中的6 000～7 000元是现金。"低于销售额0.3%"的比例相当于每天25元以下的现金差错，以当时的现金收入情况来看，总体来说还算正常。而现在，每天收取现金只有2 000元左右，就有30元左右的出入，那是不小的比例。

## 6.4.2 初步设想

通过对门店报表的审阅、分析，并且花几天的时间在门店实地考察，钱先生自己思考了一下，又和自己手下几位业务主管商量了一下，有了以下一些初步的想法。

1. 提高新产品的销售额

零售业本来就是"销售为王"，门店A之前两三个月的情况更有力地印证了门店利润的大幅度下降与销售额的减少有很大关系。所以，钱先生准备双管齐下，一方面加大员工的培训力度，让他们尽快熟悉新产品的特点、用途、性能等知识；另一方面，在近期内投入一定资金，做一些本地促销活动，如给附近商业大楼和高层建筑的白领送优惠券、发放新产品宣传册，给一些老顾客针对性地寄送礼品卡等，加上 W 公司在圣诞、元旦、春节期间会有相关电视广告推出，希望以此能带动一波销售热潮。广告促销传单的数量与销售额有很强的相关性，因此，钱先生觉得应该多增加一些促销传单的派发数量。这个部分需要向 W 公司先申请具体的增加派发量，然后由 W 公司安排通过相关的媒体或邮政渠道派发，而增加派发引起的费用由相关门店，即门店 A 来承担。当然，更重要的是传单上的内容要吸引顾客。也就是说，既要有"量"也要保"质"，这样传单才能发挥真正的作用。

根据市场推广部门的同事测算，这几方面的投入每月至少需要 5 万元，连续投入 3 个月，预计销售额将在当月及随后的 5 个月里提升 10% 左右。但钱先生认为只增加 10% 太少了，无法将市场推广费用赚回来，至少要拉动销售额增加 20% 以上才行。

2. 设法降低运输费用

要提高毛利率，钱先生首先想到的是减少运输费用。运输费用虽然总体上不是很高，但也占销售额的两三个百分点。钱先生要求公司会计仅以销售额占比最多的"化妆品"大类，计算出今年 10 月的每箱货物运费，将其与今年 7 月以及去年 10 月的每箱运费相互比较（见表 6-8）。

表 6-8　门店 A 运输费用比较表

| 化妆品 | 今年 10 月 | 今年 7 月 | | 去年 10 月 | |
|---|---|---|---|---|---|
| 销售额（元） | 115 200 | 133 539 | −13.7% | 127 132 | −9.4% |
| 运送箱数（箱） | 52 | 50 | | 43 | |
| 运费（元） | 3 615 | 3 340 | 8.2% | 2 670 | 35.4% |
| 平均每箱运费（元） | 69.5 | 66.8 | 4.1% | 62.1 | 12.0% |

真的是"不比较不知道，一比较吓一跳"。在化妆品类的销售额大幅度降低的前提下，其相关运费金额与今年 7 月相比反而增加了 8.2%，与

去年同期相比增加了35.4%。平均每箱运费竟然比物流公司调整定价策略之前多了4%，与去年同期比涨了12%。

钱先生和他的团队成员正考虑如何向W公司和物流公司提出改进运输费用的计算方式，使得运输费用更合理。

3. 提高洗涤用品和饰品配件两大类的销售份额

洗涤用品和饰品配件的销售额占比并不高，目前的销售额约每月4万元，在总销售额仅占12%～15%。但是两者平均采购成本率较低，分别比总体采购成本率低1～3个百分点。如果能够提高这两类产品的销售额，尤其是提高其在总销售额中的占比，将会提高整体产品销售毛利率水平。钱先生的想法是，如果这两类产品每月再增加3万元的销售额的话，这两类产品的销售额将达到7万元，占总销售额的25%左右，不知道这样能否将产品销售毛利率拉高0.5个百分点，从而将门店利润也提高0.5%。

4. 减少库存盘亏和损耗、现金短缺

这部分虽然说金额不大，但日积月累，对公司来说也是不小的损失。钱先生以前就知道，T市的另一位加盟特许经营商刘女士也曾经遇到类似问题。刘女士就在自己的店里安装了监控摄像头装置，在控制库存盘亏、损耗以及现金短缺方面，确实产生了很好的效果。

钱先生再次打电话向刘女士请教。刘女士说："之前我的几家店里老是丢东西，每次存货盘点都要少掉一些价值比较高的产品，只好计入库存盘亏和损耗。我们怀疑有部分是内盗，还有一些可能是小偷假扮顾客进来偷东西。我们一开始指定一名店长或副店长每天多盯着点重点产品，但是没什么用。人总有注意力不集中或者需要走开一会儿的时候，而且店里忙的时候，根本顾不过来。装了摄像头之后，首先对于那些喜欢顺手牵羊的店内员工或者顾客来说，起到不小的威慑作用，偷盗情况明显减少了很多。其次，通过观察录像，我们也找到了几个经常来店里光顾的偷盗惯犯。我们以录像作为证据，直接报案交给派出所处理。这样一来，存货盘点损耗比没有装摄像头之前降低了很多，最多的一家店甚至降低了差不多一半的损耗，一年下来就 5 万多元。这些钱我都可以多请一名初级员工了。"刘女士继续说："现金短缺的问题，有部分是因为员工一时疏忽，收钱时票面没有看清楚或者是自以为擅长心算而不认真看 POS 屏幕上显示的价格总数和零找金额等信息，导致最后收钱找零的出入。对于这部分员工应该加强岗位培训，并要求他们严格执行门店操作流程。当然也不排除个别员工贪小便宜，在结账的时候偷钱，或者偷偷用假钞换真钞。但现在，信用卡消费占大多数，用现金支付的顾客很少，所以出现这种事情的概率不高。如果真要在收银柜台上方装摄像头，那最多只是给接触现金又有不良意图的员工一个警示的作用。这方面，你可以自己考虑一下再做决定。"

应钱先生的要求，刘女士稍后发来了一张表格，上面记录了她管理的门店在安装摄像头前后，库存盘亏和损耗金额的对比数字，如表 6-9 所示。

表 6-9 门店库存盘亏和损耗前后比较

| 门店 | 装摄像头前 12 个月库存盘亏和损耗（元） | 占销售额比重 | 装摄像头后 12 个月库存盘亏和损耗（元） | 占销售额比重 | 库存盘亏和损耗降低额（元） |
|---|---|---|---|---|---|
| 门店一 | 83 775 | 3.42% | 54 667 | 2.15% | 29 108 |
| 门店二 | 108 334 | 3.97% | 54 908 | 1.92% | 53 426 |
| 门店三 | 92 104 | 2.94% | 70 465 | 2.13% | 21 639 |
| 门店四 | 88 525 | 4.22% | 49 068 | 2.26% | 39 457 |
| 平均数 | 93 185 | 3.58% | 57 277 | 2.11% | 35 907 |

通过询价，钱先生了解到一家电子产品的供应商报价初始投资 3 万元，包括 5 个高清摄像头、店内网络、布线安装以及影像存储设备，外加软件系统等。以后每年系统维护和软件升级更新费用 2 000 元/年，并且硬件可免费保修 3 年。钱先生觉得这个价格不错，但不知道这样的投入是否划算。如果该项目固定资产投资可以在 1 年以内或者 1 年左右收回，那就再好不过了。

5. 退货问题

W 品牌的门店退货率最近几年有上升趋势，其中很大一部分原因是有些顾客恶意退货。W 品牌有严格的退货政策，只有在购买后两周内，未拆封的产品才能退货。而且，化妆品、清洁护理用品和洗涤用品等出店就不能退货了。但即使有这样的规定，还是有少部分顾客恶意退货。在不久前举行的 W 品牌的新产品发布沟通会上，钱先生了解到，现在有些网上商店在出售假冒的 W 品牌产品，以很低廉的价格吸引了极少部分顾客。有些顾客先到店里面选购了产品，然后再上网购买同款的假冒产品，等网购的假冒产品快递到家里后，就到店里来将假冒产品退掉。由于有些仿制产品与 W 公司的产品外包装十分相似，从外观上无法清晰识别，因而有些收银员便接受了退回货品，往往到当天晚上盘点或者再晚些时候才能发现。这样，让店里承受了"双重损失"，不但销售额减少了，还增加了存货损耗。更糟糕的情况是，假冒产品被收回后，如果未被店员和店长及时发现，又卖给了另一位顾客，会招致顾客投诉。为此公司不但要全额退款，还要给予顾客一定的补偿，并承担公司名誉上的损失。有些顾客会认为钱先生的门店作为 W 品牌的特许经营加盟店，故意销售假货欺骗消费者，从而再也不相信店里出售的商品品质。

为了杜绝这种现象，一方面 W 公司不断更新新的产品，减少被外界假冒仿制的风险，提高假冒成本，另一方面 W 公司推出了一种"防伪标签"。该标签就贴在产品外包装上，在专门的设备上一扫，就知道产品的真伪。如果该产品是假的仿制品，那设备即刻就能识别出来。如果是顾客将仿制品装入真产品的外包装再来退货，那么外包装就有被拆封或打开过的痕迹，应该很容易识别出来。这种方式，在另外两个城市已经试运行过了，确实可以大量地减少恶意退货。不过，这种防伪识别设备需要一次性投入 10 万元。钱先生想：减少多少退货，需要多少时间，才能把这个设备的投资费用赚回来？

## 6.5 分析测算及决策方案

钱先生有了以上初步的几个想法之后，叫来公司的财务主管李经理，让他测算一下这些想法的可行性及其对财务报表的影响。

### 6.5.1 广告促销活动

李经理知道,钱先生和市场推广部计划在平时常规的市场费用基础上,再投入一些广告促销费用,大约每月投入5万元,连续3个月。市场推广部预测,投入广告促销费用后,预计6个月的销售额将比不投入促销费用的相应销售额增长10%,但钱先生认为不够,最好能增长20%。如果市场促销无法将门店的销售额和利润率提升到一定程度,那么钱先生有可能决定不投入这15万元额外的促销费用。那么,李经理应该怎样帮助钱先生做出判断和决策呢?

首先,李经理要确定用什么样的财务分析模型来做分析。在这里最好的模型应该是"敏感性分析模型"。其次,李经理需要做出一些假设。现在已经是201X年11月中旬了,市场推广部需要一定的时间做一些市场调研、文案准备、寻找适当的广告商等。因此,真正实施广告促销活动要到201Y年1月开始,即1月、2月、3月分别投入5万元,那么,1~6月的连续6个月期间销售额将会增加。这次敏感性分析需要做两种不同的情景分析,即一种是每个月10%的增长率,另一种是20%的增长率,看看结果会怎样。然后,李经理还要确定基准销售额及基准报表。钱先生及其团队成员已经开始讨论201Y年的预算了,他说:"那我们就以201X年1~6月的销售额减少5%为基础,产品成本和销售毛利就用现在10月的水平吧,而其他费用就以目前的门店A利润表来推算。"

李经理根据现有的报表,列出了201X年前6个月的销售额,并计算出了201Y年前6个月的预计销售额(见表6-10)。

表6-10 门店A 1~6月收入表 (单位:元)

| | 1月 | 2月 | 3月 | 4月 | 5月 | 6月 | 合计 |
|---|---|---|---|---|---|---|---|
| 201X年实际销售额 | 295 680 | 327 798 | 287 650 | 293 316 | 308 560 | 316 052 | 1 829 056 |
| 201Y年预计销售额 | 281 600 | 312 189 | 273 952 | 279 349 | 293 867 | 301 002 | 1 741 958 |

李经理将所有的成本和费用分成两个部分：变动的和固定的。固定的部分比较少，主要包括门店管理组工资、房租、物业管理、设备折旧和无形资产摊销等。其他费用基本上属于变动成本或费用。但有一些项目，虽然会随着销售收入的增加而增加，但并不完全是线性增长，如销售折扣折让以及门店员工的工资等。

具体的计算过程不再赘述。201Y 年 1～6 月门店 A 的财务报表之敏感性分析测算结果如表 6-11 所示。

表 6-11　201Y 年门店 A 利润率敏感性分析对照表　（单位：元）

| | 基准模型 201Y 年 1～6 月 | 销售额增长 10% | 销售额增长 20% |
|---|---|---|---|
| 销售收入 | 1 741 958 | 1 916 154 | 2 090 349 |
| 减：销售折扣折让 | 28 011 | 29 271 | 30 252 |
| 减：营业税金及附加 | 82 950 | 94 267 | 102 837 |
| 减：退货 | 37 741 | 37 364 | 36 231 |
| 销售净收入 | 1 593 256 | 1 755 252 | 1 921 029 |
| 产品采购成本 | 391 156 | 430 272 | 469 388 |
| 加：运输费用 | 52 259 | 57 485 | 62 710 |
| 加：库存盘亏和损耗 | 50 776 | 55 854 | 60 931 |
| 产品销售成本 | 494 191 | 543 611 | 593 029 |
| 产品销售毛利 | 1 099 065 | 1 211 641 | 1 328 000 |
| 产品销售毛利率 | 69.0% | 69.0% | 69.1% |
| 销售费用 | | | |
| 　特许经营费 | 104 517 | 114 969 | 125 421 |
| 　广告促销费用 | 134 073 | 284 073 | 284 073 |
| 销售费用合计 | 238 590 | 399 042 | 409 494 |
| 管理费用 | | | |
| 　工资——管理组 | 90 000 | 90 000 | 90 000 |
| 　工资——奖金 | 5 000 | 5 000 | 5 000 |
| 　工资——门店员工 | 159 627 | 158 031 | 153 242 |
| 　工资——临时工 | 14 702 | 16 172 | 17 642 |
| 　培训费 | 6 828 | 7 510 | 8 193 |
| 　员工福利费 | 49 925 | 49 606 | 48 648 |
| 　门店租金 | 240 000 | 240 000 | 240 000 |
| 　物业管理费 | 18 000 | 18 000 | 18 000 |

(续)

|  | 基准模型<br>201Y 年 1～6 月 | 销售额增长 10% | 销售额增长 20% |
|---|---|---|---|
| 水电费 | 47 891 | 52 680 | 57 469 |
| 设备折旧 | 18 804 | 18 804 | 18 804 |
| 无形资产摊销 | 32 136 | 32 136 | 32 136 |
| 低值易耗品 | 2 282 | 2 511 | 2 739 |
| 维修费 | 2 570 | 2 827 | 3 084 |
| 办公用品费 | 893 | 982 | 1 071 |
| 电话、电信费 | 9 850 | 10 835 | 11 820 |
| 银行手续费 | 36 478 | 40 126 | 43 774 |
| 专业顾问费 | 6 177 | 6 795 | 7 413 |
| 垃圾清运费 | 1 853 | 2 038 | 2 224 |
| 保安保险费 | 3 533 | 3 887 | 4 240 |
| 其他 | 14 214 | 15 636 | 17 057 |
| 管理费用合计 | 760 763 | 773 576 | 782 556 |
| 门店费用合计 | 999 353 | 1 172 618 | 1 192 050 |
| **门店利润** | 99 712 | 39 023 | 135 950 |
| 门店利润率 | 6.26% | 2.22% | 7.08% |

从表 6-11 的计算可以看到，如果投入 15 万元用于本地广告促销活动，每月销售额仅仅增长 10% 是远远不够的。虽然销售额有所增长，但 6 个月一共增加了 17.4 万元，增加的销售收入所带来的产品销售毛利（11 万元），非但不能完全承担增加的 15 万元广告促销费，更何况销售额增加的同时还有其他费用产生。因此，门店的整体利润率不升反降。如果每月销售额增长 20% 的话，1～6 月的产品销售毛利将增加 22 多万元，虽然其他费用也有所增加，但总体上可以将广告促销费用和门店增加的其他费用收回，还略有盈余，因此毛利率提升了约 0.8 个百分点。

经过李经理的进一步测算，如果要想让毛利率提升到原来的 10%～11% 的水平，要么销售额再提升至少 10%（即在基准销售额的基础上增加销售额 30%），要么钱先生和他的团队还要想其他办法在减少成本或节约费用上下功夫。

留给钱先生和他的团队的问题是：如何让每月 5 万元的广告促销费用发挥最大的作用，从而可以让销售额比基准预期数增长 20% 以上。如果，销售额的增长无法达到 20% 以上，甚至达不到 10% 怎么办？要如何调整市场战略、产品营销计划？

## 6.5.2 优化运输成本

减少运输成本对于钱先生来说是一个大难题，因为运输是由专门的物流公司负责的，钱先生很难掌控他们的成本、费用分摊和计价方式。

通过对化妆品类产品平均每箱运费的前后比较分析，钱先生发现此大类产品的每箱运输费用比之前多了 27%，比去年同期增加了 37%。无论是人工成本、汽油费或是其他运输相关的成本都不可能一下子增长这么多。所以，钱先生怀疑该物流公司其实是借用"作业成本法"之名变相涨价了，或者有其他方面的原因。钱先生要想确定物流公司的计价方式有问题，必须先搞清楚以下两个方面的问题。

1. 各种成本费用的实际增加幅度

各种成本费用的实际增加幅度，包括人工费、汽油费、停车过路费和汽车维修维护费等。为了了解相关情况，钱先生找到了自己的老朋友张先生。张先生有一家规模不小的运输公司，他也为多家连锁零售、餐饮企业运送货物，最主要的是运送各种干货类食品。钱先生向他请教了最近一段时间跟运输有关的各种费用成本的上涨情况。张先生告诉他，正好在今年（即 201X 年）8 月市政府有关部门调整了服务、餐饮、运输、快递等行业的最低小时工资，对运输行业的人工费用影响很大。另外，受到全球原油减产、原油出产国政局不稳定的影响，原油价格也上涨不少。张先生给出以下这些数据供钱先生参考（见表 6-12）。

表 6-12 运输公司成本对照表

| | 今年 7 月 | 今年 10 月 | 上涨幅度 |
|---|---|---|---|
| 运输司机每小时平均工资（元） | 21.38 | 22.51 | 5.3% |
| 9x 号汽油价格（元/升） | 6.45 | 6.85 | 6.2% |

除了表 6-12 中所述两项主要的成本外，停车、过路费与运输车辆走的路线和运货到达哪些地方有关，没有一个固定收费模式，但今年以来一直都没有什么明显的价格变化。汽车维护保养也是因车而异，以张先生个人的经验，除了少量配件有些涨价外，总体上价格变化不大。另外，每年必交的车检费今年也保持不变。

从以上分析可以得出结论，即与运输有关的各项成本费用，除人工费和汽油费有小幅增长以外，其他并没有大幅增长。所以，总体上运输成本上涨得不是很多，不可能一下子超过去年的 20% 以上。

2. 新产品的包装方式

如果成本方面没有很大幅度的增加，那么主要的问题可能出在新产品的包装和运输方式上。根据钱先生的观察和司机小王的说法，目前的新产品换了较大的新包装盒，导致空间占用增加，每箱货物数量减少，即使运输相同的箱数，运送的产品数量还是少了。

钱先生让门店 A 的店长小赵找出库存中尚有存货的老产品与 9 月、10 月进货的新产品，专门进行了包装方面的比较。表 6-13 是小赵选出来的 5 种有一定代表性和可比性的化妆品、化妆用具和护理用品的包装情况。

表 6-13 主要产品包装箱内产品数量对照表

| 老产品名称 | 大包装内产品数量（盒/箱）今年 7 月 | 新产品名称 | 大包装内产品数量（盒/箱）今年 10 月 | 数量减少 |
|---|---|---|---|---|
| 保湿面膜 5 片装 | 40 | 水果面膜 5 片装 | 30 | -25.0% |
| 美白化妆水 120 毫升 | 30 | 滋润化妆水 140 毫升 | 24 | -20.0% |
| W 品牌精华乳液 100 毫升 | 24 | W 品牌新精华乳液 80 毫升 | 20 | -16.7% |
| 泡沫洁面乳 180 克 | 30 | 控油洁面霜 150 克 | 24 | -20.0% |
| 大号粉底刷 | 50 | 一号粉底刷 | 36 | -28.0% |

从表 6-13 的比较可以看到，每箱货物中的独立包装产品都有不同程度的减少。因此，如果门店要订购跟以前一样数量的可出售商品，平均需

要多订20%～30%的箱数。也就是说，之前物流公司给每家门店每个月平均要送四五次货物的话，那么同样数量的货物现在至少要送五六次。由于每月运送的次数增加了，加上物流公司采用"作业成本法"，将每车货物的运输成本根据箱子的大小和数量进行分摊，这可能才是物流费用大幅度增加的主要原因。

这方面还需要钱先生做进一步的具体分析和研究，并向物流公司了解情况。然后，钱先生可以跟W公司沟通如何设计更节约空间的包装方案，从而向物流公司提出可能的、更切实际的运输费用定价方案。

## 6.5.3 提高两大类产品的销售份额

为了提高门店A的毛利率，钱先生希望能将洗涤用品和饰品配件这两类产品的每月销售额再增加3万元，合计达到7万元以上，从而这两大类产品的销售将占总销售额的25%左右。但是，对于能够提高多少产品销售毛利和毛利率，钱先生并没有把握，他希望能提高毛利率和门店利润至少0.5个百分点。钱先生将他的想法告诉了李经理，让他来算一下具体的数字。李经理考虑了一下，决定参照使用成本分析法中的"有效产出会计"，这个方法能让决策者知道，当销售额每增加1元时，直接带来的利润影响是怎样的。

李经理就以刚刚过去的10月销售额（两大类共计42 268元）和采购成本为基准。其中，洗涤用品在这两大类销售额中占77.78%，采购成本率为20.68%，而饰品配件则占销售额的22.22%，采购成本率为18.81%。洗涤用品和饰品配件两大类的加权平均采购成本率为

$$32\,875/42\,268 \times 20.68\% + 9\,393/42\,268 \times 18.81\% = 20.26\%$$

所以，增加3万元销售额之后的新增毛利为

$$\begin{aligned}每月新增毛利 &= \Delta\,销售额 - \Delta\,产品采购成本\\ &= 30\,000\,元 - 30\,000\,元 \times 20.26\%\\ &= 23\,922\,元\end{aligned}$$

再减去销售折让、退货等8.83%，运输费用及库存盘亏合计5.74%，那

么，门店 A 新增产品销售毛利 = 23 922 元 −30 000 元 × (8.83% + 5.74%) = 19 551 元，而产品销售毛利率是以扣除销售折扣折让及退货之后的销售净收入来计算的。新的销售毛利率 = 193 487/(306 259−27 048) = 69.30%。因此，门店 A 整体的毛利率变化如表 6-14 所示。

表 6-14　门店 A 毛利计算表（一）

| 产品大类 | 销售额（元） | 产品毛利（元） | 毛利率 | 销售额增加3 万元 | 产品毛利（元） | 毛利率 |
|---|---|---|---|---|---|---|
| 化妆品 | 115 200 | 89 038 | 77.29% | 115 200 | 89 038 | 77.29% |
| 化妆用具 | 22 929 | 16 537 | 72.12% | 22 929 | 16 537 | 72.1% |
| 清洁护理用品 | 71 275 | 56 143 | 78.77% | 71 275 | 56 143 | 78.77% |
| 洗涤用品 | 32 875 | 26 076 | 79.32% | 56 208 | 44 584 | 79.32% |
| 健康保健品 | 24 587 | 18 787 | 76.41% | 24 587 | 18 787 | 76.41% |
| 饰品配件 | 9 393 | 7 626 | 81.19% | 16 060 | 13 038 | 81.19% |
| 合计 | 276 259 | 214 207 | 77.54% | 306 259 | 238 127 | 77.75% |
| 减：销售折让、退货等 | | 24 399 | | | 27 048 | |
| 减：运输费用、库存盘亏和损耗 | | 15 869 | | | 17 592 | |
| 产品销售毛利（率） | | 173 939 | 69.06% | | 193 487 | 69.30% |

这样看来，如果洗涤用品和饰品配件两大类要是按目前的销售比例（大约为 7∶2）增加 3 万元的销售额，最终门店 A 的整体毛利率只提升了 0.24 个百分点，并不像钱先生期望的那样达到 0.5 个百分点。

我们帮李经理来计算一下，如果要达到提高毛利率 0.5 个百分点的水平，销售额要增加多少呢？

假设销售的增加额为 $X$，毛利率 =（1− 产品采购成本率），而不考虑其他因素，那么：

$$\frac{目前每月产品销售毛利 + \Delta 产品毛利}{目前每月销售额 + \Delta 销售额} = 新的产品销售毛利率$$

$$\frac{173\ 939 元 + X \times (1-20.26\%-8.83\%-5.74\%)}{(276\ 259 元 + X) \times (1-8.83\%)} = 69.06\% + 0.5\%$$

经计算，$X$ = 72 355 元。也就是说，在其他条件都不变的情况下，要想让产品销售毛利率提升 0.5 个百分点，洗涤用品和饰品配件的销售额至少要增加 72 355 元，按照 7∶2 的比例，即洗涤用品要增加 56 276 元，饰品配件要增加 16 079 元。

另外一种可能性是，由于饰品配件的毛利率较高，大幅提高饰品配件在销售中的比重对产品销售毛利率就会有相对比较大的影响。之前计算的这两大类产品的销售比例大约为 7∶2，假设门店 A 的销售额中能将这个比例变成 6∶3，即 2∶1。在两大类的销售合计额中，每销售 2 元的洗涤用品，就同时销售 1 元的饰品配件。那么，相对来说，需要增加的销售额比上面计算的 72 355 元应该要少一些。

经计算，这两大类产品的销售额要增加 60 153 元。门店 A 整体的销售额和毛利率如表 6-15 所示。

表 6-15　门店 A 毛利计算表（二）　　（金额单位：元）

| 大类 | 销售额 | 产品毛利 | 毛利率 | 销售额增加后 | 产品毛利 | 毛利率 |
| --- | --- | --- | --- | --- | --- | --- |
| 化妆品 | 115 200 | 89 038 | 77.29% | 115 200 | 89 038 | 77.29% |
| 化妆用具 | 22 929 | 16 537 | 72.12% | 22 929 | 16 537 | 72.12% |
| 清洁护理用品 | 71 275 | 56 143 | 78.77% | 71 275 | 56 143 | 78.77% |
| 洗涤用品 | 32 875 | 26 076 | 79.32% | 68 280 | 54 160 | 79.32% |
| 健康保健品 | 24 587 | 18 787 | 76.41% | 24 587 | 18 787 | 76.41% |
| 饰品配件 | 9 393 | 7 626 | 81.19% | 34 140 | 27 717 | 81.19% |
| 合计 | 276 259 | 214 207 | 77.54% | 336 412 | 262 382 | 77.99% |
| 减：销售折让、退货等 | | 24 399 | | | 29 712 | |
| 减：运输费用、库存盘亏和损耗 | | 15 869 | | | 19 324 | |
| 产品销售毛利（率） | | 173 939 | 69.06% | | 213 346 | 69.56% |

销售额增加后，洗涤用品和饰品配件的销售额比为 2∶1。其中，洗涤用品销售额从 32 875 元增加到 68 280 元，新增销售额 35 405 元；饰品配件从 9 393 元增加到 34 140 元，销售额多了 24 747 元，两类合计增加销售额 60 152 元。从而，在少增加 12 200 元左右销售额的情况下，门店的

产品销售毛利同样增长了 0.5 个百分点。

以上就是在各类产品采购成本率没有变化的情况下,通过增加部分产品的销售额并且改变产品销售组合,即各类产品在销售总额中的比重来增加总体的产品销售毛利率。

另外,李经理还考虑到要增加洗涤用品和饰品配件的销售额,势必要多增加两位销售人员,专门负责这两个类别产品的销售,并且让他们掌握足够丰富的产品知识,这就需要增加工资、福利和培训费用,假设这部分共计每月多支出 1 万元。另外,这里还需要结合"本量利分析模型"(请参考第 4 章 4.2 节),即门店费用中,有一部分费用是固定的,另一部分是变动的。在这里假设除房租、物业管理费、管理组工资、折旧摊销等是固定成本费用以外,其他变动费用为月销售额的 33.79%。

那么,增加两大类产品销售额而提升产品销售毛利率 0.5 个百分点,最终对门店 A 利润的影响是:

每月新增 门店净利润 = Δ 产出 − Δ 营运费用

$$= (213\ 346\ 元 - 173\ 939\ 元) - $$
$$(10\ 000\ 元 + 60\ 153\ 元 \times 33.79\%)$$
$$= 9\ 081\ 元$$

门店利润从 13 089 元增加至 22 170 元,门店利润率为 8.8%。

从以上的计算中我们可以看到,当销售额大幅度增长时,门店 A 的利润有了大幅的提高。增加 60 153 元的销售额,相当于将原先的销售额提高了 21.8%。而在原先固定费用不变,再加上 1 万元的人工费用,最终的结果是将门店利润增加到了近 3.6 个百分点(原计划今年 10 月的门店利润率为 5.2%,增加两大类产品的销售额之后是 8.8%)。

### 6.5.4 安装摄像头

为了降低库存盘亏和损耗及现金短缺,钱先生提出了给门店 A 安装监控摄像头的建议,并且给李经理看了刘女士提供的安装摄像头前后的库存盘亏和损耗对照表。

要分析如果该项投资能否在 1 年左右的时间收回，李经理决定使用成本效益分析模型，并结合折现现金流的模型计算出投资回收期。该项目的支出就是初始投资 2 万元和每年软件维护费用 2 000 元，而该项目的收益是看门店 A 每年能节省多少库存盘亏和损耗。

从刘女士所经营的几家店的数据上可以看出，安装摄像头之后，库存盘亏和损耗金额减少了约 38.5%，或者说，其减少的金额相当于全年销售额的 1.47%。

钱先生的团队预测，根据目前掌握的市场状况，较保守地估计，201Y 年的销售收入将与 201X 年预计全年销售收入基本持平，如果不安装任何监控设备或采取其他有效措施，201Y 年全年库存盘亏和损耗将达到 10 万元左右（见表 6-16）。

表 6-16 门店 A 安装监控摄像头项目分析表

| | | | |
|---|---|---|---|
| 门店 A 安装摄像头之前 | 201X 年预计库存盘亏和损耗（元） | 201X 年预计销售总额（元） | 201X 年库存盘亏和损耗率 |
| | 102 026 | 3 643 785 | 2.80% |
| | 201Y 年预计库存亏和损耗（元） | 201Y 年预计销售总额（元） | 201Y 年库存盘亏和损耗率 |
| | 100 000 | 3 650 000 | 2.74% |
| 安装摄像头之后 | 61 500 | 3 650 000 | 1.68% |
| 成本效益分析 | 事项 | 加项（有利项） | 减项（不利项） |
| 现金流计算（元） | 库存盘亏和损耗减少 | 38 500 | |
| | 每年维护费用 | | 2 000 |
| | 每年净现金流 | 36 500 | |
| | 初始投资 | 30 000 | |
| | 投资回收期（年） | 0.822 | 相当于 9.86 个月 |

从以上的测算分析来看，如果按照上面的假设，库存盘亏和损耗能减少 38.5%，那么安装监控摄像头的投资在 1 年内就可以收回，是一个值得投资的项目。如果公司愿意投入更多的广告促销费用以提高销售额的话，预期库存盘亏和损耗会减少更多金额，那么理论上的投资回收期将更短一些。

另外，还有现金管理方面的问题。钱先生知道就算安装摄像头，未必能完全杜绝现金短缺的问题，但不管怎样，在一定程度上起到了威慑的作用,尤其是对个别有偷窃意图的员工。更重要的是,在管理措施方面的进一步加强,还要加强收银岗位上操作流程方面的培训和考核。另外,由于信用卡消费和电子支付的增加,原先公司制定的现金收入短缺不得超过销售额 0.3% 的有关规定已经不合时宜,应该修改一下,相关管理政策和手段也需要与时俱进。

### 6.5.5 防伪识别设备和退货问题

前面还提到,W 公司为了杜绝那些将假冒产品拿来退货的恶意退货的现象,专门研发了一种"防伪标签",可贴在产品的外包装上。与这种防伪标签配套的是特制的防伪识别设备,如果钱先生需要在店内安装的话,需要一次性投入 10 万元。安装之后,W 公司负责每年的维护保养、零配件更换等,无须更多的费用投入。钱先生问李经理:需要多少年才能把这个设备的投资成本赚回来?关于这项投资分析,跟前面的"安装监控摄像头"项目差不多,李经理决定也使用成本效益分析模型。

但是,李经理手上没有任何可以参考的数据,比如,安装该设备后,到底减少了多少退货,或者说,有多少明显的恶意退货被设备检查出来了,不予退货,从而减少了门店的损失。李经理询问了其他城市的门店安装了防伪识别设备后的情况。其中,有一家加盟店的店长告诉李经理,他们店本来就没有多少退货情况,安装该设备了之后,确实辨认出了一些客户拿来退货的假冒产品,但总的来说,退货金额基本上还是保持原来的水平。

李经理大胆假设,如果安装了防伪识别设备之后,门店 A 的退货金额可以减少到大多数门店的正常水平,即销售额的 1.5% 或以下,而不是现在的 2% 左右,那么,按照目前预计的 201Y 年全年的销售水平,一年下来可以减少的退货金额大致是 3 650 000 元 × 0.5% =18 250 元。每年维护费用由 W 公司承担,也没有其他的费用。如果再假设现金流的折现率为 5%/ 年,该项目的成本效益分析如表 6-17 所示。

表 6-17 门店 A 安装防伪设备项目分析表

| 成本效益分析 | 事项 | 加项（有利项） | 减项（不利项） |
|---|---|---|---|
| 现金流计算 | 库存盘亏和损耗减少（元） | 18 250 | 0 |
| | 每年净现金流（元） | 18 250 | |
| | 初始投资（元） | 100 000 | |
| | 投资回收期（年） | 6.57 | 相当于 6 年 7 个月 |

按照现在的退货情况来看，即使安装防伪识别设备可以减少 0.5% 的退货水平，从而改善毛利率，但是该投资额略大，需要 6 年半以上的时间才可以收回，因此，李经理不建议在门店 A 安装该设备。要降低退货水平，可以在门店管理和操作流程方面花更多功夫。比如，加强销售人员的培训，提高对产品的认识和专业知识水平，提升店员的服务能力和销售技巧，帮助顾客买到更适合他们需求的产品，以减少实际退货；严格实施退货的相关规定，并向顾客说清楚相关退货政策，避免不必要的争议和麻烦；与此同时，为了减少"恶意退货"，退货由较为有经验的店长或员工组长处理，仔细核对发票、检查产品，从而尽量避免恶意退货带来的经济上的损失。

## 6.6 下一年的全年预算和再预测

### 6.6.1 下一年度预算

综上所述，钱先生和他的团队决定从 201Y 年开始重新调整市场战略和销售计划，花大力气推广 W 品牌的新产品。主要的广告、促销活动包括：在商场内、店内放置更多的招贴和布告板宣传 W 公司的新产品与促销内容；进一步宣传、推广洗涤用品和饰品配件两个大类，逐步提高这两大类在总销售额中的份额；在附近办公楼和公寓散发印有优惠券的宣传单；与门店 A 所在商场的其他商家一起做联合促销等活动。同时，他们还决定投资安装监控摄像头以减少由产品失窃造成的存货缺失，但暂缓防伪识别设备的投资。团队结合 201X 年前 10 个月的实际销售、成本费用情况和预计 11 月和 12 月的利润表数据，对 201Y 年的预算做出下列假设：

- 在 201Y 年前 3 个月每月投入 5 万元做宣传、促销。这样总共需要投入 15 万元的广告促销费。通过广告、促销活动，预计 201Y 年前 6 个月的销售额比 201X 年同期增加 15%（即与未做额外广告促销的情形相比，销售额增长约 20%），后 6 个月销售额比 201X 年同期增加 10%（比未做额外广告促销增长约 15%）。
- 在新增加的销售额中，加大洗涤用品和饰品配件产品的销售占比，尤其是采购成本较低的饰品配件类的销售份额，从而使产品采购成本率降低 0.3 个百分点，即从现在的 22.5% 降到 22.2%。这样可以让产品销售毛利率增加 0.3%。
- 通过实施一系列的管理政策和具体措施，减少退货数量、金额，使退货金额控制在销售额的 1.5% 以内。
- 在门店内投资安装摄像头，同时进一步加强存货的管理，使库存盘亏和损耗从现在的 3% 左右降到 2%。另外，安装摄像头之后，每个月增加折旧费 500 元。
- 综合以上各项提高毛利率的措施，使产品销售毛利率提高 1.8%，达到 70.8% 左右（现在仅为 69%）。
- 招聘两位专业销售人员，专门负责洗涤用品和饰品配件的销售，并且对他们加强产品知识的培训。他们两人的工资、福利等费用预计 1 万元/月，即门店的员工工资增加约 8 333 元/月，福利要增加 1 667 元/月。
- 加强现金管理，减少现金收付和找零差错以及不必要的现金短缺，每月将减少其他管理费用 500 元。

综合以上假设，201Y 年度预算如表 6-18 所示，计算过程不再详述。限于篇幅，我们仅将预算分为上半年和下半年列示。

表 6-18  门店 A 201Y 年预算利润表　　　（金额单位：元）

| | 上半年 | 下半年 | 全年合计 |
|---|---|---|---|
| 销售收入 | 2 103 414 | 1 996 202 | 4 099 616 |
| 减：销售折扣折让 | 33 823 | 32 099 | 65 922 |
| 减：营业税金及附加 | 100 163 | 95 057 | 195 220 |
| 减：退货 | 28 396 | 25 749 | 54 145 |
| **销售净收入** | 1 941 032 | 1 843 297 | 3 784 329 |
| 产品采购成本 | 466 958 | 443 157 | 910 115 |
| 采购成本率 | 22.2% | 22.2% | 22.2% |
| 加：运输费用 | 63 100 | 59 400 | 122 500 |
| 加：库存盘亏和损耗 | 38 913 | 36 555 | 75 468 |
| 　　产品销售成本 | 568 971 | 539 112 | 1 108 083 |
| 　　产品销售毛利 | 1 372 061 | 1 304 185 | 2 676 246 |
| 　　产品销售毛利率 | 70.7% | 70.8% | 70.7% |
| **销售费用** | | | |
| 特许经营费 | 126 205 | 119 772 | 245 977 |
| 广告促销费用 | 285 000 | 153 000 | 438 000 |
| **销售费用合计** | 411 205 | 272 772 | 683 977 |
| **管理费用** | | | |
| 　　工资——管理组 | 90 000 | 90 000 | 180 000 |
| 　　工资——奖金 | 5 000 | 5 000 | 10 000 |
| 　　工资——门店员工 | 204 200 | 198 170 | 402 370 |
| 　　工资——临时工 | 17 752 | 16 847 | 34 599 |
| 　　培训费 | 8 244 | 7 824 | 16 068 |
| 　　员工福利费 | 58 840 | 57 634 | 116 474 |
| 　　门店租金 | 240 000 | 240 000 | 480 000 |
| 　　物业管理费 | 18 000 | 18 000 | 36 000 |
| 　　水电费 | 53 291 | 54 881 | 108 172 |
| 　　设备折旧 | 21 804 | 21 804 | 43 608 |
| 　　无形资产摊销 | 32 136 | 32 136 | 64 272 |
| 　　低值易耗品 | 2 756 | 2 616 | 5 372 |
| 　　维修费 | 3 103 | 3 215 | 6 318 |
| 　　办公用品费 | 1 078 | 1 023 | 2 101 |
| 　　电话、电信费 | 11 894 | 11 288 | 23 182 |
| 　　银行手续费 | 44 048 | 41 803 | 85 851 |
| 　　专业顾问费 | 6 000 | 6 000 | 12 000 |
| 　　垃圾清运费 | 2 238 | 2 124 | 4 362 |
| 　　保安保险费 | 4 266 | 4 049 | 8 315 |
| 　　其他 | 14 164 | 13 289 | 27 453 |
| 　　**管理费用合计** | 838 814 | 827 703 | 1 666 517 |
| 　　**门店费用合计** | 1 250 019 | 1 100 475 | 2 350 494 |
| **门店利润** | 122 042 | 203 710 | 325 752 |
| **门店利润率** | 6.3% | 11.1% | 8.6% |

从201Y年的预算中可以看到：

- 201Y年上半年，公司将投入15万元做产品的宣传促销，销售额预计会有不少的增长。与未做额外广告促销的情形相比，销售额预计增加了约36万元，即从174万元增加到210万元（未做额外广告促销情况下的具体报表数据参见表6-10中的基准模型）。

- 加强相关提高毛利率的措施，产品销售毛利率水平也预计从原来的69.0%提升到了70.8%，增加了近两个百分点。与销售额增长的因素叠加，预算产品销售毛利从不到110万元变成了超过137万元，增加超过27万元。

- 由于广告促销费的增加（3个月每月5万元，共计15万元）和销售人员工资福利的增加（每月1万元，半年合计共6万元），在一定程度上抵消了产品销售毛利的增加。加上相关费用因销售额增加而相应增加，因而，上半年门店A的利润率为6.3%，比201X年的9月、10月高不了很多。

- 有了上半年打下的基础，下半年尽管销售额同比增长率只是10%，但由于毛利率提升的同时，不需要额外增加广告促销费用，只增加了每月1万元的工资、福利。因此，门店A的利润率在下半年将达到11%，基本恢复到了原先的利润率水平。全年平均利润率也将达到8.6%。

这里要注意的是：

第一，预计201Y年每月销售额的增长基本上是根据钱先生和市场推广部门的经验来预估的，要对广告促销的作用有准确的判断，必须经过一段时间的市场测试。因此，门店销售额究竟能增加多少，必须等到201Y年前几个月看到实际的销售数据才能知道。

第二，退货金额、存货盘亏损耗和现金短缺的减少其实也具有主观判断的特点。目前的预测基本上是一种理想化的数字，其实际对利润表的影响也许与预算情况有很大的差异。

## 6.6.2 全年预算的再预测

### 1. 年度预算再预测一

时间过得真快,一转眼就到了201Y年4月,T市到处都洋溢着春天的气息。随着气候的逐渐回暖,各大商场、商业中心也越来越热闹。经过第一季度的经营管理,门店A的销售额很不错,前3个月的销售额比预算中预计得更高,同比销售增长率达到16.5%。看来每月5万元的广告促销费用达到了效果,而且效果比预计得要好。因此,钱先生对后面9个月的销售额和门店A的盈利状况很有信心。钱先生和团队对该年度的预算又进一步做了以下的修正:

第一,由于201Y年前3个月的销售额比去年同期增长了16.5%,团队重新预测了后面每月的销售金额。4月、5月、6月3个月的销售仍使用15%的同比增长率。下半年每个月的销售金额不再使用统一的+10%同比增长率,而是重新分大类估算,得出下列预算销售额。整体来说,下半年的同比增长率将达到12%,全年平均增长率将达到14%左右(见表6-19)。

**表6-19 门店A 201Y年度再预测一:每月销售额**

(金额单位:元)

| | 1月实际 | 2月实际 | 3月实际 | 4月预测 | 5月预测 | 6月预测 | 上半年合计 | |
|---|---|---|---|---|---|---|---|---|
| 201X年实际销售收入 | 295 680 | 327 798 | 287 650 | 293 316 | 308 560 | 316 052 | 1 829 056 | |
| 201Y年销售收入再预测 | 347 424 | 387 556 | 326 540 | 337 313 | 354 844 | 363 459 | 2 117 137 | |
| 同比增长率 | 17.5% | 18.2% | 13.5% | 15.0% | 15.0% | 15.0% | 15.8% | |
| | 7月预测 | 8月预测 | 9月预测 | 10月预测 | 11月预测 | 12月预测 | 下半年合计 | 全年总计 |
| 201X年实际销售收入 | 321 782 | 293 509 | 287 741 | 276 259 | 307 896 | 327 542 | 1 814 729 | 3 643 785 |
| 201Y年销售收入再预测 | 362 648 | 332 840 | 320 831 | 309 410 | 340 225 | 366 847 | 2 032 801 | 4 149 938 |
| 同比增长率 | 12.7% | 13.4% | 11.5% | 12.0% | 10.5% | 12.0% | 12.0% | 13.9% |

第二,严格执行有关退货的相关政策和程序,使退货的数量、金额进一步减少。

第三，通过优化产品销售组合，使产品采购成本进一步降低到21.8%。

第四，钱先生与W公司的仓储管理部门以及物流公司沟通之后，物流公司终于同意通过内部挖潜、优化车辆人员调度、增加每车运输量等措施，将从W公司仓储中心到门店的运输费用逐步下降。第三季度的运费将不超过9 000元/月，第四季度的运费将不超过8 000元/月。

另外，监控摄像头安装之后，加上门店进一步加强仓库和存货的管理，门店A的库存盘亏和损耗确实减少了很多。从原先每个月平均8 000元左右，降低到每月5 000~6 000元。在没有决定安装摄像头之前，钱先生估计全年销售额只能达到365万元，而其相对应的库存盘亏损耗将达到10万元。预计即使在销售额增长了14%达到415万元的情况下，库存盘亏损耗应该可以降低到7万元以内，占销售额的百分比从2.8%左右降到1.7%左右。

综合以上各项，下半年的产品销售毛利率将达到71.9%，比原来的预算高出1个百分点。其他费用与一季度的基本相同。如果是固定费用（如管理组工资、设备折旧等），使用目前每个月的数字；如果是变动费用，则使用目前费用占销售额的比重。

经计算，修正后的全年利润表再预测如表6-20所示。其中，前半年是3个月实际加3个月预测，后半年均为预测。

表6-20　门店A 201Y年度修正后的全年利润表再预测

（金额单位：元）

|  | 上半年 | 下半年 | 全年合计 |
| --- | --- | --- | --- |
| 销售收入 | 2 117 137 | 2 032 801 | 4 149 938 |
| 减：销售折扣折让 | 33 521 | 32 688 | 66 208 |
| 减：营业税金及附加 | 100 816 | 96 800 | 197 616 |
| 减：退货 | 27 906 | 26 243 | 54 149 |
| 销售净收入 | 1 954 894 | 1 877 070 | 3 831 965 |
| 产品采购成本 | 467 654 | 442 256 | 909 911 |
| 采购成本率 | 22.1% | 21.8% | 21.9% |
| 加：运输费用 | 64 525 | 51 000 | 115 525 |
| 加：库存盘亏和损耗 | 34 591 | 32 042 | 66 633 |

(续)

|  | 上半年 | 下半年 | 全年合计 |
|---|---|---|---|
| 产品销售成本 | 566 770 | 525 298 | 1 092 069 |
| 产品销售毛利 | 1 388 124 | 1 351 772 | 2 739 896 |
| 产品销售毛利率 | 71.0% | 72.0% | 71.5% |
| **销售费用** | | | |
| 特许经营费 | 127 028 | 121 968 | 248 996 |
| 广告促销费用 | 294 126 | 153 000 | 447 126 |
| 销售费用合计 | 421 154 | 274 968 | 696 122 |
| **管理费用** | | | |
| 工资——管理组 | 90 000 | 90 000 | 180 000 |
| 工资——奖金 | 6 000 | 5 000 | 11 000 |
| 工资——门店员工 | 207 631 | 200 886 | 408 517 |
| 工资——临时工 | 17 900 | 17 156 | 35 056 |
| 培训费 | 8 298 | 7 968 | 16 266 |
| 员工福利费 | 59 526 | 58 177 | 117 703 |
| 门店租金 | 240 000 | 240 000 | 480 000 |
| 物业管理费 | 18 000 | 18 000 | 36 000 |
| 水电费 | 51 147 | 49 181 | 100 328 |
| 设备折旧 | 20 804 | 20 804 | 41 608 |
| 无形资产摊销 | 32 136 | 32 136 | 64 272 |
| 低值易耗品 | 2 536 | 2 664 | 5 200 |
| 维修费 | 2 551 | 2 859 | 5 410 |
| 办公用品费 | 960 | 1 000 | 1 960 |
| 电话、电信费 | 10 725 | 11 500 | 22 225 |
| 银行手续费 | 44 335 | 42 569 | 86 904 |
| 专业顾问费 | 6 000 | 6 000 | 12 000 |
| 垃圾清运费 | 2 250 | 2 163 | 4 413 |
| 保安保险费 | 4 058 | 4 123 | 8 181 |
| 其他 | 13 695 | 12 351 | 26 046 |
| **管理费用合计** | 838 552 | 824 537 | 1 663 089 |
| **门店费用合计** | 1 259 706 | 1 099 505 | 2 359 211 |
| **门店利润** | 128 418 | 252 267 | 380 685 |
| 门店利润率 | 6.6% | 13.4% | 9.9% |

从表 6-20 中我们可以看到：调整了下半年每个月的销售收入之后，

与上半年相比,每月的增长率虽略低,但仍然超过10%,均为两位数增长。销售额增长的同时各项费用基本趋于稳定,门店A的门店利润率有大幅度的提高,达到13.4%。全年的销售额达到415万元,而全年的利润率可以提升到9.9%,与门店A今年5、6月也就是W公司推广新产品之前的利润率水平差不多。不过,说到底这还只是一个预估报表,要想知道门店A的实际销售和盈利情况,还是要看最终的实际报表。

2. 年度预算再预测二

一个季度过后,时间又到了7月,夏天是T市最美好的季节,也是一年中最有活力的季节。当然,在钱先生眼里,夏天是生意最好的时候。他一直很关注最近几个月的销售报表,他发现门店A近两个月的销售额同比增长又一次地超出了所有人的预估,5月达到18%,而6月的销售额同比竟然达到20%以上。欣喜之余,他也十分惊讶,门店A的销售额突然"爆表"究竟是怎么回事?

钱先生叫来了营运主管一起给门店A的店长小赵打电话了解情况。听到老板夸赞自己管理的门店销售额很高,小赵都有点合不拢嘴了:"哈哈……啊,是这样的,我们这里商场的另一家化妆品专卖店——S牌美妆店最近在装修店面。本来看他们门口的通告说,预计临时性歇业两周,装修之后就重新开业。但没想到装修工程队野蛮施工,据说是破坏了建筑结构,物业管理公司知道后,直接进行现场干预,让装修工程队停工。目前双方一直在扯皮,到现在快两个月了这个问题还没有完全解决。S公司和物业管理公司都要打官司告装修公司,要求赔偿损失。估计一时半会儿不会马上恢复营业的,甚至有可能被物业管理公司永久性赶出商场,所以最近这两个月到我们店里来买化妆品的新顾客多了很多,有不少是原来S牌的老顾客。加上我们店里除了化妆品还有不少其他种类的产品,他们也挺喜欢的,因此一下子带动了不少销售额。同时,我们自己在店里面也做了很多改变。比如,在销售方面多向顾客介绍新产品,尽可能增加每单的客单价;在管理上,加强对存货损耗、退货等环节的管理措施,减少不必要的损失。"

钱先生听到这里,觉得这是冲击销售业绩大把赚钱的大好时机。他吩咐市场推广部的同事,拿出一部分每月常规广告费用,在门店 A 所在的商场里做一些针对性的标牌和公告牌,以吸引更多的消费者到门店 A 来购物。另外,根据钱先生以前的经验,公司可以向门店 A 所在的商场建议,在门店 A 附近的走道或商场的中庭设立临时性的一个售货亭,专门卖一些有特色的、体积较小的产品,以及价格较高的化妆用具、饰品配件等。这样可以吸引更多年轻、追求时尚的消费者,提升销售额的同时也相当于一种广告营销手段。有了这个想法,钱先生自己也很兴奋,他马上让市场推广部的同事赶紧落实此事,同时他也让李经理赶紧测算一下相关的资本投入和经济效益。

一周之后,市场推广部的反馈说,商场同意设立一个临时性的售货亭。签约时间暂定从 201Y 年 8 月 1 日开始一直到第二年的 2 月结束,为期 7 个月,正好涵盖了夏令销售旺季,9 月、10 月的节庆假日,年底的圣诞、年初的元旦购物期,以及第二年的春节假期。租金、管理费一共每月 1 万元。李经理测算售货亭的一次性资本投入大约需要 35 000 元,在这 7 个月的期限内正好每个月折旧是 5 000 元。售货亭里需要一名固定员工和两名小时工轮流值班,3 个人每月的工资、奖金、四金及各种福利等,人力成本共计 14 000 元。除了以上提到的固定费用外,售货亭还需要额外的保安费用每月 500 元。固定成本费用合计 29 500 元。

变动成本和费用主要包括:产品采购成本 20%、营业税 5%、特许经营费 6%、银行手续费 2%,以及其他一些费用(如退货、库存盘亏损耗、水电费、低值易耗品等)合计约 6%。变动成本费用总共合计 39%。

所以,李经理预测了售货亭每月盈亏平衡销售额如下:

$$盈亏平衡销售额 = \frac{固定成本费用}{1-变动成本费用率} = \frac{29\,500\,元}{1-39\%} = 48\,360.66\,元$$

也就是说,这个售货亭要每月至少销售 48 360.66 元才能够保本不亏。李经理和市场推广部以及营运部门的主管商议了之后,最后确定预测其每月销售额为 60 000 元。

按照一般惯例，该售货亭被看作门店 A 销售营运的一种延伸。除了可以单独列示的销售额，与销售额直接挂钩的产品采购成本、税金、特许经营费、银行手续费，以及与门店 A 分开使用的租金、水电费、员工成本费用等可以单独核算外，其他一些与门店 A 无法完全分割的费用，如产品运输仓储费用、广告促销费用、门店 A 管理组营运上的支持和管理等，就不再进行费用分配，而是在门店 A 的利润表中合并处理。

在此基础上，钱先生让营运主管和李经理一起，根据前几个月的销售额和目前商场的情况，再重新预测一下下半年的销售额。他们根据现在的来店访客数报告，保守估算下半年从 8 月开始每月销售同比增长率要比门店 A 201Y 年度预测一的预测再多 2～3 个百分点。再加上销售亭每月的 60 000 元销售额，8 月起每月的销售额同比增长率将达到 35% 左右。这样，下半年的综合增长率将达到 31.8%，而全年的销售同比增长率将达到史无前例的 24.4%。新的销售额预测如表 6-21 所示。

表 6-21 门店 A 201Y 年度再预测二：每月销售额

（金额单位：元）

|  | 1月实际 | 2月实际 | 3月实际 | 4月实际 | 5月实际 | 6月实际 | 上半年合计 |  |
| --- | --- | --- | --- | --- | --- | --- | --- | --- |
| 201X 年实际销售收入 | 295 680 | 327 798 | 287 650 | 293 316 | 308 560 | 316 052 | 1 829 056 |  |
| 201Y 年实际销售收入 | 347 424 | 387 556 | 326 540 | 332 914 | 364 718 | 380 842 | 2 139 994 |  |
| 同比增长率 | 17.5% | 18.2% | 13.5% | 13.5% | 18.2% | 20.5% | 17.0% |  |
|  | 7月预测 | 8月预测 | 9月预测 | 10月预测 | 11月预测 | 12月预测 | 下半年合计 | 全年总计 |
| 201X 年实际销售收入 | 321 782 | 293 509 | 287 741 | 276 259 | 307 896 | 327 542 | 1 814 729 | 3 643 785 |
| 201Y 年销售收入再预测 | 370 049 | 398 416 | 391 765 | 378 527 | 415 004 | 437 656 | 2 391 418 | 4 531 411 |
| 同比增长率 | 15.0% | 35.7% | 36.2% | 37.0% | 34.8% | 33.6% | 31.8% | 24.4% |

更新后的再预测利润表在这里就不再完整列示了。主要的财务数据和指标如表 6-22 所示。

表 6-22　门店 A 201Y 年度再预测二：主要财务指标

|  | 上半年 | 下半年 | 全年合计 |
| --- | --- | --- | --- |
| 同比销售增长率 | 17.0% | 31.8% | 24.4% |
| **销售净收入**（元） | 1 975 986 | 2 208 484 | 4 184 471 |
| 产品采购成本率 | 22.1% | 21.5% | 21.8% |
| 产品销售成本（采购成本+运费+盘亏）(元) | 572 942 | 540 835 | 1 113 777 |
| **产品销售毛利**（元） | 1 403 044 | 1 606 149 | 3 009 193 |
|  | 71.0% | 72.7% | 71.9% |
| 销售费用（元） | 422 526 | 296 485 | 719 011 |
| 管理费用（元） | 841 724 | 996 547 | 1 838 271 |
| 门店利润（元） | 138 794 | 313 117 | 451 911 |
| 利润率 | 7.0% | 14.2% | 10.8% |

从表 6-22 中我们看到，随着销售额的不断提高，门店的利润率也提高了不少，最终全年平均达到 10.8% 的利润率，基本上回到了 W 公司推广大量新产品以前门店 A 的盈利水平。

我们之前也讲过再预测的作用，它是对原先年度预算的一种修正，也是对商业环境变化和企业经营战略改变的一种反映。因为在前一年年底做本年度预算时，毕竟有很多东西我们无法完全预见到，而且商业环境的变化瞬息万变，再预测就是将我们了解到的新情况、新变化加入原先的预算中。

对于钱先生来说，再预测可以帮助他和团队更好地认识市场变化、产品更新、成本增减等因素给他的企业带来的经济影响。此外，再预测是基于前面几个月的实际情况，加之团队对后面几个月的预估往往也会比年初的时候更准确一些，因此，他们每一次的再预测都会比年前做的那版预算离全年最终的实际结果更近一点。

**结语：**

通过以上案例，我们模拟了在现实商业环境下如何运用财务报表分析和相关企业财务决策的分析工具来帮助企业进行商业判断与决策。同时，通过这个例子我们也做了一遍企业的全年预算和每季度再预测。在真正的商业环境下，情况可能比我们预想的复杂得多，需要财务人员在具备完善的财务知识技能的基础上，还要有敏锐的判断力和应变能力，以帮助企业的高层领导做出正确的决策。

# 财务知识轻松学

| 书号 | 定价 | 书名 | 作者 | 特点 |
|---|---|---|---|---|
| 45115 | 39 | IPO财务透视：方法、重点和案例 | 叶金福 | 大华会计师事务所合伙人经验作品，书中最大的特点就是干货多 |
| 58925 | 49 | 从报表看舞弊：财务报表分析与风险识别 | 叶金福 | 从财务舞弊和盈余管理的角度，融合工作实务中的体会、总结和思考，提供全新的报表分析思维和方法，黄世忠、夏草、梁春、苗润生、徐珊推荐阅读 |
| 62368 | 79 | 一本书看透股权架构 | 李利威 | 126张股权结构图，9种可套用架构模型；挖出38个节税的点，避开95个法律的坑；蚂蚁金服、小米、华谊兄弟等30个真实案例 |
| 52074 | 39 | 财报粉饰面对面 | 夏草 | 夏草作品，带你识别财报风险 |
| 62606 | 79 | 财务诡计（原书第4版） | （美）霍华德·M·施利特 等 | 畅销25年，告诉你如何通过财务报告发现会计造假和欺诈 |
| 58202 | 35 | 上市公司财务报表解读：从入门到精通（第3版） | 景小勇 | 以万科公司财报为例，详细介绍分析财报必须了解的各项基本财务知识 |
| 67215 | 89 | 财务报表分析与股票估值（第2版） | 郭永清 | 源自上海国家会计学院内部讲义，估值方法经过资本市场验证 |
| 58302 | 49 | 财务报表解读：教你快速学会分析一家公司 | 续芹 | 26家国内外上市公司财报分析案例，17家相关竞争对手、同行业分析，遍及教育、房地产等20个行业；通俗易懂，有趣有用 |
| 67559 | 79 | 500强企业财务分析实务（第2版） | 李燕翔 | 作者将其在外企工作期间积攒下的财务分析方法倾囊而授，被业界称为最实用的管理会计书 |
| 67063 | 89 | 财务报表阅读与信贷分析实务（第2版） | 崔宏 | 重点介绍商业银行授信风险管理工作中如何使用和分析财务信息 |
| 58308 | 69 | 一本书看透信贷：信贷业务全流程深度剖析 | 何华平 | 作者长期从事信贷管理与风险模型开发，大量一手从业经验，结合法规、理论和实操融会贯通讲解 |
| 55845 | 68 | 内部审计工作法 | 谭丽丽 等 | 8家知名企业内部审计部长联手分享，从思维到方法，一手经验，全面展现 |
| 62193 | 49 | 财务分析：挖掘数字背后的商业价值 | 吴坚 | 著名外企财务总监的工作日志和思考笔记；财务分析视角侧重于为管理决策提供支持；提供财务管理和分析决策工具 |
| 67624 | 49 | 新手读财报：业务、数据、报表与财务分析实战 | 郑瑞雪 | 零基础财报入门，业财融合视角，大量案例，配有练习题和答案 |
| 66825 | 69 | 利润的12个定律 | 史永翔 | 15个行业冠军企业，亲身分享利润创造过程；带你重新理解客户、产品和销售方式 |
| 60011 | 79 | 一本书看透IPO | 沈春晖 | 全面解析A股上市的操作和流程；大量方法、步骤和案例 |
| 65858 | 79 | 投行十讲 | 沈春晖 | 20年的投行老兵，带你透彻了解"投行是什么"和"怎么干投行"；权威讲解注册制、新证券法对投行的影响 |
| 65894 | 79 | 一本书看透价值投资 | 林奇 何天峰 | 基金经理长线投资经验，13个行业专题研究，36家龙头上市公司案例分析，8大选股指标 |
| 67511 | 69 | 我在通用汽车的岁月 | 阿尔弗雷德·斯隆 | 经典商业著作，畅销50多年；译文准确、流畅 |
| 68421 | 59 | 商学院学不到的66个财务真相 | 田茂永 | 萃取100多位财务总监经验 |
| 68080 | 79 | 中小企业融资：案例与实务指引 | 吴瑕 | 畅销10年，帮助了众多企业；有效融资的思路、方略和技巧；从实务层面，帮助中小企业解决融资难、融资贵问题 |
| 68640 | 79 | 规则：用规则的确定性应对结果的不确定性 | 龙波 | 华为21位前高管一手经验首次集中分享；从文化到组织，从流程到战略，让不确定变得可确定 |
| 69051 | 79 | 华为财经密码 | 杨爱国 高正贤 | 揭示华为财经管理的核心思想和商业逻辑 |
| 68916 | 99 | 企业内部控制从懂到用 | 冯萌 宋志强 | 完备的理论框架及丰富的现实案例，展示企业实操经验教训，提出切实解决方案 |